U0138028

A HISTORY OF
MAGIC,
WITCHCRAFT
AND THE OCCULT

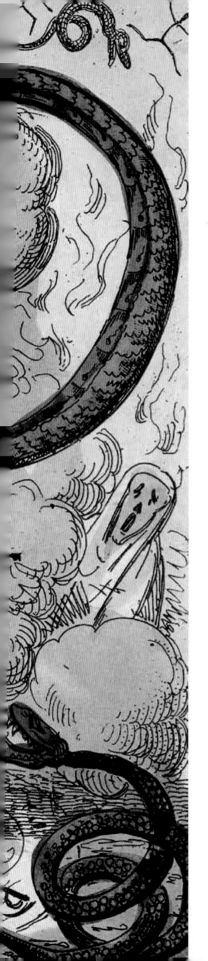

DK魔法百科

A HISTORY OF MAGIC, WITCHCRAFT AND THE OCCULT

英国 DK 出版公司 著

由美 译 韦用武 校注

九州出版社
JIUZHOUPRESS

图书在版编目（CIP）数据

DK魔法百科 / 英国DK出版公司 著 ; 由美译. -- 北京 : 九州出版社, 2023.12（2024.7重印）

ISBN 978-7-5225-2472-6

Ⅰ.①D… Ⅱ.①英… ②由… Ⅲ.①巫术—历史—世界 Ⅳ.①B992.5

中国国家版本馆CIP数据核字(2023)第208141号

Original Title: A History of Magic, Witchcraft and the Occult
Copyright © Dorling Kindersley Limited, London, 2020
A Penguin Random House Company

著作权合同登记号：01-2023-4467

DK魔法百科

作　　者	英国DK出版公司 著
	由　美 译
责任编辑	牛　叶
出版发行	九州出版社
地　　址	北京市西城区阜外大街甲35号（100037）
发行电话	（010）68992190/3/5/6
网　　址	www.jiuzhoupress.com
印　　刷	北京中科印刷有限公司
开　　本	889 毫米 × 1092 毫米　16 开
印　　张	21.5
字　　数	425千字
版　　次	2023年12月第1版
印　　次	2024年7月第2次印刷
书　　号	ISBN 978-7-5225-2472-6
定　　价	188.00元

www.dk.com

目录

古老的起源

史前—公元400年

诅咒与良方

400年—1500年

学者与巫魔会

1500 年—1700 年

秘密与仪式

1700 年—1900 年

现代魔法

1900 年以后

苏珊娜·利普斯科姆是罗汉普顿大学历史学教授，也是一位作家、广播员。作为英国皇家历史学会和高等教育学院的成员，利普斯科姆的研究方向是 16 世纪英法史，尤其令她感兴趣的是宗教、性别、政治、社会和心理学史的交叉领域，普通女性的生活、信仰、婚姻和性，以及巫术和女巫审判。到目前为止，利普斯科姆已写超过 5 部历史学著作，并参与编辑了另一部历史学著作；她为多种英国报纸撰写文章，并为《今日历史》杂志定期撰写专栏。作为一名获奖主持人，她为 BBC、ITV 和国家地理频道等媒体撰写并主持了 18 部历史题材的系列电视纪录片，她也是英国历史委员会广播节目《不可替代：英国历史 100 胜地》的主持人。

顾问

苏菲·佩奇是伦敦大学学院历史学副教授，研究方向为欧洲中世纪魔法及占星术，尤其是与正统基督教、自然哲学、医学和宇宙学有关的领域。佩奇已撰写、编辑了数部关于魔法的著作，并担任展览"着魔：魔法、仪式和巫术"（阿什莫林艺术与考古博物馆，2018 年 8 月—2019 年 1 月）的策展人。

编写者

托马·屈桑是一位自由职业的法国历史学家、作家，多年来一直是一系列畅销历史地图集的出版人。他曾参与编写多部 DK 百科。

约翰·法恩登是一位作家、剧作家、作曲家和诗人，也是剑桥安格利亚鲁斯金大学的皇家文学基金会研究员。他已出版了大量书籍，其中包括许多国际畅销书。

安·凯是一位专门研究文化史的作家和编辑，拥有艺术史硕士学位。她已创作或与人合著近 30 部图书，并参与编写了多部 DK 百科。

菲利普·帕克是一位历史学家、前英国外交官和出版人，也是一位广受好评的作家和获奖编辑。他曾在剑桥大学三一学院研读史学，在约翰·霍普金斯大学高级国际研究学院学习国际关系。

中文版导读

《DK 魔法百科》是一本旨在向我们介绍"魔法"及其相关主题的通俗读物,它既是一本魔法简史,又是一本魔法百科图鉴。作为一本简史,它介绍了从东方到西方、从古代到当代的大部分"魔法现象",我们能从其中感受到魔法的根源何其古老,又如何在历史长河中不断地焕发新的生机。而它作为图鉴,又旨在为广大读者提供丰富的视觉资料,其中既详细解析了魔法和神秘学的各种象征符号,又提供了大量考古文物及艺术作品的精美图片。本书内容横跨古今,丰富异常。但是在丰富的图片和轻松的文字让读者流连忘返之外,内文涉及更深入的神秘学理论知识时,编写者限于篇幅没有多做探讨。

笔者希望以这篇导读及书末的增补注解为感兴趣的读者提供一个对 DK 图鉴的深度导览,不仅引领大家更全面系统地把握一些重要的神秘学知识点,补充某些必要的学术研究信息,而且集中解说了魔法及其包含的神秘学传统的底层框架和思想内涵。

魔法或者说神秘学并不是一个装满了奇谈怪论的坩埚,而是一个值得被严肃对待的领域。西方神秘学的学术研究,即便仅论 20 世纪之后的时间段,也已经积累了十分丰富的成果。本篇导读便是旨在为大家初窥这一研究领域门径稍做引导。对于阅读本书来说,西方神秘学传统的底层框架和思想内涵可能并不浅显,但笔者希望它能够帮助大家理解本书讲述的诸多令人眼花缭乱的魔法现象所植根的土壤。很多重要的现当代思想家同时也在神秘学领域有着卓越的学术贡献。读者们若有心更深入地探索这一领域,也可借此进一步阅读他们的著作。

魔法与神秘学的定义

在中文里,我们通常用"神秘学"或"神秘主义"来称呼那些与魔法有关的现象和学科。但在英文里,与此相关的却有一系列相似而又意义不同的概念,如 mys-ticism、esotericism 和 occultism。我们首先将辨析这些概念的不同含义。

在本书的语境中,"神秘主义"(mysticism)[1]作为一种普遍现象而存在。它首先指对于内在维度的深刻经验,而在西方学者看来,这种经验被认为是普遍存在于各个民族、宗教和普世个体之中的。因此,本书在谈及非欧洲地区和非基督教文明的时候,所说的神秘主义指的是一种广泛存在于不同的历史时期和地点的现象,例如史前时代的原始仪式、埃及神学中的魔法现象,或是西伯利亚的萨满教观念。而当涉及宗教内部时,神秘主义仍然指的是一种现象,即不需要通过教会、导师等中介,直接与绝对者合一的体验[2],这种体验在宗教内部通常会被视为禁忌。

在谈及"西方神秘学"(Western esotericism)的时候,尽管正如本书的注解指出的那样,像 19 世纪神智学会那样的团体,为西方神秘学注入了大量东方思想,但"神秘学"本身仍然是西方世界的产物。阿姆斯特丹大学学者哈内赫拉夫指出,尽管"esoteric"这个词可以追溯到古代,但"esotericism"这一术语却是一个相对较晚的发明——"它自 1856 年由艾利法斯·列维推广,随后在 1883 年被神智学家辛奈特引入英语"[3]。前代法国学者费弗尔在其著作中谈到,esotericism 首先让人联想到"秘密的事物、神秘的学科,或是禁忌的知识";其次涉及一种"特定类型的知识,这种知识是灵性意义上的,必须经由(实践者)对各个教派给定的实践方式和技术

---

1 本书中译名一般不括注外文,书末附有译名对照表可供查询。正文仅在必要时括注外文,例如此处讨论词汇的译法或辨析词义的时候。——编者注
2 Wouter J. Hanegraaff, *Western Esotericism: A Guide for the Perplexed*, Bloomsbury, 2013, p77.
3 Wouter J. Hanegraaff, *New Age Religion and Western Culture: Esotericism in the Mirror of Secular Thought*, Brill, 1996, p384.

的超越后，方可获得"[1]。对于前者而言，本书中列举了诸多秘密教派，诸如共济会、玫瑰十字会、赫尔墨斯派黄金黎明协会、东方圣殿教团等，这些教派的成员宣称他们掌握着秘密的真理。这种真理只有特定的成员或经历特定的仪式才能获得；而对于后者而言，本书的注解也特别强调了传统主义和长青哲学的观念：存在一种普遍真理——长青哲学——其乃一切宗教和神秘主义之核心，而一切宗教和神秘主义的实践都是通往这一真理的不同道路。值得注意的是，尽管传统主义和长青哲学强调普遍真理，但这些思想流派本身却也是西方社会思潮的产物。正如本书对20世纪神秘学家勒内·盖农的注解中提到的那样，传统主义者对于普遍真理的渴望，与他们对现代西方社会的全面堕落的焦虑是相辅相成的。而在非西方的神秘主义现象中，例如在美洲原住民的世界观里，这种因为文明退化和堕落而对于普遍真理的期盼，是比较少见的[2]。

最后，根据哈内赫拉夫的看法，occultism可以被定义为"一般人在一个祛魅了的世俗化世界中，去理解神秘学实践的尝试"[3]，其关键在于"接受一个祛魅了的世界"。这一定义极富创见，它是以西方神秘学思想向现代转型为背景内涵的：从18世纪开始的西方社会现代转型，对应了神秘学思想的一系列新思潮，例如本书提及的通灵运

动、唯灵论、神智学运动，以及20世纪的新异教运动和新纪元运动等，它们都属于这种"在世俗化世界中调整并理解神秘学的尝试"。也就是说，区别于一般意义上的"神秘学"（esotericism），occultism可以被理解为"世俗化了的神秘学"或者"流行、大众的神秘学"。这也是我们（即处于现代世俗社会的人）去理解西方神秘学的一种可能尝试。诚如英美读者看到occultist的反应，本书也相应地将其翻译为"术士"。这一表达在汉语语境中或多或少带有一丝贬义，而语义本身亦揭示出了神秘学演变成occultism之后，在现代语境中所处的矛盾地位。

总的来说，mysticism是指一种全球普遍的现象，esotericism是指西方神秘学的传统，occultism则是指西方神秘学在世俗化过程中的产物，我们如今在市面上见到的打着"神秘学"旗号的商品，大都是这种世俗化的结果。

西方神秘学的演变过程

在探讨完基本的术语后，接下来我们简略地介绍一下西方神秘学的演变过程。就历史起源而言，与本书注解中提到的、术士和隐秘教派成员们对于神圣智慧（或传统真理）的漫长秘传历史认识不同，当代学者仅仅将西方神秘学的源流追溯到公元前后的一系列思潮，例如"新毕达哥拉斯主义、斯多葛主义、赫尔墨斯主义、诺斯替主义、新柏拉图主义和基督教"[4]。这些思想潮流最终汇聚到14、15世纪的文艺复兴。哈内赫拉夫提到，在12世纪，就有两方面的变化产生了："'对自然的发现'，作为一个有机的、合法的且值得关注的领域，产生了双重的结果：一方面，产生了以牺牲神圣性为代价的宇宙的世俗化；另一方面，产生了建立在参与性自然哲学意义上的魔法的复兴。前者的发展最终导致了世界图景的机械化，而后者发展出

1　Antoine Faivre, *Access to Western Esotericism*, State University of New York Press, 1994, p5.

2　Barbara Keifenheim 在针对秘鲁与巴西边界的亚马孙卡什纳华印第安人的研究中，提到卡什纳华人认为物质现实乃是原初完整世界的碎片，是创世断裂后众多现实的一部分。这与本书中提到的许多神秘学观念中"属灵世界－物质现实"的分野，以及物质现实的不完善等观念，是相类似的。但值得注意的是，Keifenheim 提到，"碎片化"对于卡什纳华人来说，并不具有负面含义，他们认为这是身处物质现实的必要条件，而且卡什纳华人也毫无"失乐园"的观念。这与盖农等传统主义者所秉持的"堕落－拯救"背景下对"普遍真理"的强调，形成了鲜明对比。参见 Barbara Keifenheim, 'Concepts of Perception, Visual Practice, and Pattern Art among the Cashinahua Indians', *Visual Anthropology*, Vol 12, 1999.

3　Wouter J. Hanegraaff, *New Age Religion and Western Culture: Esotericism in the Mirror of Secular Thought*, Brill, 1996, p422. "祛魅"（disenchantment）概念是一个重要的概念，来源于德国社会学家马克斯·韦伯，其字面意思涉及祛除魔法。在现代化、官僚化和世俗化的西方社会中，理性占据主导地位，科学比宗教信仰更受重视，这与传统社会相反，后者乃一座"充满了魔法的花园"。祛魅通常被用来描述现代世界普遍世俗化的整体状态。

4　Wouter J. Hanegraaff, *New Age Religion and Western Culture: Esotericism in the Mirror of Secular Thought*, Brill, 1996, p386. 新毕达哥拉斯主义起源于公元前1世纪，盛行于1—2世纪；斯多葛主义创立于公元前3世纪，衰落于4世纪；赫尔墨斯主义的经典著作《赫尔墨斯文集》被认为创作于2—3世纪之间；诺斯替主义（或灵知主义）盛行于2世纪左右；新柏拉图主义从3世纪一直延续到约6世纪。

的自然魔法成了文艺复兴神秘学的基础。"[1]

这种变化在 14、15 世纪达到了顶峰。首先，传统的充满神性和灵性的宇宙，与物理的自然法则之间，不再具有关联性和连续性，这一观念的彻底转变为现代科学的产生开辟了道路。但与此同时，另一条崭新的道路也被开辟出来，诚如哈内赫拉夫引述费弗尔和沃斯两位学者的研究提到的："当神学抛弃掉了原本属于它自身的一部分，其结果是产生了一个巨大的废弃的领域。但这个领域很快就被具有神秘倾向的人文主义者从外部（即外部神学）'重新解释'并重建起来。"[2]

哈内赫拉夫认为，人文主义者的这种对传统宇宙学的重建，是在 15 世纪晚期的新柏拉图主义和赫尔墨斯主义复兴的背景下进行的，而这在最精确的意义上，标志着独立的、西方神秘学的传统的正式发端。也就是说，这些具有神秘倾向的人文主义者，并没有接受机械化的宇宙观，而是用了一种迥然不同于基督教神学的宇宙观念，填补了由于宇宙观的世俗化而产生的空洞。因此，在本书的注解中，笔者特别强调了人文主义者（诸如皮科·米兰多拉伯爵、阿格里帕和斐奇诺）对于西方神秘学的贡献，由此也可以管窥在那个时代诸多新思想融合、分离、诞生的轨迹。与此同时，正是由于这一独立传统的开始，后续将玫瑰十字会、通灵运动、唯灵论、神智学，乃至 20 世纪诸多神秘思潮、新宗教运动等，纳入"西方神秘学传统"的范畴进行研究，才得以成为可能。

西方神秘学的内在特征

那么这些独属于西方神秘学传统的"全新"宇宙观有什么特点呢？首先是"天人感应/宇宙感应"的观念；其次是"活化自然"的观念；再次是对"嬗变经验"的重视；然后是"整合的实践"；最后是对"神圣智慧秘密传承"的一系列体系性构建；另外还强调了想象和冥想的作用。对于宇宙观的讨论是至关重要的，因为本书中提及的魔法、巫术和神秘学等一系列活动和现象，只有被置于特定的宇宙观背景下，才能够被理解。

其一，"感应"（correspondence）的宇宙观，correspondence 在中文里被翻译为"天人感应"或"宇宙感应"都是恰当的，前者则更为合适。"天人"指向了两个对象：首先是"天"，指向了（可见和不可见的）宇宙和自然界，即被称为宏观世界的领域；其次是"人"，指向了具体的人、物质生命体以及生命体有机的组织结构，即被称为微观世界的领域。而"感应"则指向了宏观领域和微观领域的直接联系，这种联系是非因果的。费弗尔对这种宇宙观有一个恰如其分的描述："这种感应关系，起初看起来像是或多或少被遮蔽住了……实际上是需要被解码和破译的。整个宇宙就像是一个巨大的多重镜子剧场，是一个需要被解码的象征符号的集合。（宇宙中）万事万物都是象征符号，都或明或暗透露着神秘；每一样物体都隐藏着秘密。"[3] 正是在这样的宇宙观中，万事万物呈现出普遍联系，例如太阳、月亮和五大行星与人体的脏腑之间，与人的面部区域之间，与人手掌的不同区域之间，与七种金属之间，都呈现出这种非因果的感应关系。由此，基于这样的宇宙观，本书中提到的占星学、相面术、手相术等占验术法，或使用了占星符号的炼金术，才能够被理解。

其二，"活化自然"（living nature）观念下的宇宙图景是多元的、综合的、充满精神生命力的。多元指的是现实的多重层次，这种层次性意味着，现实并不仅仅指向了我们所感知到的物质现实，还指向了书中提到的属灵世界，甚至这种属灵世界本身也是多层次的，不同层

1 Wouter J. Hanegraaff, *New Age Religion and Western Culture: Esotericism in the Mirror of Secular Thought*, Brill, 1996, p386. 此处作者总结了 Antoine Faivre 的观点，原文来自 Faivre 著作的第一章 Ancient and Medieval Source of the Modern Esoteric Current. 参见 Antoine Faivre, *Western Esotericism: A Concise History*, State University of New York, 2010。

2 Wouter J. Hanegraaff, *New Age Religion and Western Culture: Esotericism in the Mirror of Secular Thought*, Brill, 1996, p387. 作者引述内容参见 Antoine Faivre & Karen-Claire Voss, *Western Esotericism and the Science of Religions*, Brill, 1995, p51。

3 Antoine Faivre, *Access to Western Esotericism*, State University of New York Press, 1994, p10.

次居住着不同的灵体或者精神实体。综合指的是这些多层次的现实相互联系，构成了一个有机的动态网络。魔法和通神术的实践者，可以在这些层次中来回穿梭，或是跟不同层次的精神实体互通有无。最后，充满精神生命力不仅指的是精神实体居住在多重现实中，而是指整个现实被丰饶的神性充满了，一切都像活的一样。费弗尔将其描述为"被一束光所穿透，或一团隐藏的火焰在其间生生不息、循环流动"——这种不可计数的、宏阔的光芒或者生灭流转、永续运动的火焰，都是对无限神性的隐喻。

其三，"嬗变经验"（experience of transmutation）乃是一个炼金术的术语。其指向了一个"神秘的内在过程的概念，或是再生和净化的神秘'道路'"[1]。一方面，此内在过程与"同神性合一的内在体验"联系起来；另一方面，这种体验或者道路，使得人不断靠近神性，换句话说，使人不断至臻完善。值得注意的是，"嬗变"还指向了一种全新的世界观，物质和精神的同一性：物质就是精神，精神就是物质，二者可以相互转化。在本书中介绍炼金术的章节，我们可以看到这一观念如何指导了实践者的具体实践过程。在文学经典，例如歌德的《浮士德》中，我们也可以看到这一主题的完整呈现。与此同时，"嬗变"这一主题也经历了一系列演变过程，到了20世纪学者荣格的著作中，该术语中关于物质转化层面的内涵已经渐渐淡去。在荣格对炼金术文献的重新阐释过程中，他逐渐认为"嬗变"应该更多地指向心灵转化过程，即人类心灵不断自我完善的过程，荣格称之为"自性化"[2]。

其四，"整合的实践"乃是指神秘学者、秘教成员或术士希望在多个宗教传统和不同教派之间寻找和建立共性。正如上文提到，以勒内·盖农为主导的传统主义者遵奉大一统的、跨越教派的"长青哲学"。本书的正文忽略了神秘学这一主线，因此，在注解中，尤其是对19世纪神智学运动的补充说明中，笔者特别强调了传统真理及其对应的人类历史观念。只有在特定的人类历史观念下，传统真理的主题才能够被理解。正如盖农所说，传统智慧的起源首先是"超越学术实证历史范畴"的，它指向了早已消亡的亘古文明，例如亚特兰蒂斯、利穆里亚和姆大陆。这种历史观念强调了人类古代文明在传承传统真理时发挥的关键作用，例如通过挪亚、摩西、埃及祭司、琐罗亚斯德、释迦牟尼和基督耶稣，神秘学者构建了一条完整的"传统智慧传承的主线"，并同时完成了对于《旧约》历史部分的"神秘阐释"。但值得注意的是，本书的注解同时强调了这种历史观念的特殊背景，即19世纪神智学家对于"充满异国情调"的东方世界的"发现"。因此，对印度教、佛教、中国道教等思想的迷恋，对香巴拉神话[3]和藏区圣地的热切追求，深刻影响了神智学家对人类历史的观念。但这种迷恋和追求，却无可避免地带上了殖民主义和西方中心主义色彩。

其五，对"神圣智慧秘密传承"的一系列体系性构建。除了上文提到的人类历史中各个宗教、教派的圣人对神圣智慧的传承之外，秘密教派构建的传承体系还包括入会仪式、晋升仪式、会阶等级制等规则。在本书对共济会的注解中，笔者强调了会阶和仪式的对应性，即不同会阶的晋升仪式意味着不同程度的启蒙，同时意味

1 Wouter J. Hanegraaff, *New Age Religion and Western Culture: Esotericism in the Mirror of Secular Thought,* Brill, 1996, p399.

2 详细内容参见卡尔·荣格著，《心理学与炼金术》，杨韶刚译，译林出版社，2020年。在第一章的导言中，荣格首先关注到"16世纪末的一批神奇作品……这些作品的作者至少在某种程度上意识到了他们的'炼金术'嬗变的心理本质"。在第二章中，荣格讨论了"炼金工作的精神本性"。而对于这一观念的批评，哈内赫拉夫在"诺斯替主义、炼金术和荣格心理学"一节中，引述了一位学者丹·梅尔库尔的观点，即精神层面的炼金术在16世纪之前并不存在，继而该学者认为，荣格将炼金术的心理意义作为其"自性化"概念的完美例证，只能属于16世纪后对炼金术的一种"神秘学创新"。参见 Wouter J. Hanegraaff, *New Age Religion and Western Culture: Esotericism in the Mirror of Secular Thought,* Brill, 1996。

3 香巴拉是藏传佛教传说中的神圣王国。第一代神智学家布拉瓦茨基夫人在其著作中提到了香巴拉，称其为"失落的利穆里亚遗民的庇护所"。她谈及在西藏传统中，这片"永恒土地"是唯一能逃脱宏阔命运中的毁灭劫难的地方。而且布拉瓦茨基认为香巴拉隐藏在中国的戈壁沙漠中。参见 Helena Blavatsky, *The Secret Doctrine, Vol 2, Anthropogenesis,* Theosophical University Press, 2014, p319, 408。一些20世纪受神智学影响的作者，例如爱丽丝·贝利对布拉瓦茨基的观点进行了进一步阐述。她在其著作中声称香巴拉存在于更高物理层面的以太维度中，人只有开发了以太灵视的能力，才能揭示喜马拉雅山脉的秘密。参见 Alice Bailey, *A Treatise on Cosmic Fire,* Lucis Trust Press, 1979, p388。

着对秘传神圣智慧不同层次的揭示。秘传智慧的传承也包括大师对其弟子的智慧传递。在神智学运动将东方（特别是印度教）思想引进西方神秘学之后，印度上师将在智慧传递的过程中扮演重要角色。因此，本书的注解特别强调了后期神智学运动对"世界教师"概念和神智学会内部对印度人克里希那穆提地位的重视。对印度上师和圣人的重视，使得神智学运动与同时代仍保持共济会形式的秘密教派——例如黄金黎明协会等——形成了鲜明的对比。

法国学者费弗尔认为，感应、活化自然、嬗变经验这三种观念，加上下文要详细论述的想象，乃是西方神秘学传统的固有特征。也就是说"当要定义某一运动或作品属于'神秘学'主题，就必须包含这些特点"[1]。而上文所述的第四和第五个特征，则属于一种补充定义，并非西方神秘学传统的固有特征[2]。在接下来的部分中，我们将介绍上文提到的西方神秘学传统的固有特征中的最后一项，即两个相互关联的重要主题——想象和象征。

神秘学的想象维度

对中国读者来说，我们并不需要在神秘学与宗教背景之间画上等号。它可以在更为普遍的生活现象中被理解，比如我们日常生活中经常提到的"想象"和生活中随处可见的"象征"符号。我们接下来会详细介绍这两个部分，读者们可以经由这两个主题，对西方神秘学的内在特征，乃至魔法活动本身进行进一步理解。

罗马尼亚裔学者约安·库里亚诺教授对诺斯替主义和文艺复兴魔法的研究成果丰硕，但随着他1991年在芝加哥大学被谋杀身亡，他对魔法的学术研究成果似乎也同时在学术界销声匿迹了。在他的重要著作《文艺复兴时期的爱欲与魔法》中，我们不难看到这样直白的论断："在这里，我们所关注的魔法……是一门关于想象的科学。魔法通过自己的方式对想象进行探索，并试图自由操纵它……魔法是一种控制个人和大众的手段。其理论基于对个体和集体爱欲冲动的深刻理解。在其中，我们不仅可以看到精神分析学的遥远祖先，还可以看到应用心理社会学和大众心理学的始祖……文艺复兴时期的魔法师，既是精神分析学家和先知，也是现代诸多职业的先驱，这些职业包括：公共关系总监、宣传员、间谍、政治家、审查员、大众传媒总监和广告代理商。"[3]库里亚诺的言论无疑使人震惊，因为很少有人直接在本书中的魔法、神秘学与现代日常生活中的常见职业之间画上等号。在此，库里亚诺是想要指出魔法、巫术和神秘学的一个重要维度——其深深根植于人类心灵的能力之上，而人类的心灵正是受到这名为"厄洛斯"的爱欲所支配的。爱欲在库里亚诺的语境中具有本体论的意义，它弥散在宇宙间，充斥着每一个或大或小的实体[4]。

在这里，我们看到了上文所论述的西方神秘学内在特征中的第一条和第二条，即宇宙由一种非物质的共同本质组成，而这种共同本质弥散于整个宇宙，使得各部分相互连接，构成了一个有机整体。但正如库里亚诺强调的，解开这一共同本质的钥匙，并不是对物质世界的

---

1 Wouter J. Hanegraaff, *New Age Religion and Western Culture: Esotericism in the Mirror of Secular Thought*, Brill, 1996, p397-398.

2 本段提及的定义中的固有特征，亦不能完全应用于每一种神秘学思想或个人；在一些特定的神秘学者那里，部分固有特征可能是缺失的，例如本书注解中提到的18世纪神秘学者伊曼纽尔·斯威登堡。哈内赫拉夫援引斯威登堡研究者简·威廉姆斯－霍根的研究，来说明在斯威登堡的思想中没有"活化自然"的观念（第二个特征），这种缺失极大地影响了斯威登堡之后的神秘学思潮。参见 Wouter J. Hanegraaff, *New Age Religion and Western Culture: Esotericism in the Mirror of Secular Thought*, Brill, 1996, p426。

3 Ioan P. Couliano, *Eros and Magic in the Renaissance*, The University of Chicago Press, 1987, 'Introduction'.

4 同上，p87。原文为："爱欲厄洛斯，主宰了一切的精神活动，确保了宇宙的各个部分——从遥远的星辰到微不足道的草叶——之间的相互联系、协作。那确保不间断的存在之链保持连续性的力量，其名为爱；那使得一切存在处于相互联系之中的普遍的、独特的物质，其名为普纽玛。正是因为爱欲，又经由爱欲，整个自然界就变成了一位卓绝的大魔法师。""普纽玛"（pneuma）的概念，参见同上，p4。此概念在亚里士多德的语境下，被用来指涉构成整个宇宙一切实体与非实体的精微本质，即"灵"（spirit 或 pneuma）。它既构成了外在意义上的行星，也同时在内在意义上，承担了灵魂的主要官能（就像灵魂的器官一样）。这一概念为解决物质和非物质之间的矛盾提供了必要条件，它的精微性让它近似灵魂的非物质本质，与此同时，它又具有某种身体意义，可以沟通、接触感官世界。

客观的、实证性研究，而是像文艺复兴魔法师所做的那样，关注心灵（以及心理学）、心灵的功能（想象、移情、冥想、直觉、催眠现象等）以及激发心灵力量的工具（象征、符号、密码等）和方式（仪式、戏剧、音乐等）。

根据上述分析，既然爱欲厄洛斯，在神秘学和魔法的世界观中具有本体论的意义，那么使用这种力量的方式，即人类的"想象"能力，就将在这样的世界中发挥至关重要的作用："它是获得'灵知'的主要工具，也同时被认为是'了解关于真我、世界和神话的工具。它是火眼金睛，穿透现象世界的干枯表象，从而召唤出各种意义，它还通过相互"链接"，使隐微神秘之事物彰显……'"[1]费弗尔对想象的描述不乏鲜活、生动之感，也就是说，可见事物的意义（往往是不可见的）通过想象被召唤、迸发了出来，其类似于从无到有，创生万物的过程。通过想象，无形之事物与有形之事物之间建立了一种联系，它们达成了一种同步、协调的关系。

这种看似等同于造物主创造宇宙的宏大能力，普遍地存在于人类之中，荣格在他生涯的早期（1921 年）就已经将目光转向儿童身上的想象力[2]。

荣格特别强调创造性成果的意义——"创造"的成果常常是以物质形式呈现出来的，无论是艺术家、作家的作品，还是科学工作者的创造性成果，都是经由想象力"助产"而来。这正回应了上文所述内容，换句话说，想象不仅仅意味着无形的心灵活动，它更意味着由此导致的物质世界的直接改变，通过想象，物质的可见世界与不可见世界之间，形成了有机的紧密联系。不仅如此，荣格还将想象力置于个人自我完善的背景中讨论，他谈到"在游戏中，孩子可以想象出各种各样的变化和创造性地解决问题的方式；例如，她/他们可以想象出一个虚

构的伙伴——后者带来勇气、力量、魔法等她/他们所需要的东西"[3]。这样的想象，尽管并没有实际召唤出持剑的武士、善良的巨人、白胡子的巫师，却实实在在地改变了儿童的心灵状态。通常情况下，儿童在这一过程中会真正得到这些能力，甚至会用成年人所难以预料的、精妙绝伦的方式解决问题。而在稍微晚期的工作中，荣格将想象与上文提到的本体论相联系，用另一种方式陈述了库里亚诺对文艺复兴魔法的分析，在其晚年著作《神秘的结合》中他提道："因此，在心理学与炼金术的语言中，'精神的结合'都指向关于个体自身的知识……炼金术士认为'自性'乃是一种与'自我'不同的存在，其隐藏于身体之中，与上帝的意象相同……因此，炼金术士通过一种化学操作，使其摆脱困境，我们今天将这种操作视作一种象征……如我所说，我们可以很容易地将墨丘利的概念和无意识的概念等同起来，我们将这一术语加入进配方中，它就会运作起来：无意识可以通过最随意的形式获取，例如自发的奇思妙想、一场梦、一段非理性的情绪……努力地投入这项任务，在自发的幻想不断转变时，紧紧跟随它的脚步……简而言之，炼金术的操作在我们看来，似乎相当于积极想象的心理过程。"[4]在荣格的晚年，通过对大量炼金术（包括中国道教的炼丹术）材料的分析和研究，他确立了对于炼金术的心理学阐释——通过一种对心灵本体论力量的转化，个体可以持续实现一种绝对的自我完善，即他所称的"自性化"。而实现这种转化的这种重要手段，正是想象[5]。

此外，想象还与一个独特的术语，即"绑缚"的观念联系在一起。库里亚诺描述道："恋人……所有的说服手段，同时也是魔法手段，其目的是将恋爱的对象和他

1　Wouter J. Hanegraaff, *New Age Religion and Western Culture: Esotericism in the Mirror of Secular Thought*, Brill, 1996, p399. 文中引述转引自 Antoine Faivre, *Access to Western Esotericism*, State University of New York Press, 1994, p.xvii-xviii.

2　Carl Jung, *Jung on Active Imagination*, Princeton University Press, 1997, p23-24.

3　同上，p24。

4　Carl Jung, *Mysterium Coniunctionis*, Volume 14 of the *Collected Works*, Bollingen Foundation, 1963, p711, 749.

5　"自我"（ego）、"自性"（Self）和"自性化"（individualization），参见雷诺斯·K. 帕帕多普诺斯编著，《荣格心理学手册》，周党伟、赵艺敏译，中国人民大学出版社，2019 年。荣格对道教炼丹术文献的研究，参见卡尔·荣格、卫礼贤著，《金花的秘密》，张卜天译，商务印书馆，2016年。"积极想象"（active imagination）的概念，参见 Carl Jung, *Jung on Active Imagination*, Princeton University Press, 1997。

绑缚在一起。斐奇诺本人在定义这个过程的时候，使用了'rete'这个词语，它的意思是'网状物'或者'罗网'。简而言之，恋人们和魔法师们都在做同样的事情：通过布下'罗网'去抓取某些特定对象，并将这些对象吸引到他们那里去。"[1]这个绑缚的观念有着异常古老的起源，库里亚诺的导师兼好友，芝加哥大学宗教史学教授米尔恰·伊利亚德在原始人的巫术和魔法现象中发现了绑缚观念的普遍存在。在本书注解的最开始处，笔者详细诠释了伊利亚德所分析的原始人的绑缚观念和魔法观念，同时介绍了"绑缚"与更加具有本体论意义的术语如"罗网""帷幕""幔帐""命运的绳结"之间的关系，故在此不再赘述。

神秘学的象征维度

除了上述提到的，运用本体论心灵力量的想象外，激发想象的工具和形式——象征——也具有重要作用。库里亚诺引用新柏拉图主义作家普罗提诺的著作《九章集》解释道："埃及祭司，在象征化神圣秘密的时候，并没有使用小的字符，而是呈现了植物、树木、动物的整体形式。因为很明显，在上帝关于万物的知识体系中，并不采用复杂思维的方式去呈现事物，而是从事物简单、稳定的本质中去直观它。"[2]在这里，象征与如今我们日常生活所使用的文字符号有着本质不同，后者构建了一种以因果逻辑为基础，通过区分不同概念而形成的语言体系。我们赖以生存的语言符号，建立在对于能指（符号的声音形式）与所指（符号指称的概念）的关系的讨论之上。也就是说，无论像索绪尔这样的语言学家和拉康这样的后结构主义者产生何种争论，他们总是默认了能指与所指之间具有某种关系。这种关系既保证了人类的语言活动能够成立，又给我们提供了关于万事万物的复杂"概念系统"。它既使得我们能够在周围没有任何一个苹果实物的时候，为他人介绍"苹果"，也使得我们能够

理解像"文艺复兴""启蒙主义"这样的抽象概念。

但象征的存在方式与语言符号有着本质区别，伊利亚德对此进行了详细的论述。在《形象与象征》中，他仅仅用了最后的三页方法论便指出了象征问题的关键：首先，他批判了19世纪的人类学家弗雷泽和泰勒，二人僵硬的实证主义和进步主义观念使其仅仅将魔法当作一种人类童年期的动物性本能反应。"古代人类的魔法－宗教实践，揭示了人类对宇宙的意识以及对自身意识的一种存在性觉醒。弗雷泽爵士及其追随者在其中只看到了'迷信'，但其实这些实践暗含了一种形而上学，尽管这种形而上学是通过象征的形式，而不是以概念的相互关系的形式构成的：这是形而上学——它是关于现实的一套完整而连续的观念，而不是由'人类在面对自然时的动物性反应'所支配的直觉性行为……象征本身就已经呈现了人对其有限的存在处境的认识……人们总是认为象征只能再现宇宙生命的某一层面，但象征实际揭示的东西，要远超于此。"[3]

其次，他指出了"象征乃是心灵的产物"，也就是说，似乎存在荣格意义上的"原型"，其深藏在人类集体无意识之中。在人类文明"尚不发达"的时代，也就是说，在人类的意识尚未完全与无意识发生割裂的时代，原型通过象征展现出来。"例如，太阳的象征系统和神话，能够揭示出太阳'暗夜的''邪恶的''丧葬的'层面，但是这些层面在太阳所产生的现象中并不明显。这种消极的层面，尽管在作为一种宇宙现象的太阳身上不易察觉，却是太阳象征系统的组成部分。这就说明，从一开始，象征就是心灵的产物。"[4]伊利亚德对太阳象征的阴暗面的论述是非常重要的，它暗示，象征所揭示的东西必然是既内在于人，又超越人本身的。

最后，伊利亚德指出了象征与语言系统的本质不同——语言系统通过对概念的区分和精确化，使得能指和所指的关系不断固化，它在精确化的同时使得符号本

---

1 Ioan P. Couliano, *Eros and Magic in the Renaissance*, The University of Chicago Press, 1987, p88.
2 同上，p36。

3 Mircea Eliade, *Images and Symbols: Studies in Religious Symbolism*, Princeton University Press, 1991, p176.
4 同上，p177。

身迅速变得狭窄和贬值。而象征却通过感应和万物类象，不断将意义系统拆开，又重新编织。因此，宇宙中万事万物都通过象征，被编织成一张相互指涉的巨网，在这张网中，新的意义不断涌现、绽放。而伊利亚德认为，古代人正是在这样生机勃勃、丰盛的宇宙中，认识到了自身存在的根本境遇。"象征系统为一件东西或一件事增添了新的意义和价值，而又不损害其自身本来的价值。在运用于事物的时候，象征系统使它们'敞开'，象征思维使得眼前的现实'绽开'，而没有使其缩小或贬值：从象征的角度来看，宇宙不是封闭的，万事万物都不是独立存在的，万事万物都通过一个感应和类象的紧密系统连接在一起。古代人在一个具有丰富意义的'开放世界'中意识到自身之存在。"[1]

由此，我们再次瞥见了前文提到的"天人感应""万物互相联系"的魔法宇宙。同时，我们也能理解，为什么20世纪诸多重要的学者，例如荣格、伊利亚德、约瑟夫·坎贝尔[2]，或像注解中提到的阿南达·库马拉斯瓦米这样的传统主义者，以及叶芝、艾略特这样的诗人、诺贝尔文学奖获得者，要花费生命中诸多时光，去研究人类历史上的各类象征。对于现代人来说，象征思维不仅仅意味着一套概念体系，还意味着一系列完整的、迥然不同的认知世界的方式，甚至是一种与现代生活全然相异的存在方式。

结论：探索更多的可能性

希望这篇导读为读者们照亮这片被称为"神秘学"的广阔领域的一个角落。同时希望大家既能在其中感受到那些西方文化中失落却又鲜活的力量，又能借此反观我们自身的传统，从中获得启迪。就当下而言，我们可能将本书提到的诸多现象，或是作为愚昧和落后的历史遗迹，或是作为距离生活异常遥远的奇谈怪论。正如前文所强调的，古代人持有占星学、魔法的世界观，说明他们在对宇宙、人的认知上根本不同于现代人。一个文艺复兴时期的人，在仰望星空的时候，会深刻地感受到，头顶灿烂的星辰同时也寓于自身心灵之中。诚如伊利亚德指出，其中蕴含的是完整的"形而上学"。现代人若是不能超越自身固有观念的偏见，而将这些东西轻易抛弃，那么无疑会丧失对该主题的深刻价值进行探索的契机。

在荣格漫长的学术生涯中，他不断地和同时代那些充满偏见的人进行争论——这群饱学之士往往对一些基本的心灵现象视而不见。伊利亚德这样的学者在70年前业已一针见血地指出了"弗雷泽们"的根本性短视，但在我们这个时代，偏见和狭隘却似乎并不见减少。而那些拥有最深偏见的人，往往可能顶着由象征编织而成的光晕，随意使用那些他们并不了解的力量。这正是本篇导读所提及的诸位学者所共同关心的问题：那些我们以为随着现代世界的诞生而"被祛除的魔法"，可能只是以各种不同的其他面貌，充斥着社会和生活的方方面面。而正是现代人对这种"清理工作"无与伦比的信心，使得我们对那些尚未远去之物感到极度陌生，而诚如荣格和库里亚诺所言，这种疏离常常将我们置于无比危险的境地。

过去任何时代似乎都不像我们今天这般，与古代世界相距遥远，像勒内·盖农这样的传统主义者和部分神智学家保持着极度悲观和绝望的心情来面对这一切。但更多的人，无论是学术界内的学者们，还是注解中提到的像鲁道夫·斯坦纳博士、葛吉夫这样的神秘学者，都在尝试着探索更多的可能性。尽管他们的思想内容受到诸多批评，但这些思想探索的轨迹，不仅不应被忽略，而且值得被严肃、认真地对待。

---

1 Mircea Eliade, *Images and Symbols: Studies in Religious Symbolism,* Princeton University Press, 1991, p178.

2 对荣格、伊利亚德、坎贝尔的批评，参见 Robert S. Ellwood, *The Politics of Myth: A Study of C. G. Jung, Mircea Eliade, and Joseph Campbell,* State University of New York Press, 1999。

韦用武
德国 班贝格
2023 年 3 月 24 日

前言

1611 年的圣诞节前夕，一个年轻女孩领着她失明的年迈祖母来到一个磨坊主家中，要求雇主为她们最近完成的工作支付报酬。磨坊主不想付钱，对祖孙二人喊道："滚出我的地盘，小婊子和老巫婆，当心我烧死一个，绞死另一个。"

老太太想报复雇主，而且她知道该怎么报复。"用巫术夺人性命的最快方法，"她后来说，"就是用黏土制作一个人像，模仿你想要杀死的人的外形"，用刺或大头针扎它以引起疼痛，烧毁黏土像，"然后，通过这些方法，那具身体就会死亡。"

这位自认女巫且也被他人视为女巫的老妇人就是伊丽莎白·萨任斯，人称"老德姆代克"。她是 1612 年英国彭德尔女巫审判中被捕的 20 人之一，当时已 80 岁高龄。伊丽莎白·萨任斯在等待审判期间去世，但与她一同受指控的另外 10 人因"通过邪恶实践和凶残手段"致人死亡的罪名被绞死，其中包括伊丽莎白的孙女艾莉森。

对女巫和有害魔法的恐惧，能使魔法生效的媒介物，以及无力之人如何通过魔法实现目的，这些主题都反复出现在本书中——这是一本奇妙的关于全球各地魔法信仰与实践的百科全书。读者将踏上一段穿越时空的旅程，从古代美索不达米亚、古埃及出发，见识古罗马的女巫、琐罗亚斯德教的魔法、日本中世纪炼金术、斯堪的纳维亚的持魔杖者，了解伏都教、通灵板、圣诞老人、威卡教，以及其他许多东西。

这项包罗万象的研究告诉我们，虽然魔法的形式——咒语、仪式和神力——千变万化，但那些寄希望于魔法的人在根本上有着相似的心理。他们想要控制那些天然就超出自己控制范围的事情，想要挑战那些无法解释的事情，想要掌控那些模棱两可、令人不适的事情。比如，我们知道格陵兰岛的因纽特人相信有一种灵性力量控制着他们生活其中的那片贫瘠的、冰冻的荒原。魔法可以帮助他们处理容易出错的日常工作，控制能摧毁庄稼的恶劣天气，并为不育者或病患带来慰藉。这意味着社群中始终会有这么一种角色：他们相信自己能与神灵沟通，能抵御邪恶力量，能穿梭于生者的可见世界与鬼神的不可见世界之间。正因这一点，魔法长久以来一直备受关注，这种关注将延续下去。

令我感到格外震惊的是，人类总试图用五花八门的手段来解决我们根本无法掌控的事情——我们生活在线性时间中，无法知晓未来。除了通过解读杯底茶渣和手相来预测未来，人们还解读灯盏中升腾的烟雾、鸟儿的飞翔模式，以及我最喜欢的——马匹的嘶鸣。

与大多数魔法一样，这些形式的占卜大都已经被禁止了。虽然魔法与神迹之间的界限十分微妙，而且在很大程度上取决于旁观者的看法，但魔法往往被认为是不符合公序良俗的。尽管魔法频繁地被纳入主流宗教之中，但它又反过来颠覆了正统，挑战了既定的权力结构。

人们对巫术的信仰尤其清晰地说明了这一点。那些指责他人施巫术的人不也是在为不幸寻找超自然解释吗？在 16—17 世纪席卷欧洲的猎巫热潮中，有近 5 万人被处决。这股热潮也正是基于这样一种观点：邪恶的力量来自魔鬼；由于当时的人认为女性更软弱，更容易受到恶魔的诱惑，所以大多数巫师都是女性，她们利用自己的魔力操纵男性。

魔法是个容易被错误信息缠绕的话题，就像巫婆大锅周围烟雾缭绕一样。这本引人入胜的百科全书将驱散迷雾，解除魔咒，生动地照亮这个永远迷人的主题。

苏珊娜·利普斯科姆

古老的起源

史前—公元 400 年

引言

魔法和人类一样古老。早期人类认识到自己所处的环境之后，立刻就确信周围充满了灵体。他们借助萨满的力量——他们认为萨满可以进入属灵世界——或者通过艺术来召唤这些灵体，以图控制它们，获取其帮助。研究者认为早期人类在洞穴岩壁上刻像、画动物的原因在于，他们相信这样做能获得控制其世界的魔力。

随着社会不断进步，人类也把等级制度和秩序带入精神生活之中。大约从公元前 4000 年起，神明与统治者、祭司、贵族平起平坐，共同掌控着苏美尔的城邦或是古埃及王国。由于文字的发明，我们对这些官方宗教的认识要远超对其新石器时代前身的了解。记录魔法细节的材料也更多了，无论是好魔法还是坏魔法。比如，一个古巴比伦人曾为阻止鬼魂游荡而打断一件黏土小雕像的双腿；一个巫婆曾诱骗巴比伦的守护神马尔杜克对其私敌降下疾病，这两例都是有意操纵伤害性的魔法。然而，在门槛下埋小雕像以防止恶灵进入的做法，仅仅说明当时的人确信属灵世界的邪恶力量需要安抚，并采取了相应措施。

令我们惊讶的是，许多后世魔法的道具很早就出现了。古巴比伦人和古埃及人会佩戴具有防御性质的护身符，他们还创造了咒语书。在古埃及，咒语甚至被刻在墓穴的墙壁上，以便为灵魂在进入来世的危险旅程中提供魔法保护。

长期以来，口头及书面语句也被认为具有魔力。古希腊及古罗马人曾制造诅咒板，在其上表达阴暗的欲望，并辅以特定的流程。他们认为这样便可以实现愿望。

魔法师们很快就发展出了自己的技术和哲学。古埃及人已有交感巫术——此类巫术认为用来治疗的物

美索不达米亚犬俑　参见第 20 页

古希腊饰板，献祭动物　参见第 32 页

罗马马赛克镶嵌画，奥德修斯　参见第 39 页

质应当与需治疗的疾病有相似性（因此，某种黄色药剂有可能治愈黄疸）。古希腊人发展出了"绑缚"的概念，即只要通过恰当的仪式，魔法师就可以对另一人或物体进行物理或精神控制，即便该物体有月球那么大。随着文献资料逐渐丰富，我们甚至能知道个别巫师的名字。比如喀耳刻，据荷马在《奥德赛》中的讲述，她对奥德修斯的同伴施以魔法，把他们变成了猪。又如厄里克托，古罗马诗人卢坎描绘了这位女巫把狂犬唾液倾倒在尸体上，从而使之起死回生。虽然许多文化为魔法创造了有序的具体规则——若论规则之繁，鲜有胜过日本的，日本甚至有管理魔法的政府部门——但其他文化对于灵性力量的无限性依旧保有比较宽泛的认识。玛雅人的观念就呼应了最早的新石器时代魔法信仰：他们观察宇宙，意识到了漫长的时间轮回；他们吸入致幻烟雾以进入属灵世界；他们相信强大的魔法师身边有灵兽伴随。在古代世界，混沌与死亡从不会远去，只要人类期盼从中解脱，哪怕只有短暂片刻，便意味着魔法永远存在。

"魔法，以三重纽带控制人们的情绪……支配着人性的很大一部分。"

老普林尼，《自然史》，论对魔法的医药、宗教及占星力量的信仰，1 世纪

庞贝湿壁画 参见第 45 页

八卦图 参见第 53 页

玛雅手抄本 参见第 59 页

仪式的诞生
史前魔法

▲卡纳克巨石林
在法国西北部的布列塔尼，3000 多块巨石排列成阵，延伸了 1 英里（约 1.6 千米）多。这片巨石林建于大约 6000 年前，被认为具有某种宗教意义。其中许多石块排得十分整齐，以致中世纪的当地人认为它们本是罗马军队，后被魔法变成了石头。

早在 9.5 万年前，尼安德特人（一种与现代人类有亲缘关系的原始人类）就曾小心翼翼地把一个夭亡的孩子埋葬在伊拉克的一处洞穴中，这种敬畏感意味着他们相信有来世。留在洞穴中的拟人化卵石，以及公元前 2500 年左右建造的巨石圈——例如英国埃姆斯伯里的巨石阵和法国卡纳克巨石林，其中石块的排列与一年中特定时刻日出或日落的方向一致——昭示着一种日益复杂和宗教化的世界观。随着宗教而来的便是魔法。

▶杰里科头骨
这件头骨出土于约旦河谷的古城杰里科，可追溯至大约公元前 7500 年。头骨部分被石膏覆盖，眼窝中嵌有贝壳，以重现死者的面部特征。这可能是一种祖先崇拜活动。

关于动物的仪式▶
法国西南部的拉斯科洞穴壁画可以追溯到公元前 1.5 万年左右。壁画中总共描绘了近 900 只动物，很可能是某种魔法狩猎仪式的一部分。

史前魔法与早期宗教

早期人类通过发明工具和使用火来控制环境。这些技能给了他们有限的力量，同时也让他们意识到那些超出人类控制的力量有多么强大。日升日落、生老病死，每天为食物而挣扎，为了参透诸如此类的谜题，我们最早的祖先设想出了种种灵性力量，并想求助于这些力量使自己获得优势。自此，信仰超自然力量并希望利用其控制物质世界便一直是人类社会的一种特征。

力量与生存

狩猎对早期人类社会的生存至关重要。一些社群直至现代仍依赖于追踪、猎杀动物，比如加拿大北极地区的因纽特人，他们认为狩猎是神圣的活动，因为这种活动会剥夺另一条有灵魂的生命。石器时代的人类可能也有相似的看法。大约 1.7 万年前，他们在极难进入的洞穴中留下了人类狩猎雄鹿、马、野牛、牛、熊等野生动物的壁画，法国拉斯科洞穴壁画便是此类遗迹之一。绘制这些壁画或许是一种能使狩猎更成功的仪式，也可能是为了安抚动物的灵魂。

> **"哀悼死者是一种有助于社群团结的共同仪式。"**

大英博物馆，对杰里科头骨的解说

"一切皆拜瓦坎－坦卡所赐，圣人有了智慧和治愈之力。"

苏族奥格拉拉部落酋长平铁，记载于娜塔莉·柯蒂斯编著的《印第安之书》，1907 年

鱼形状的鳞片式头发
暗示其与水有关

下巴部位借用石
块天然的弧度

▲ 庇佑渔民的河神

这是 50 余件古老的砂岩首像之一，出土于塞尔维亚多瑙河畔一个名为莱潘斯基维尔的新石器时代渔村。这些石像被放置在炉膛前方，头部造型表明其形象可能是守护河流的河神。

生育力雕像

生育也是早期人类十分关心的大事，因为如果没有新的生命，部落就会灭亡。人们在洞穴中发现了许多臀部及胸部比例夸张的女性小雕像。研究者认为，这些人像的身体特征意味着人们在请求一位母神保佑他们生育子女。其中一些小雕像十分轻巧（或许可以拿在手里），比如"维纳斯"小雕像——据信这一系列古老的欧洲雕塑可以追溯到旧石器时代。所有维纳斯小雕像的共同特征是缺乏面部细节，也许这是为了让它们具有普遍的吸引力，而不是与某特定个体相似。

死者的魔力

比狩猎、生育或地球的奥秘更强大的，也许就是对死亡的恐惧。相对正式的遗骨埋藏可追溯到公元前 6 万年，坟墓中散落着骸骨和红色赭土（暗示着血液）。一些墓葬中还有鲜花或项链，用以陪伴死者进入来世。在以色列的基巴拉洞穴，尼安德特人埋葬了若干骸骷和头骨，这很可能是一种死后仪式。早期人类似乎也对亡魂有一种恐惧。在英国萨默塞特的高夫洞穴中出土了大约 1.5 万年前的人类遗骨，遗骨上的切口表明尸体曾被用于仪式性的食人活动。举行此类活动可能是为了获得死者的力量或防止其亡魂对活着的人造成伤害。

图腾与万物有灵

如今我们认为史前宗教相信万物有灵——魔法或超自然力量浸入整个自然世界，包括静态景观和栖息其中的动物。自然形成的独特地理特征——比如乌干达涅罗的一系列岩层（或许可追溯到 1.2 万年前）——便成了圣地。早期人类相信此处居住着神灵，他们以几何图案装饰岩壁，并来此供奉祭品。动物形雕塑品——通常表现为人与动物的混合形态——也受到了早期人类的尊奉，比如德国南部洞穴中出土的 4 万年前的"狮人"雕像。它们可能是某种图腾——某种与部落有着特殊魔法联系的灵兽。

属灵世界

对早期人类来说，与居于世间的许多灵体保持良好关系是至关重要的。于是出现了通常被称为萨满的仪式专家，他们与灵体沟通，并尝试影响它们。萨满们似乎可以通过吟诵、有节奏地击鼓、吸入烟雾、摄入致幻药草等影响精神的物质而进入恍惚状态，将自己传送到鬼神的国度。

考古学家们在已有 1.1 万年历史的约克郡斯达卡遗址中发现了一件用雄鹿角制成的头饰，这可能是萨满仪式服装的一部分。而发现于西伯利亚的岩画则表现了所画对象的内部骨骼，因而产生了一种类似 X 射线的透视感。研究者认为这种视角代表了介于生死之间的悬置状态，萨满能够借此进入属灵世界。西伯利亚原住民一直持有此类信仰，直至现代。对魔法的最早信仰可以追溯到 10 万年前，而其中许多信仰以各种形式留存下来，直到不久前才消失。

▲ 拉斯科洞穴的萨满
在这幅洞穴壁画中，一头野牛逼近某平躺之人身侧，人身边还有一只鸟。有一种解释认为，画中平躺的人是一位萨满，而那只鸟是他的灵兽。人已与鸟结伴去往神秘世界旅行，留下肉身无法动弹。

魔法实践

凝固的阳光

琥珀是史前松树树脂的化石，早在新石器时代就备受人类珍视，古希腊人则认为琥珀是凝固的阳光。由于其独特的颜色和透明的质地，琥珀成了十分珍贵的材料。因为能产生静电（摩擦时会出现火花），它又获得了能抵挡危险的美名，后来还被认为是一种治疗石。琥珀主要出产于波罗的海沿岸，尽管这种化石相对罕见，但用琥珀制成的项链和吊坠却是常见的考古发现。

这件**鱼马混合体琥珀吊坠**来自公元前 5 世纪的意大利。

▲ 皇家狩猎
这条雕带描绘了公元前 7
世纪亚述国王亚述巴尼拔
狩猎狮子的场景。该行为
具有丰富的象征意义：国
王如列乌（牧羊人）一般
保护其臣民，并将沙漠
和百兽之王都纳入其统治
范围。

魔法无所不在
美索不达米亚魔法

在古代美索不达米亚——位于底格里斯河与幼发拉底河之间的平原，主要在现今的伊拉克境内——人们生活在一个充满魔法的世界里。苏美尔人、亚述人和巴比伦人都寻求驱魔师和预兆解读师的帮助，以获得保护，免受邪恶超自然存在的伤害，并预知未来。从约公元前 4000 年建立第一批城市的苏美尔文明，到 3000 多年后的新巴比伦王国，

▶ 玛克鲁（焚毁的）泥版
这是 9 块泥版中的第 7 块，可追溯至公元前 700 年左右。泥版上的内容包含圣歌，供阿什普驱逐可能对受害者下咒的巫师。

在美索不达米亚这片土地上，魔法始终是日常生活的一部分。

官方的万神殿中列有苏美尔主神恩利尔和智慧之神恩基等神明，诸神之下则是恶魔们，比如威胁孕妇的拉玛什图和需要安抚的瘟疫恶魔纳姆塔鲁。尽管美索不达米亚人比早期人类有所进步，但他们仍不能以科学的方式理解诸如瘟疫及洪水、闪电等自然现象，因此社会各阶层都更喜欢超自然的解释。人们认为灾祸是由女巫降下玛米图（诅咒）造成的，或是由受害者有意无意

"我呼唤黄昏、午夜和黎明，因一个女咒术师对我施了咒。"

玛克鲁泥版一，约公元前 1600 年

版则解释了如何进行驱除诅咒的仪式，比如焚毁施法女巫的小雕像。驱魔师还经常兼任医师，而另一块泥版上记载了一条召唤健康女神古拉的咒语，她能驱逐致病的鬼魂。

巴鲁从事的是脏卜（通过观察绵羊的内脏来占卜）。他们也观察种种天象，比如日食、月食、日晕（预示着城市的毁灭）、金星的不规则运行和云层状况。有些预兆极不寻常，包括畸形动物或连体双胞胎的出世，甚至还包括红狗往男人身上撒尿——这种现象乃福兆之一。

冒犯神明或无意中忽视神迹引起的。

国王则通过咨询神庙的祭司来防止此类事件发生，例如咨询执行魔法仪式的阿什普（驱魔师）和负责解读神谕的巴鲁。宫殿档案馆中就储存着刻有符、咒和神谕的楔形文字泥版。亚述国王亚述巴尼拔的王家图书馆中就出土了大量此类泥版。平民也会请阿什普施保护咒，并使用护身符和施过法的小雕像来驱散恶灵。

反巫术与预兆

个人的不幸或疾病经常被归咎于女巫或恶魔。人们还认为女巫会秘密地对他人下咒。祭司们发展出了对抗邪恶影响的仪式，并将之汇总记录在 9 块玛克鲁泥版上，这些文字最早编写于公元前 1600 年左右。泥版在随后的 1000 年里通过一代代阿什普传承下来。前 8 块泥版上汇总的 100 条咒语使阿什普能够识别并驯服邪恶的魔法；最后一块泥

▼ 咒语碗

这只碗可追溯至 5—7 世纪，是美索不达米亚魔法传统的晚期实例。碗壁上写有阿拉姆语的咒语，中央绘有恶魔形象。这样的碗常常被埋在房间角落，起到保护作用。

美索不达米亚人相信物体具有某种生命力，可以用作贮存巨大魔力的容器，帮助驱赶恶灵，阻挠其行动，或者能召唤神明之力，帮助驱赶它们。

皇家宫殿由宏伟的拉玛苏雕像守卫，这些有翼生物长着人的脑袋、公牛或狮子的身体，它们守卫并支撑着大门、走廊和王座厅的入口。当时人们认为此类出入口特别容易遭到冥界恶魔的渗透，比如"潜伏者"拉比苏。较穷的人则在门口或窗户下放置神像或是人兽混合生物的小雕像，比如戴着尖帽、长有鳞片的半鱼半人像。

魔法仪式是对抗黑魔法的重要组成部分。仪式会采用替代的原则，比如给一头山羊幼崽穿上病人的衣服和鞋，然后将其献祭给死亡女神，求她带走山羊而不是病人。

▶**人首狮**

这头拉玛苏守卫着一扇宫殿大门。角冠和双翅昭示着它的神性，饰带则意味着它的力量。雕塑师给拉玛苏雕了5条腿，所以从前面看它像是坚定地站着，从侧面看它却像是正在大步离开。

类似地，鬼魂雕像也被用来防止死者游荡或说话。典型的做法是，在一件黏土雕像上刻写死者的名字，打断雕像的双腿，再往雕像口中塞一颗狗牙，封住它的嘴。

人们还认为女巫会欺骗神明，借其力为己用，这便是许多邪恶魔法的源头。于是人们向神明祈祷，尤其是向与魔法密切相关的马尔杜克祈祷，请求他与他强大的父亲恩基协商——恩基是阿什普在驱魔时使用的仪式魔法的最初力量来源。

辟邪护身符

佩戴护身符是防御性魔法的另一个组成部分，此类护身符的造型通常就是它们应该抵御的恶灵的形象。例如，风魔之王帕祖祖被描绘成一个有着鸟类胸膛和利爪的生物，手持一道闪电，而危害孕妇的拉玛什图被描绘成驴、狮子和鸟的混合体。护身符可以在沙漠等恶魔居住的险恶地区保护旅行者，或者在瘟疫期间使疾病远离屋舍。在美索不达米亚，有太多事情不可预测，魔法则使天平向着对人类有利的方向倾斜了一点点。

魔法实践

犬俑

治疗女神古拉的脚边经常绘有一头坐犬，所以人们以黏土或青铜质地的犬形小雕像召唤她的帮助。这些犬俑被埋葬在门槛之下或其他易被魔法渗透之处，充当神秘的护卫犬，抵御疾病或厄运。它们身上经常刻着名字，比如"嘭吠"或"猎敌"，以增加效力。由于古拉同时亦是冥界女神，使用犬俑也可能是为了引导死者进入来世。

这件**古拉之犬的赤陶残件**是一尊更大雕像或神庙装饰的一部分。

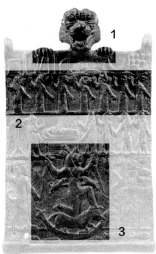

图例

1 狮首的帕祖祖用利爪抓着饰板。

2 守护神，长有狮首，排成两列。

3 帕祖祖驱赶拉玛什图。

◀**防护饰板**

这块饰板上雕有风魔之王帕祖祖，他也是来自沙漠的西南风之王，能带来饥荒和蝗灾。制作这块饰板正是为了防御帕祖祖自身，并借助他的力量驱赶另一个恶魔拉玛什图。

宇宙之力
古埃及魔法

公元前 4000 年，赫卡（魔力）已是古埃及信仰的核心。据说诸位创世神祇，如努恩（其名意为"水之深渊"）等，使用赫卡从原初混沌之中创造了世界。通过创世，神祇制服了混沌之力，但这些力量不断试图重返，只有赫卡能阻止它们。对古埃及人来说，掌握魔力的不仅有神明，较低层次的超自然存在、法老以及死者都拥有赫卡，此三者都可以通过使用咒语来转移邪灵的注意力。

维系宇宙和谐

古埃及人还相信另一种叫作阿胡的邪恶魔法力量，它与冥界中的神密切相关。为了抵御那些施用阿胡魔法的人，比如祭司和"生命之屋"的抄写员（"生命之屋"中藏有古埃及神庙的手稿合集），作为其对手的苏努（医生）和萨乌（护身符匠人）会使用赫卡咒语、仪式和魔法物品。事实上，古埃及

▼魔力之杖

用河马犬齿制成的弧形魔杖上刻有防护性符号，人们相信可以用它来保护儿童和孕妇。这件魔杖正面的铭文写着"昼间防护"和"夜间防护"。

◀河马形象的女神

这件皂石小罐被雕刻成女神塔沃里特的形象，古埃及人相信她能帮助妇女分娩。罐中可能装着一小张莎草纸，上面写有保护母亲和孩子的魔法咒语。

人的赫卡信仰极其普遍，他们甚至将之运用于生活的方方面面，从国家大事到神谕传达，再到更世俗的民间事务，如男女婚恋、保佑分娩、治疗小病等。赫卡除了是一种抽象的力量，同时也是一位神明的名字，此神是魔法的化身。赫卡神帮助确保宇宙和谐，并充当某种通路，信徒可以经由这种通路，寻求神恩的庇佑。与赫卡神对应的女性神明是维瑞特赫卡乌（魔力至高者），她被描绘成一条眼镜蛇的形态。研究者认为古埃及魔法师经常使用的蛇头杖可能就代表这位女神。

超自然力量

在古埃及，魔法和宗教有着密切的关系。祭司们在神庙里举行仪式，通过法老传递神圣之力，确保太阳每日照常升起，确保尼罗河的洪水令土地变得肥沃。这些祭司同样会出于更私人的目的吟诵咒语或给护身符祝福。他们还是诸如《颠覆阿佩普之书》等魔法书卷的保管者。阿佩普的形态是一条

> "将鳄鱼蛋壳放入火焰之中，它立刻就会有魔法。"

伦敦-莱顿通俗体莎草纸上的咒语，3 世纪

蛇，它是混沌之力的化身，其邪恶力量被视为一种非同寻常的威胁。

虽然古埃及人认为所有神祇都拥有赫卡之力，但狮首女神塞赫麦特的力量尤其强大。她的"七箭"能带来传染病，而一群被称为"塞赫麦特屠夫"的恶魔先遣队会在历法年结束时额外增加的 5 天里造成破坏，增加的这 5 天是为了使历法与太阳年协调。为了防御这些恶魔，魔法师们会念诵一段《年末之书》的咒语，并把亚麻布裹在脖子上，彼此交换塞赫麦特造型的护身符，以抵挡这位女神的愤怒。

▲ 魔法之神

这幅浮雕位于埃及埃斯纳的库努姆神庙大厅，画面中有作为魔力化身的赫卡神、公元前 15 世纪的统治者法老图特摩斯三世，以及公羊首人身的尼罗之神库努姆。

古埃及的祭司和其他魔法师以各种各样的策略阻挠邪恶神祇。他们可以在念诵咒语时通过说出神的名字来宣示对神的权威；他们可以诱骗一个恶魔相信自己正在攻击的是女神伊西斯和她的孩子荷鲁斯，而不是某对卑微的母婴；他们还可以召唤一股更可怕的神力——比如凶残的沙漠与混沌之神塞特——借其怒意来威胁当前要对付的神。防护咒语写在莎草纸上，然后佩戴在身上或是藏在护身符之类的容器中。魔法铭文也可以刻在碗上，寻求庇护的人会从这些碗里喝水。房屋中还会放置展示荷鲁斯击败蛇等猛兽的石碑，用以预防和治疗蜇咬伤。

诅咒敌人

诅咒是一种特殊的魔法，被列在所谓诅咒祷文之中，其目的是通过魔法削弱对手。把诅咒对象的名字写在罐子上，然后罐子被仪式性地打碎并存放在坑洞中。在祭祀仪式中，遭捆绑的男女雕像代替真正的目标被摧毁，以防止目标死后进入来世。然而，在今生和来世之间的中阴世界徘徊的亡魂可能会作祟，向活人复仇。一种诅咒要求执行者从尸体上剪下头发，绑在某个活人的头发上，此人就会被逼疯。另一种诅咒要求把写有诅咒的莎草纸附在铁环上，然后埋入坟墓中。那张莎草纸便会把死者永远束缚在墓中。写在坟墓中的诅咒则警告入侵者不要亵渎墓室，以免遭受永恒的痛苦。这种做法在古王国时期（公元

▲ 祈求保护
矮小的狮形神贝斯是一位广受欢迎的守护神。人们认为他丑陋的面容能吓跑恶魔。贝斯最常在产妇分娩时被召唤，在上图所示的护身符中，他怀抱着婴儿荷鲁斯。

▲ 纸上的魔法疗法
伦敦医学莎草纸的这一部分大约在公元前 1300 年编写而成，其中包括大约 60 种医学和魔法疗法，用以治疗一系列疾病，特别是眼疾、烧伤和妇科疾病。

前 2575 年—前 2150 年）更为普遍，因为各种墓葬——包括金字塔内的墓葬——变得越发精致，其中的陪葬物品对盗贼更有吸引力。

医学与魔法

在古埃及，医学与魔法之间的界限是模糊的，塞赫麦特的祭司们也经常扮演医生的角色。在许多疾病缺乏有效治疗方法的情况下，他们转而求助魔咒和仪式。

一些魔法属于交感巫术，使用的治疗物质与人们猜测的病因有相似之处，例如用动物粪便来缓解肠道问题。

> "至于任何在这座坟墓里作恶的人，
> 抄写员、智者、平民或贱民……都将臣服于
> 托特神的愤怒。"

杰法哈皮墓穴中的诅咒，约公元前 1900 年

起初此类小雕像被用作死者的替身，但到了公元前 16 世纪，它们成了陪葬的劳工和侍从，供死者在来世使唤。

式的目的在于将灵魂的两个部分卡和巴融汇在死亡之中。古埃及人通过咒语和尸体的木乃伊化来保护作为生命力源泉的卡，同时释放遗体中带有死者独特个性的巴，让巴开启去往冥界的旅程。

而对于国王们，根据最初写于公元前 27 世纪的《金字塔铭文》，他们的灵魂需要与恶魔搏斗，回报彼岸世界的船夫，然后抵达来世。又过了 600 年，这些文本才似乎开始为更广泛的社会阶层提供魔法保护。

魔法师可以把咒语用作一种直接手段，比如"命令"卡住的骨头离开病人的喉咙；也可以用作间接手段，比如要求引起疾病的幽灵（往往被认定为外来的恶魔）离开患者。人们也会把护身符放置在病人身体病灶部位，来抵御疾病。

死亡是最大的挑战。以死者之名举行的仪式十分细致繁复，至少对精英阶层来说是这样。此类仪

托特神

魔法秘密的持有者

托特是古埃及的智慧与书写之神，与魔法有着密切的联系。托特通常被描绘成人身狒狒首或鹮首（如左图）。据说托特发明了埃及象形文字，他用这套文字写了 42 本秘密的智慧之书存放在神庙里。古埃及人还认为，在荷鲁斯的左眼（月亮）被塞特损坏之后，是托特将之修复的。荷鲁斯之眼的符号称为乌加特（完好的眼），被认为拥有巨大的魔力。托特亦曾前往沙漠深处找回拉神之眼，众神之王需要眼睛才能视物。托特还是冥界的抄写员，记录对死者罪孽的称量结果。赫尔墨斯·特里斯墨吉斯忒斯，即后来希腊及罗马神话中"三重伟大"的魔法师，据说就起源于埃及的托特崇拜与希腊的赫尔墨斯崇拜的融合。

应对来世的魔咒

在古埃及信仰中，巴（含有死者人格的灵魂部分）在去往冥界的旅程中将面临一系列考验。无法通过考验则意味着第二次死亡——死者对尘世的记忆将被抹去，他们会成为永远游荡的孤魂野鬼。为了避免第二次死亡，古埃及人在坟墓墙壁上书写《亡灵书》，其中包含了用来保护灵魂的咒语。右图的场景展示了巴（白衣者）与胡狼首的阿努比斯。阿努比斯在称量灵魂的罪孽与一根羽毛孰轻孰重。如果罪孽更重，巴就会被鳄鱼首的恶魔阿米特吞噬。

《亡灵书》从未被编定权威版本，没有任何两部是相同的。每一部《亡灵书》都应雇主的要求而创作，其中包含了最能反映死者人格的祷词，以便在肉身死亡后为死者提供帮助。公元前 1700 年左右，古埃及人开始编写《亡灵书》，以之取代更早的陪葬文本。咒语被逐渐添加，到大约公元前 1500 年，常见咒语已有约 200 条。为平民准备的咒语记录在长达 20 米的卷轴上，为皇室成员准备的咒语则书写在墓室的墙壁上。据说这些咒语可供巴在旅途中的关键时刻念诵使用。咒语 4 能让巴变成一条蛇，咒语 89 令其在夜间返回墓中，咒语 98 则允许巴搭乘渡船去往冥界。古埃及人对《亡灵书》的效果深信不疑，这些卷轴一直十分流行，直至公元前 30 年罗马征服埃及。

"我是高贵的，我是一个魂灵……
哦，所有神明，所有幽灵，
为我准备一条通路。"

《亡灵书》，咒语 9

▲ 上图来自皇家抄写员胡内弗的《亡灵书》。图中阿努比斯在托特的注视下称量灵魂的罪孽。

奇迹与禁术
古希伯来魔法

▲ 天赐洞见

在这幅手抄本的泥金装饰图中，先知以西结的左侧是一位天使，右侧上方是上帝之手，这两者是他预言能力的来源。

《塔纳赫》（《希伯来圣经》）中有多处提到超自然现象。虽然犹太教的祭司们认可其中大多数典故，但它也有对早期信仰和仪式实践的承认，而这些内容在犹太教中被视为禁术。

法力与先知

犹太人只相信唯一神，这一事实决定了《塔纳赫》对魔法的传统态度。在早期犹太教中，与其他信仰系统相关的宗教实践有可能被贴上恶魔的标签。然而古代迦南信仰中的魔法元素仍与萌芽期的犹太教融合在了一起。比如，《塔纳赫》讲述了先知们是如何陷入狂喜的恍惚状态以看到幻象的，这些先知在揭示上帝话语的过程中扮演关键角色。其中一位先知以利亚曾在山顶上与公然信奉巴力的异教祭司比试，看哪一方能点火焚烧祭品。经文中还记述了以利亚的祷告如何得到回应，随后雨水降下，结束了以色列地的长期旱灾。《圣经》中的族长们也曾施展奇迹，充当上帝之力的工具：在以色列人被困于埃及期间，摩西的兄长亚伦曾与法老的魔法师们决斗。魔法师们把杖变成了蛇，结果亚伦把自己的杖变成了一条更大的蛇，并吞噬了对方的蛇。

预言未来

在《申命记》第18章的第10—11节中，摩西说道："你们中间不可有人使儿女经火，也不可有占卜的、观兆的、用法术的、行邪术的、用迷术的、交鬼的、行巫术的、过阴的。"尽管有这些禁令（在《塔纳赫》中还有其他禁止实践魔法的经文段落），预言仍是一种被认可的揭示未来之法。

《塔纳赫》中有多处提及预言未来，比如约瑟为法老解梦，称瘦牛预示着埃及将有荒年；箭卜，

背景故事

隐多珥的女巫

根据《塔纳赫》的经文，即便是以色列人的领袖有时也会求诸黑魔法，尽管后果十分可怕。面对非利士人的入侵，扫罗王咨询了圣殿的先知，但无济于事。处于窘急境地的扫罗前往隐多珥，向一位女巫求助。女巫召唤出了先知撒母耳的鬼魂。鬼魂责备扫罗搅扰他，并预言了他的厄运，因为他违抗了上帝禁用此类魔法的诫命。惊恐的扫罗在次日的战斗中被击败并阵亡，扫罗之死对那些玩弄招魂术的人来说是个可怕的警告。

在这幅19世纪的绘画作品中，画家重新想象了**女巫召唤撒母耳亡魂**的场景。

▲升天奇迹

这幅意大利湿壁画展示了先知以利亚乘坐烈火战车，被旋风推向天堂的场景。以利亚离开地面时把斗篷抛在以利沙身上，这表明他已经选择了以利沙作为继任先知。

即观察箭支在神圣箭盒中的晃动情况；此外，官方的占卜，很可能通过拈阄、掣签等方式进行。所有这些占卜活动都是为了传达上帝的意愿，而不是借助魔法来将施法者意志强加于神。

经文中对苦水考验仪式的描述更接近古代中东习俗——被怀疑有通奸行为的妇女需饮下一种特殊的苦水，水里溶有抄写了《塔纳赫》中特定经文的羊皮纸。据说如果该妇女有罪，她的身体就会立刻发生明显的变化，最终死亡。不过归根究底，《塔纳赫》仅支持经过上帝许可的人类干预行为，比如以色列人在去往应许之地途中过约旦河。在上帝的保佑下，祭司所抬的约柜奇迹般地使河水分开，让他们毫发无损地通过。

法师的力量
古代波斯魔法

约公元前 6 世纪的波斯，琐罗亚斯德教在阿契美尼德帝国发展起来。先知琐罗亚斯德（其名也被译为"查拉图斯特拉"）要求追随者们崇拜至高无上神阿胡拉·马兹达。阿胡拉·马兹达创造了世界，而善灵（又称圣灵）斯彭塔·曼纽与恶灵安格拉·曼纽以世界为舞台不断争斗，后者擅长使用黑魔法。人类可以自由选择站在哪一边。

法师（又译为"穆护"或"麻葛"）是世袭的祭司，精通琐罗亚斯德教仪式的专家，负责举行公共和私人仪式。其职责之一是主持名为"燎"的祭祀仪式，以确保统治者的福祉；法师的另一项职责则是掌管帝国各地神庙中燃烧的圣火，圣火是斯彭塔·曼纽的象征。玩忽职守会产生可怕的后果。希腊历史学家希罗多德也曾提到法师们对着祭祀动物的肉吟咏，并且从事解梦。

▼照料圣火坛
这位法师正站在圣火坛前念诵仪式祷词。确保圣火不灭是他最神圣的职责。如果在他照料下火焰熄灭，他可能被指控是敌弗亚斯纳（敌弗的崇拜者）。

▶仪式的准备
在这幅金箔浮雕中，法师一只手端着一杯豪麻汁——琐罗亚斯德教仪式中使用的一种温和的致醉饮料；另一只手拿着把森——仪式用的一束树枝，代表植物界的馈赠。

敌弗与巫师

更多关于法师的信息来自琐罗亚斯德教的经典《阿维斯塔》。根据《阿维斯塔》中的说法，还有另一群称为敌弗的邪神，他们不应当被崇拜，但仍在法师群体中有一些追随者，这些法师称为敌弗亚斯纳。敌弗亚斯纳包括亚图（咒术师）和派利卡（女巫）。派利卡起初被认为是一种企图伤害人类的超自然存在。

为防御派利卡，法师们可以呼唤阿胡拉·马兹达之名，或对着剪下的指甲念祷词，然后将指甲埋掉。人们相信阿胡拉·马兹达本人曾告诉琐罗亚斯德，用弗壬嘉纳鸟的羽毛摩擦法师的身体可以抵御邪恶。但一般而言，法师们的力量主要依赖仪式的纯洁性，比如保持祭坛不受粪便和虫鼠尸体等污物的污染，他们还坚信烧旺神庙中的圣火能杀死百万敌弗。对波斯人来说，被指控施行贾杜吉（咒术）是极其严重的事情。被指控者要承受考验以确定是否有罪，比如把熔化的金属浇在舌头上。而据说咒术师在死后要承受极其可怕的惩罚，比如腹部被狗撕咬，或是永远站在烧红的铜块上。

> **"除非有法师在场，否则献祭是不合法的。"**
>
> 希罗多德，《历史》第 1 卷，第 131 节，约公元前 430 年

▲以羊献祭
献祭动物是安抚神明的一种常见方式。这幅来自希腊皮萨的木版画可追溯至公元前6世纪。画面中描绘了参加庆典的人向当地崇拜的宁芙仙女献上一只羊。

征召众神
古希腊魔法

从青铜时代荷马的《伊利亚特》到公元最初几个世纪中受古希腊文化影响的广阔世界，咒语书、护身符、文学记述和铭文都见证了魔法的盛行。与许多古老的信仰体系一样，古希腊的正式宗教和魔法密不可分。神的影响遍及整个世界，被授权与神沟通的人群包括祭司、哲学家、医生和诗人。

在古希腊，包括祭祀和祈祷、节日和庙宇在内的正式宗教仪式是一种公共事务。魔法虽然同样呼请神灵，却是一种更加隐蔽、更加离经叛道的形式，通常用于私人获益或伤害他人。尽管神庙的祭司会施展仪式魔法，但一般的私人求助则大多由巡游魔法师、算命人以及其他社会边缘人来完成，比如妓女，她们有时会施放爱情魔咒。

希腊哲学家们宣称拒绝魔法，希波克拉底学派医学文本《论圣病》的作者们就十分蔑视咒语可以导致日食或治愈发烧的观念。然而，正是这些医生建议患者睡在医神阿斯克勒庇俄斯的灵疗神殿中以求治愈疾病。

各阶层的古希腊人都不断求助于各种魔法，以

▼希腊魔法莎草纸
这份文本书写于公元前1世纪—公元4世纪之间的埃及，其中记录了关于爱情、占卜和治疗的魔咒。

用于激发灵视的
启示咒

> **"取狗面狒狒粪便、鹮蛋两只、乳香四滴、洋葱一只。将这些与老鼠一同放入研钵。"**
>
> **希腊魔法莎草纸**

获得爱神厄洛斯或更黑暗的巫术女神赫卡特的垂青。在他们心中位列第一的解决之道便是魔法，即便这些法术披上了各种伪装。

魔法用具

古希腊人认为某些石头具有神奇的力量，比如赤铁矿（鸡血石）可以保护未出生的婴儿，浅绿色碧玉可用于治疗胃部感染。人们把这些宝石嵌在木质、骨质或石质的护身符上，以便佩戴。即将开始危险航程的水手可能会佩戴一种防护吊坠，上面描绘有手持三叉戟、脚踏一只海豚的海神波塞冬。而那些害怕巴斯卡尼亚（邪眼）的人则会使用一件眼形吊坠来抵御其凝视。

魔法书中规定了制作护身符时要举行的仪式，包括咒语和手势。许多护身符上刻有神明名字的同字母异序词、回文词。护身符多装在挂坠盒里，盒中同时还装着写有神话叙事的莎草纸文本。

魔法师有各种各样的仪式用器具，比如神话中女巫喀耳刻所持的魔杖的类似物、经过抛光的石头、镜子、水盆、钹、竖琴，以及容博斯——一种通过旋转来放大魔法力量的工具。魔法师们还会使用法马卡（魔药）——在《奥德赛》中，奥德修斯就饮下了一剂由莫莉（一种魔法草药）制成的魔药，以防止喀耳刻把他变成猪。与法马卡类似的还有菲尔特拉（爱情药剂和毒药）。后者出现在赫拉克勒斯的神话中：这位英雄的妻子德伊阿妮拉把一种菲尔特拉——半人马涅索斯的血液——涂抹在丈夫的斗篷上，却意外杀死了他。

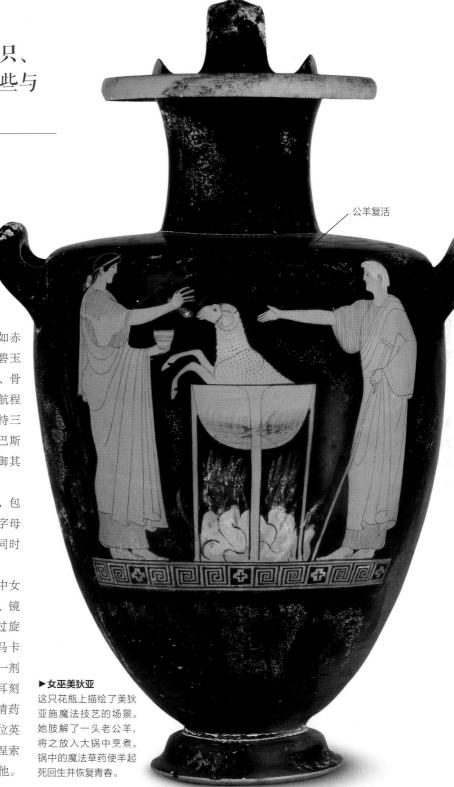

公羊复活

▶女巫美狄亚
这只花瓶上描绘了美狄亚施魔法技艺的场景。她肢解了一头老公羊，将之放入大锅中烹煮。锅中的魔法草药使羊起死回生并恢复青春。

魔法在希腊最初只是一种口头传统，公元前6世纪开始有文字记录。当时正值魔法思想从波斯帝国向西渗透之际（有时魔法师被称为"迦勒底人"，而迦勒底正是与巴比伦尼亚接壤的波斯省份）。从公元前4世纪起，有大量咒语以文字形式流传下来，公元前1世纪又出现了一次热潮，代表文献就是在埃及发现的希腊魔法莎草纸。这些咒语涵盖了许多主题，包括治疗、辟邪、伤害敌人等。

绑缚魔法

在希腊魔法的许多理论背后都有"绑缚"的概念——控制受害者的生理或智力属性，并将其与施法者的意志绑缚在一起。甚至像月亮这样的天体也可以被绑缚。色雷斯女巫的专长之一就是这种被称为"拉下月亮"的仪式，她们收集"月亮泡沫"用作魔药中的增强剂。

公共及私人诅咒

诅咒是一种特殊的绑缚魔法。有些诅咒是公开的，比如墓室中那些警告来客切勿亵渎坟墓的诅咒；有些诅咒针对公民群体，比如锡拉岛民曾立下要殖民北非昔兰尼的誓言。锡拉人宣誓时熔化了一些蜡质小雕像，如果他们没有履行自己的誓言，诅咒就会应验，他们也会如蜡像般熔化。

更多私人诅咒被秘密地书写在莎草纸上，并被埋在地下。这些诅咒通常以"我欲绑缚"的程序化语言开始，然后列出受害者所有身体部位的名称。不过针对某些目标，比如运动员，诅咒可能只绑缚目标模拟像的四肢，使得此人在比赛中失去能力，无法参与竞争。

绑缚神明的意志则要困难得多，其中涉及魔法的一个分支——通神术。通神术的操作者可以通过梦境把他们自己投射到神界，也可以通过盘卜（把油滴入盛水的容器中，借产生的涟漪与神交流）或烟卜（观察灯盏火焰呈现的形状，借此与神交流）来激发灵视体验。

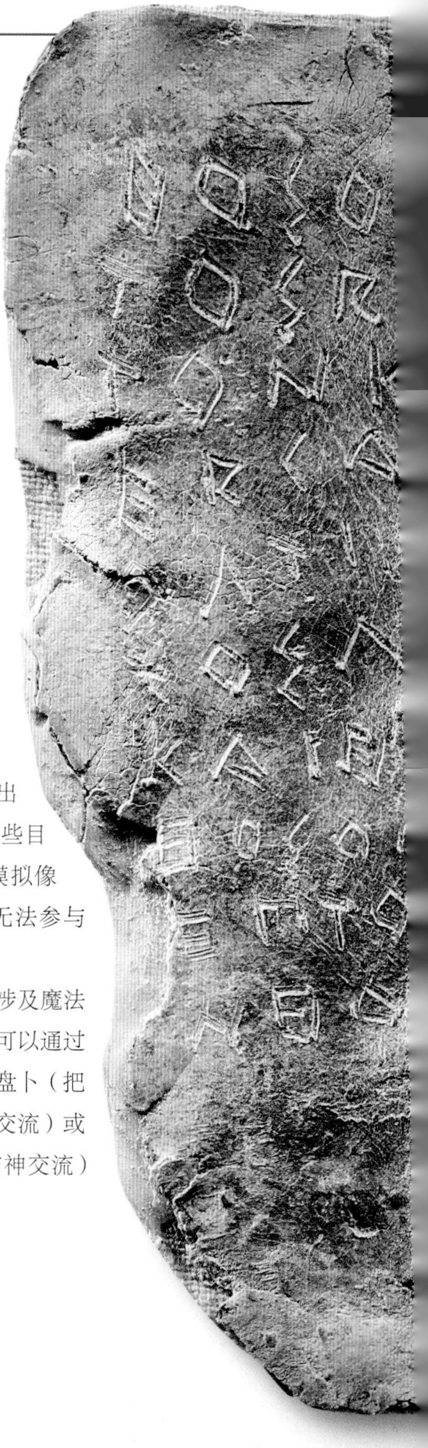

魔法实践

魔法雕像

魔法仪式有时要用到黏土或金属质地的小雕像，它们代表被绑缚或诅咒的对象。雕像的四肢通常被象征性地束缚或折断，或者身体被钉子刺穿（从失事船只上取下的钉子尤佳）。然后，雕像被放置在一具微型的铅质棺材中（见下图），棺材上刻有目标的名字和诅咒文本，并被埋葬在一处具有魔法力量的地方，比如十字路口。

> **"取铜针13根，向脑部插一根，同时念：'我正刺穿你的脑……'"**

大巴黎魔法莎草纸，3世纪

召唤死者

比诅咒更能代表希腊魔法黑暗面的是招魂术——一种与死者交谈甚至复活死人的技艺。这种法术曾在伊庇鲁斯地区的亡灵神殿中被人施展。有些诅咒被写在铅质薄片上，薄片随后被卷起放入井中，或与尸体一起埋葬，死者就能把施法者的愿望传达给冥界，比如掌管复仇的厄里倪厄斯和普拉克西狄刻。研究者发现了数百块这样的诅咒板，它们遍及整个希腊世界。该做法后来蔓延到罗马帝国，远至不列颠。诅咒板上记录了种种怨忿不满，包括对伸张正义的呼吁，希望对小偷、不忠的配偶或商业对手予以制裁。希腊人会感谢神明，他们会为了魔法治疗仪式的成功而向神敬奉黏土偶像的头部、腿部或子宫，他们也同样希望依靠此类力量给敌人造成致命伤害。

▲诅咒板

这块诅咒板来自公元前 5 世纪的西西里。板上的文字祈求书写者的官司对手无法在法庭上为自己的论点辩护。

▲ 德尔斐神谕

在这幅来自花瓶残件的湿壁画中，阿波罗正在德尔斐对女祭司皮提亚说话。在神谕仪式中，皮提亚坐在烹饪三脚架上，用六音步诗行传递神谕，据说这些信息是由阿波罗亲自传递的。

> "让我们询问先知或祭司或释梦的人……
> 可能告诉我们，福波斯·阿波罗为什么发怒……"

荷马，《伊利亚特》(1.62—67)

解读神的意志
古希腊占卜

古希腊人不断寻求理解神的意志，方法是解读自然现象、动物或物体中的预兆，或者尝试直接与神祇交流。在这个极易激怒众神的世界里，凡人也极易领受可怕的惩罚。希腊人迫切地想知道神明的意图，并学会如何赢取众神的帮助。

占卜师与神谕

占卜实践最早出现在关于特洛伊战争的史诗《伊利亚特》中。诗中提到主人公阿喀琉斯建议向"释梦的人"咨询，以了解阿波罗神为何对希腊人发怒。寻求神的意志有各种各样的方法。专业占卜师观察鸟的飞行（鸟占）——一只鸟飞得很高且伸展翅膀，是个好兆头。他们还会观察献祭动物的肝脏（肝卜）——任何异常都是不好的迹象。占卜师也会通过掣签或抛掷距骨来请神明回答问题，或者在字母板上方用细丝悬吊一枚摆动的指环，请神明指示字母。若想获得与神更密切的接触，可以解读某人睡在某特定圣所时做的梦，比如位于埃皮达鲁斯的阿斯克勒庇俄斯神殿。希腊魔法莎草纸中列出了至少 30 种用于获取神启之梦的仪式。

接触神明最直接的途径是求取神谕（即神的建议，往往通过女祭司传达）。在希腊世界各地的神殿里，女祭司们会回答请愿者的问题，此时她们往往处于一种神圣的癫狂状态——正是由于这种狂热（mania），希腊式占卜被称为曼提克（mantike，与mania词根相同）。最著名的神殿在德尔斐，阿波罗的女祭司皮提亚在来自地下洞穴的烟雾刺激下进入狂喜状态，并给出建议。许多城邦都向德尔斐的女祭司咨询国家大事，尽管她回答的神谕隐晦而模糊。公元前 546 年，吕底亚国王克罗伊斯曾询问自己是否应该与入侵的波斯人作战，回答是如果他这样做，将摧毁一个伟大的帝国。克罗伊斯当时认为自己应该进攻，结果却被对方击溃，于是他自己的"帝国"被摧毁了。

▲脏卜
在这件公元前 6 世纪赤陶雕像展现的场景中，一位祭司正准备剖出一头祭祀用猪的内脏，用以预测未来。这种占卜形式称为脏卜。

背景故事
毕达哥拉斯与数秘学

公元前 6 世纪的希腊数学家毕达哥拉斯及其追随者认为宇宙与数字密切相关，通过理解数字，人们便可以理解过去和预知未来。一些数字具有特殊的性质：他们认为 2 与 3 分别代表男性和女性，相加得到的 5 则与婚姻相关。1、2、3、4 相加就成了完美的数字 10（与天体的数目相同），且特别吉利。后来又有另一种技巧被归在毕达哥拉斯名下，即给字母表中的每一字母分配一个数字。把某个名字转换成一串数字，并把这些数字相加，便能洞察该名字的魔法属性。

算术比赛中的**毕达哥拉斯**（右）正在摆弄一块计算板，他的对手波埃提乌斯则利用印度-阿拉伯数字系统进行笔算。两人身后站着拟人化的算术学。

希腊魔法
与神话

荷马史诗《伊利亚特》和《奥德赛》以及古希腊悲剧中重述的神话，反映了古希腊人对魔法的迷恋。这些故事涉及魔法的全部范畴，从预言、诅咒到用动物和人献祭。比如，其中一则讲述了特洛伊战争开始时，国王阿伽门农的女儿依菲琴尼亚是如何被献祭给女神阿耳忒弥斯的。黑魔法在这些故事中也起到了关键作用。比如，奥德修斯曾举行一场招魂仪式，他屠杀了一只黑公羊，以吸引他想与之交流的死者魂灵。另一位英雄俄耳甫斯可以用七弦琴驯服动物，他凭借琴声哄得守卫冥界大门的地狱三头犬刻耳柏洛斯入睡，以便进入冥界拯救死去的妻子欧律狄刻，但最终没有成功。

更强大的角色是女巫，比如太阳神赫利俄斯的女儿喀耳刻，她让奥德修斯的同伴们食用施了魔法的奶酪，把他们变成了猪。奥德修斯通过反制魔法才逃脱了同伴的命运。魔法技艺最娴熟、最可怕的女巫当数美狄亚。她的事迹包括给未来的丈夫伊阿宋一种魔法液剂，以保护他免受喷火公牛（神奇金羊毛的守护兽）的伤害；使伊阿宋死去的父亲复活；用施了魔法的火焰烧死了伊阿宋的新欢底比斯公主。众所周知，涉足黑魔法虽然能得到好处，但参与者很少能善终。

> "我曾用强大的誓言
> 和诅咒绑缚我那
> 可恨的丈夫。"

美狄亚，欧里庇得斯的戏剧《美狄亚》，
公元前 431 年

国家权力、科学与迷信

罗马魔法

罗马人不仅有自己的魔法信仰，而且还从古希腊人那儿继承了一种观念，即认为魔法是借用神祇力量的一种手段。然而在罗马的统治下，官方宗教与魔法之间越发泾渭分明，操纵魔法者受到了严重的迫害。

◀奥古斯都的钱币

虽然皇帝奥古斯都把占星师赶出了罗马，但他仍然把摩羯座（在他的天宫图中占主导地位）的标志铸在钱币上，作为他复兴罗马的象征（因为摩羯座标志着冬至后太阳的回归）。

国家与巫术

许多罗马魔法起源于前罗马时代生活在古意大利的民族：比如脏卜师——通过观察动物肝脏的形状和颜色做出预测的祭司——这一角色的重要性显示了伊特鲁里亚文明对早期罗马魔法传统的强大影响。为了确保城市安全而进行公共祭祀的习俗可以追溯到公元前8—前7世纪，观象占卜（从气象模式、鸟类的飞翔模式或被祭祀动物的内脏中读取预兆）的历史也同样久远。罗马共和国建立于公元前509年，在其统治下，公共祭祀和预兆解读都成了国家的官方活动。

公元前2世纪罗马人征服希腊后，希腊人对绑缚魔法的信仰（参见第34页）——包括使用诅咒板以确保在赛场或情场上战胜对手——开始渗透到罗马文化中。护身符也变得越来越普遍，尤其是一种阴茎造型的名为布勒的幸运符，所有罗马男孩都会佩戴它以抵御邪祟。人们相信甚至皇帝也曾从魔法中受益。公元180年，当罗马皇帝马可·奥勒留进攻多瑙河上的日耳曼夸迪部落时，军队濒临干渴至死的境地。据说埃及魔法师阿努匹斯招来了一场倾盆大雨，拯救了罗马军队。皇帝们还会查阅《西卜林书》，书中记载了一系列预言，据说是在公元前520年左右从先知西比尔手中获得的——这位女先知住在那不勒斯附近库迈地区的一个洞穴里。这些书卷保存在卡比托利欧山的朱庇特神庙中，仅供危机时期查阅。比如公元前216年罗马军队被迦太基人在坎尼击败后，祭司们解读了书中的预言，并建议献祭两个高卢人和两个希腊人。这四个人被活埋在城市古老的市场"屠牛广场"之下。

▼献祭公牛

皇帝马可·奥勒留主持献祭公牛的仪式，以感谢神明庇佑马科曼尼战争（166年—180年）取得胜利。在这幅浮雕中，夫拉曼（祭司）站在皇帝右侧，画面最右侧手执斧头的是维克蒂马利乌斯，真正负责动手屠牛的人。

KAICY

民间魔法与占星术

    随着罗马富裕人群对秘传信仰体系的兴趣不断增长，魔法与哲学、秘教融合了起来（参见第 44 页—45 页）。这些信仰包括毕达哥拉斯主义（参见第 37 页）、伊西斯崇拜以及赫尔墨斯主义相关的信仰（参见第 134 页—135 页）。赫尔墨斯信仰被古代晚期的柏拉图主义哲学吸收，扬布利科斯等哲学家

所重视的《迦勒底神谕》将物质世界的创造归因于魔法女神赫卡特。然而，在 1 世纪的早期帝国统治下，罗马帝国大约有 100 万民众，熙熙攘攘的街道上其他形式的魔法也在蓬勃发展。每有一位贵族神秘学学者，就会有数百位算命人、女咒术师（她们出售爱情魔药并主持简单疗仪式）和民间占星师。

    占星术跨越了民间魔法与贵族魔法之间的鸿

▲ **邪眼马赛克镶嵌画**
这幅来自安条克的马赛克镶嵌画展示了邪眼受到野生动物和各类武器的攻击。人们希望邪眼在抵御此类攻击时，便不会将其目光投向人类家宅。

> "魔法上升至如此高度，甚至直至今日仍支配着人性的很大一部分。"

老普林尼，《自然史》，约 77 年—79 年

一位举着羊头角杯的拉尔

阿伽托代蒙（一种蛇形的守护灵）

▲家宅之灵

这座祭坛来自庞贝城的一栋住宅，画面中展示了这户人家的格尼乌斯（一种守护神）正在向拉尔们献祭。拉尔是具有防护性的先祖魂灵，能保护自己的领地免受拉尔瓦（有恶意的鬼魂）的伤害。

沟。尼吉狄乌斯·菲古卢斯——著名学者、政治家西塞罗的朋友——著有一本关于埃及占星术的书，此书成了罗马许多占星实践的来源。甚至著名的天文学家克劳狄乌斯·托勒密（他的行星体系模型和"地心说"理论一直沿用到文艺复兴时期）也指出，正如潮汐受月亮影响一样，人类的行为也显然会受

到行星运动的影响。

幸存下来的罗马天宫图中并没有多少确切的预言，但占星师们确实做出了预测。此类预言基于这样一种观念：灵魂降生到地球之时从行星体系中获得了某些特征，比如狡黠来自土星，尚武来自火星，雄辩来自水星，韬略来自木星。

> "她住在废弃的墓穴里，徘徊于那些鬼魂已遭驱赶的坟场。"

卢坎，《法沙利亚》，61年—65年

占星师群体的衰落也是由预言导致的：在公元16年，一张天宫图中的预言指出利波·德鲁苏斯，一位人脉广阔而行为放荡的贵族，有一天可能成为皇帝。这则预言导致德鲁苏斯被捕（并在审判前自杀）。丑闻发生后，所有占星师都被逐出了罗马——这是一系列清洗运动的一部分，此类清洗在公元前139年和公元前33年已经发生过；在公元69年和公元89年还会上演更多次。

魔法与法律

罗马人对伤害性魔法的恐惧根深蒂固。公元前451年，罗马的第一部法典《十二铜表法》禁止用秘法偷盗邻居的庄稼；公元前81年的《科尼利亚法》加强了对恶意魔法的惩罚。历史上还有一些周期性的大规模逮捕：公元前331年，170名妇女因散发有毒的魔药而被处决；在公元16年，提比略皇帝逮捕利波·德鲁苏斯之后，45名男子和85名妇女因违反关于魔法的法律而被处决。即便是知名度颇高的罗马名人也可能触犯此类法律。公元158年，哲学家马道拉的阿普列尤斯因使用魔法引诱一

▶向珀耳塞福涅祈愿

在这幅来自意大利南部的赤陶祈愿浮雕（宗教祭品）上，珀耳塞福涅手持一捆小麦，象征着她每年春天从冥界返回带来新生。作为逝者之地的王后，她经常在魔法祈祷和诅咒中受到召唤。

位富有的寡妇而受审，他凭借滔滔雄辩才被判无罪。

招魂术

有些罗马人还会参与一种更可怕的魔法。公元19年，皇帝提比略的养子日耳曼尼库斯猝死，有传言说其死亡与魔法有关。根据调查人员的说法，他的房间里堆满了诅咒板、魔咒书卷以及烧过的尸体残骸。此类残骸是招魂术的标志，据说这种魔法利用死者向神明传递信息或预见未来。人们认为一些声名狼藉的暴君也参与了招魂术：据说尼禄弑母之后还施法召唤了母亲的鬼魂，以乞求原谅。

背景故事

文学中的女巫

女巫的可怕力量是罗马文学中的一个常见主题。在卢坎的《法沙利亚》中，女巫厄里克托通过向遗体注入新鲜血液和狂犬病狗的唾液来复活死者。而诗人贺拉斯讲述了卡尼迪亚和她的同伴萨嘉纳的事迹，他们的活动包括绑架和谋杀儿童。这些虚构的女巫以可怕的外表和主持恶心的仪式而闻名，她们是中世纪女巫的文学鼻祖。

在这幅庞贝的马赛克镶嵌画中，**三个女巫**正准备接待一位主顾。

隐秘笼罩之下

秘教

▲厄琉息斯秘仪入会式

在这块饰板上，一位崇拜者正要加入厄琉息斯秘仪。仪式的部分环节再现了女神得墨忒耳寻找女儿科尔的过程，科尔被冥王哈迪斯绑架到了冥界。

酒神秘仪▶

庞贝古城神秘别墅中的湿壁画展示了狄奥尼索斯秘仪的入教过程。仪式之一重现了狄奥尼索斯与凡间女性阿里阿德涅的婚姻，仪式以狂女（酒神的女追随者）的裸体舞蹈结束。

酒与月的狂喜

意大利地区有一种崇拜希腊酒神狄奥尼索斯的秘教。入教者要参加一种名为泰勒塔的仪式，这一仪式中充满了狂喜的舞蹈和歌唱。与此同时，人们手持着酒神杖，这是一种用常青藤缠绕的茴香杖，顶部点缀松果。罗马政府对这些活动格外忧虑，并曾在公元前186年试图禁止该秘教。

官方也对大母神崇拜表达了相似的担忧，这一秘教源自小亚细亚对月亮女神库柏勒及其配偶阿提斯的崇拜。库柏勒的崇拜者，也就是库里班特，通过击钹使自己进入一种狂喜的疯癫状态，最狂热的男性崇拜者甚至会阉割自己。

古罗马世界的平民没有资格参加公共神庙的仪式，所以许多人转向了秘教。这些非官方宗教愿意接受他们。秘教为信徒提供了直接联系神祇的渠道、来世会更好的希望以及亲密的社交关系。

秘教兴盛的另一个原因是罗马人对异域宗教异乎寻常地开放。秘教的主要特点是秘密性。无论是作为一种神秘重生的入会式，还是其他仪式，都十分隐秘。最古老的秘教是厄琉息斯秘仪，其信徒崇拜丰收与生育女神得墨忒耳，也崇拜生死轮回。厄琉息斯秘仪主要在雅典附近的城市厄琉息斯活跃。其主要仪式是一年一度为期8天的庆典。在此期间，即将加入者要参加一场模拟进入冥府的活动，他们走入一片昏暗的树林，然后被手持火把的祭司们救出。

打击乐与献祭

公元65年，崇拜埃及女神伊西斯的秘教在罗马有了专门的神庙。该教的祭司非常重视仪式的纯洁性，他们剃光头发，穿麻布衣，不过他们也会使用叉铃（一种打击乐器）举行喧闹的仪式。

秘教中传播范围最广也最隐秘的当数密特拉教。密特拉教出现于1世纪，间接来源于波斯人的信仰，其主要仪式是屠牛（献祭公牛），垂死动物的血象征着纯洁和重生。所有入教者均为男性，分为7个等级，从最低的渡鸦到最高的教父。新入教者在太阳洞中崇拜密特拉，太阳洞是长方形的神庙，位于地下，以模拟洞穴。密特拉教在整个罗马帝国蓬勃发展，但在4世纪，从罗马帝国信奉基督教起，密特拉教就和所有其他秘教一起被压制了。

▶持钹的库柏勒

这块祈愿饰板展现的形象是库柏勒，她也被称为大母神。库柏勒一手持钹，身边伴有两头狮子，这两种象征物意味着她与大自然野性的关联以及对她的喧闹狂热的秘教崇拜。

植物的治愈力

从史前时代开始，人类就相信植物具备特殊的治愈力。植物往往被用作药物。许多草药的治疗能力人们早已通过实践知晓，现在又常常被科学证实。植物志对治疗师而言就如同现代医生的用药指南。长久以来人们还一直相信，许多植物具有超越治愈力的魔力——比如带来爱情、金钱或抵御邪眼。

花朵可以用作仪式上的熏香 ——

一些威卡教徒会把苹果花添加在订婚蜡烛中

▲ **苹果花以及苹果**被与许多女神联系在一起，比如阿佛洛狄忒和弗蕾亚。它们被视为爱情和不朽的象征。

▲ **迷迭香**象征着追思，自古罗马时代起就被放置在亲爱之人的墓头。人们也认为这种药草可以抵御邪灵和女巫。

▲ **竹子**被认为具有神奇的力量，利于健康长寿。道士会用竹杖来召唤水神。

▲ **鼠尾草**，其植物属类名称在拉丁语中有治疗或拯救之意，曾被广泛认为是治疗发热的最佳草药。也有些人相信它能带来不朽与智慧。

▲ **罗勒**被认为能平静心灵，带来快乐。罗勒还与金钱有关，因此被用于招财的魔咒。据说在钱包里放一片罗勒叶能招财。

▲ **芦荟**在非洲和中东地区常被挂在门上，以求带来好运、驱赶邪恶。医药方面，这种植物被用来处理伤口、烧伤和皮肤不适。

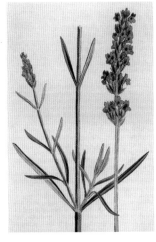

▲**薰衣草**意味着和平与爱，它具有净化作用，被用于制作熏香。在威卡教的节庆中，薰衣草还会被添加到盛夏之火中。薰衣草精油可以改善睡眠。

▲**菊花**与火及太阳的能量有关，被用于夏末节（四个重要的凯尔特节日之一）和威卡教祭坛。中医认为菊花能清热解毒。

▲**苦艾酒**是一种茴香味的烈酒。酿制时把中亚苦蒿、茴芹、茴香等草药用研杵和研钵磨成糊状。杵和钵是草药医生的主要工具。

仙人掌花与高贵、温暖和感情有关

▶**仙人掌**据说可以保护家宅免受窃贼和不速之客的入侵。不过风水师对其尖刺持谨慎态度，认为其尖刺会带来厄运，除非小心放置。

据说仙人掌的魔力就在于它的尖刺

▲**广藿香**是一种带有强烈泥土气味的草本植物，常与激情、爱恋和财富联系在一起。它被用作春药，也被用于招财的魔咒。

▲**洋甘菊**受到魔法师和治疗师同等的重视。据说它能保护家宅不受邪恶魔法的侵害，还能招财。洋甘菊茶有镇静和提振情绪的功效。

根据风水原理，家中每个角落摆放一棵仙人掌可以制造一道屏障

生与死的灵药
古代中国魔法

中国魔法起源于祖先崇拜，并发展出一套追求宇宙平衡的复杂哲学体系，而魔法是个体在宇宙中获得优势的一种途径。早在仰韶文化时期（公元前5000年—前3000年），陶器上就描绘了一些拟人化的形象，研究者认为这些形象代表了巫师。

中国最早的魔法师被称为巫（萨满），他们能与祖先及鬼怪沟通。到了商朝（公元前1600年—前1046年），巫似乎在解释神谕方面扮演了更为正式的角色。据说一位叫巫咸的巫师在汤的宫廷里负责占卜，汤是商朝第一位统治者。《周礼》中也提及"司巫"一职，司巫负责管理巫的工作。巫主要是女性，他们通过仪式使自己进入狂喜恍惚的状态，以进入属灵世界。巫还扮演着治疗师和解梦师的角色，人们认为他们能操控自然之力，例如在干旱时期能通过特殊的舞蹈仪式来祈雨。

招魂术与民间魔法

然而巫对魔法的垄断并没有一直持续下去。这一群体卷入了宫廷丑闻，比如汉武帝皇后陈阿娇就曾使用巫蛊之术（黑魔法）。陈皇后被定罪，被株连处决的巫多达300人。此类指控使巫与黑魔法的联系显得越发密切。战国时期（公元前403年—前221年）结束后，出现了新的萨满群体，即均为男性的觋，巫被边缘化。

史官由巫分化而来，他们长期以来都在纪念死者的祭祀中起到重要作用。在仪式中，他们以自己的身体为媒介，通过某种招魂术沟通

◄巫的木俑
这件木俑可以追溯到公元前4—前3世纪，是战国时期楚国巫墓一对陪葬俑中的一只。在中国其他地区不再重视巫觋之后，楚国还在继续实践亲鬼好巫的传统。

死者的灵魂。而祝（负责念诵咒语）则扮演了祭司的角色。随着时间的推移，咒语和魔药（尤其是春药）的使用逐渐转移到民间魔法中。在民间，咒语和护身符被用来召唤神灵或祖先。人们也开始把魔法与传统药物一起使用，比如他们认为琥珀和桃木等物具有神奇的疗效。

从萨满到蛊术

巫衰落的部分原因在于他们被指控施蛊（有害的魔法）。早在商代，甲骨文中就表达了对巫师使用黑魔法尤其是下毒的恐惧。

到了汉代（公元前206年—公元220年），巫蛊之祸变得十分普遍，以至于施蛊者可被处以死

▶中国魔镜：透光镜

透光镜正面光可鉴人，背面铸有图案。背面图案可能有龙纹，如右图唐代铜镜所示。当阳光或灯光照射到透光镜正面并投射到墙壁时，反射的光斑中会呈现镜子背面的图案，光线犹如魔法般穿透了铜镜。

龙纹图案象征着权力

铜镜表面的锈痕

刑。人们认为施蛊的巫师能够将疾病送入受害者的体内（"蛊"字的本义是"腹中虫"）或直接毒死他人。将若干有毒的生物，如蝎子、蜈蚣、蛇等，封入罐中令其相残，再从幸存下来的生物体内提取的毒液便是最高效的毒药。据说施蛊者有时会把目标变成完全服从其意志的奴隶。他们还能够通过施放一种魔法害虫来造成更大范围的伤害，毁坏全部庄稼。

"敢蛊人及教令者，弃市。"

《周礼》郑玄注引《贼律》，约公元前 186 年

鬼怪出游

在宋末元初画家龚开的《中山出游图》里，许多模样怪诞的小鬼在乡间行走。这些小鬼是传奇魔法师钟馗的随从。钟馗被奉为"驱魔真君"。据说在 8 世纪时，他进入唐玄宗的梦中杀死了一只小鬼，从而治愈了玄宗的发热。

▲道教丹术家
这幅木版画来自 1615 年刻印的明代炼丹书。画面中的道士正看着一种神奇的长生不老药从丹炉中分离出来。

◀仙女献桃
在左页的花瓶图案中，一群仙女献上了西王母在昆仑山上种植的仙桃。据说这些仙桃每 6000 年才成熟一次，汉武帝是为数不多的品尝过仙桃的凡人之一。

追求长生不老

大约从公元前 3 世纪起，方士逐渐有了能够预言未来和炼制长生不老药的名声。帝王对方士尤其感兴趣，并有能力资助他们的实验，但结果并不总是好的。

秦始皇，中国历史上第一位皇帝，就痴迷于寻找长生之法。在其统治后期，他要求地方官员将稀有的草药送至首都，却忽视政务。最后，他对方士的迷信招来了致命的恶果——传说他服下了一名术士炼制的含汞丹药，重病而亡。

炼丹与长生

许多中国的炼金术士试图通过改变五行（金、木、水、火、土）的平衡来将一种物质转化为另一种物质。追求圆满及宇宙和谐的理念对于道家特别有吸引力，他们发展出了独特的炼金术流派，外丹术就是其中之一。炼制外丹类似于欧洲人追求把贱金属变成黄金，不过道家认为这种转变是对长生不老的隐喻。就像早期方士的仙药一样，丹术家的灵丹也是追求长生的帝王们热切寻找的东西。另一流派是内丹术，旨在通过冥想、呼吸吐纳和良好的饮食来增益体内之气（生命能量），以达到身心的完善和不朽。

道家和儒家的追随者——甚至某种程度上也包括佛家的信徒——都在追寻秩序，或者至少试图理解这个世界是如何构造的。他们发展出两个互补又对立的概念，阴（事物黑暗或消极的方面）和阳（事物光明或积极的方面），两者需要完美调和。当阴阳与五行及行星的运动（五行与五大行星一一对应）结合在一起时，就产生了一个复杂的平衡系统。占星师通过解释这个系统来预言未来，而术士们试图控制并操纵它。

魔法实践

长生之石

从新石器时代开始，玉就因其耐久性和莹绿的光泽而受到中国人的珍视。玉器大量出现在大约公元前 3000 年左右，到商周时期就已正式形成了一系列礼制形状，比如璧（扁平的圆环）和琮（筒状）。随着时间的推移，玉与王权产生了强烈的联系。玉被磨成刃片，或被制作成仪式服装——把玉石片用金属丝或丝线连缀起来。在皇室成员被埋葬时，遗体用玉衣包裹，因为人们相信玉可以减缓肉体的腐烂。玉也有纯粹的魔法用途：巫师用它制造护身符来抵御厄运，道教的丹术家磨碎玉石，将之与其他丹药原料混合。

这枚**玉挂件**制作于公元前 3 世纪的东周时期。

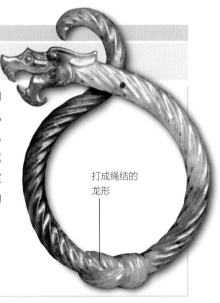

打成绳结的龙形

确保宇宙和谐
古代中国占卜

古代中国的统治者相信他们的未来是由一种神圣的天意注定的。为了确定如何最好地让行动与天意相符，他们使用了各种各样的占卜方法。

火与骨

中国最早的占卜使用火和骨头，这种形式可以追溯到公元前 1600 年商代开始之前。用一根烧红的金属棒刺穿兽骨或龟甲，然后放在火上炙烤。占卜师会对甲骨上裂纹的模式进行解读。起初多使用牛羊马等动物的肩胛骨，后来龟甲变得更常见，可能是因为龟甲的形状有助于占卜师想象天穹。占卜之后，所卜的问题和占卜师的解读被刻在龟甲上。现存的甲骨是了解商代的重要信息来源。甲骨文记录了至少 140 位解读者的身份。他们是最早的一批在历史上留下名字的法师。

龟甲受火炙烤产生的裂纹

占卦

公元前 1000 年左右出现了一种新占卜形式：占卦。占卦的工具是蓍草，将 50 根蓍草握在手中，按照规则经过多次分合，可得出一个称为"爻"的符号（有连续和断裂两种形式，即阳爻和阴爻），重复该过程直到得出六爻。六爻

◀商代甲骨
这块用于占卜的龟甲上布满了标志性的裂纹，古老的汉字记录了所卜之事和占卜师的解答。此类甲骨现存 10 万余块。

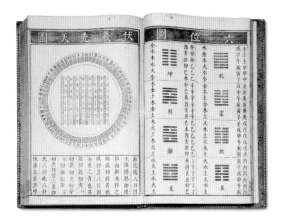

▲《易经》中的卦象
这本明代《易经》刻印于 1615 年。左页展示了全部 64 卦，其中一些卦象的名称和解读展示在右页。

共产生 64 种可能的变化，即卦象（每一卦都有自己的名称，比如"鼎"或"丰"）。占卜师根据问卦者的问题来解读卦象。这种与星宿有关的占卜方法保存在约公元前 1000 年西周初叶的《易经》中；《易经》大约在公元前 3 世纪又经过更重要的汇编，增添《易传》之后，不仅是占卜文本也是一部哲学著作，对后世产生了巨大的影响。

与环境相协调

不管是占卦还是龟卜，都是由专家来解读人为创造的模型。而在风水学（中国的地占）中，占卜师则通过解读自然界中存在的模型来识别某地环境的种种特征，以判断居住者的运势会受到何种影响。比如，将死者埋葬在一个生命能量积聚的地方被认为能给其后代带来好运。从国家的角度来讲，皇帝会雇佣风水师来寻找建设新城市的好地点。一片孤立的海角可能容易受到邪恶的影响，而山丘则能包围并保护某个地点，并庇佑该地的居民。

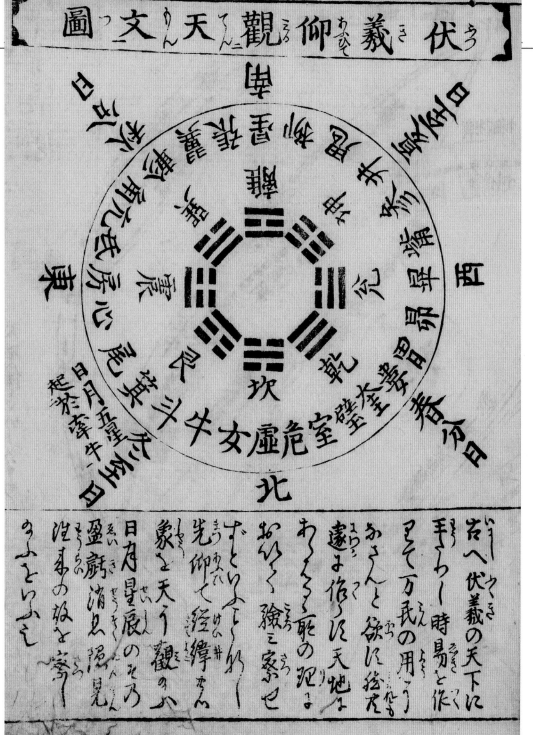

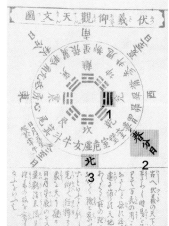

图例

1 这些堆叠起来的线条即卦象。

2 西北方向排布了二十八星宿中西方七宿和北方七宿的部分，其中娄宿、胃宿三星属于白羊座，对应春分日前后。娄宿主要司掌畜牧生养，若其间星明，则有国泰民安之意。

3 北在下方（与西方习惯的上北下南相反）。

◀ **风水与星宿**

这幅八卦图或者说风水能量图根据基本方位划分为若干扇形区域，注意南在图的上方。每个扇形区域主管一个季节、一种元素以及生活中某一方面，比如健康、财富或家庭。

> "人而无恒，不可以为卜筮。"

孔子，《礼记》，约公元前 5 世纪

图例

1 图中的僧人已奄奄一息。

2 年轻的僧人愿意放弃自己的生命来救师父。

3 安倍晴明掣签并查阅其含义，以预知未来。

▶占卜死亡
在这幅木版画中，备受尊敬的阴阳师安倍晴明查阅一部占卜著作，并预言图中的僧人的命运。

"魔法部"
古代日本魔法

按照日本传统的神道教观念，树木、河流、山岳甚至建筑等几乎所有事物之中都有神的存在。修习魔法的专家可以驾驭其力量，或平息其怒气。狐女（被狐仙附体的女巫）是一种特别强大的神，她们可以变形、隐身甚至附在他人身上。约在5—6世纪，佛教、道教以及中国的阴阳五行体系传入日本，并与神道教融合。在这些因素的影响下，日本人发展出一套复杂的占卜系统以查明神的意志。

一些被称为阴阳师的术士主持占卜仪式，并解读星象及日食等异常天象中的预兆。他们甚至还会驱魔——召唤一个灵体进入受害者体内，命令其拷问附身的灵体，从而确定恶灵的来历。然后他们便可以施展正确的驱魔仪式以驱除那些不受欢迎的灵体。阴阳师成了朝廷的官员，

▲ 恒星与行星的仪式
这幅画出自一部日本占卜典籍，画中的形象是土曜，代表土星及每星期六的神明。土曜日与疾病和争执相关，在这一天结婚是不吉利的。

他们奉行的阴阳道被广泛接受，甚至有一个专门的政府机构"阴阳寮"负责阴阳师的选拔委任。遵守物忌（根据阴阳师的判断来决定是否接待访客）和反闭（保护宫廷成员旅途顺利的仪式）的做法一直延续到了19世纪，直到1868年明治天皇掌权才废止。

巫术、符咒和民间魔法

在阴阳师掌握的技能中，有一部分类似于咒术。很多阴阳师都拥有式神，即精怪亲随，它们受到召唤充当仆佣，通常以动物形态出现。如果相关仪式施展得不正确，式神可能会报复主人。阴阳师用名为御札的符咒来辟邪，御札的形态通常是悬挂着的纸条。一些人还会施展咒禁道，用以降伏怪物、治疗疾病。由于魔法在民间广受欢迎，阴阳师的伟大事迹逐渐进入了民间传说。人们相信燃烧黑狗的毛皮可以平息暴风雨，咀嚼被闪电击中的树木碎屑可以克服怯懦。

▶ 佛教山神
这是一尊藏王权现的铜像，这位神明是奈良县金峰山的守护神。当地修行咒禁道的隐士十分崇拜藏王权现，并希望获得他的力量。

安倍晴明（约921年—1005年）

日本主流魔法

日本历史上最著名的阴阳师安倍晴明擅长分析奇怪事件和驱魔。他著有若干关于命理的书籍，并因能判断未出生的贵族婴儿的性别而获得宫廷青睐，升任阴阳寮的负责人。此后阴阳寮一直由其家族控制，直到19世纪。安倍晴明以强大的魔法能力著称，据说他的法力来自其母，一位狐女。他在与对手芦屋道满的一系列史诗般的魔法对决中证实了这一点。在一次斗法中，芦屋道满将15个橘子藏在盒子里，要求安倍占卜出盒中有什么。安倍把盒中的橘子变成了老鼠，并准确地猜中了数目。

▶奇迹之雨
这幅莫卧儿细密画描绘了因陀罗与弗栗多战斗的场面。提婆因陀罗是吠陀时代最受欢迎的神明，而弗栗多是干旱的邪恶化身。最终，因陀罗用其魔法闪电金刚杵剖开了弗栗多的肚腹，释放了被堵住的水流。

众神的传说
古代印度魔法

在印度教漫长的历史中，出现了一套复杂的神祇和哲学信仰。信徒们发展出许多咒语和仪式，他们认为这些咒语和仪式提供了一种影响、安抚天人（男性天人称为提婆，女性天人称为提毗）并进入其神圣天界的方法。

神与魔

公元前 1500 年左右，印度河谷的文明已经衰落，雅利安人开始在印度北部定居，现在我们认为印度教就来自这一族群。雅利安人是一群热爱音乐和痛饮的战士，他们崇拜天空神伐楼那，喝苏摩汁——一种从同名植物中提取汁液制成的仪式用饮料。他们相信这种饮料可以使人长生不老，激发勇气，治愈疾病。后来，约在公元前 1500 年—前 500 年之间，印度教徒发展出名为《吠陀》的经典，其中讲述了宇宙的诞生、英雄与恶魔之间的战斗以及对天人的召唤。随着时间的推移，种姓制度出现了，最高等级的种姓是婆罗门祭司阶层，其身份由父亲传给儿子。他们确保民众遵循仪式，按照规定的方式进行祭祀。

印度教经文

在《吠陀》中，天人具有正面力量，而他们的对手阿修罗则是具有破坏性的。据说阿修罗的法力

背景故事

作为娱乐的魔术

在 20 世纪，印度被誉为魔术表演的摇篮，P. C. 索卡尔、瓦扎库南（"喀拉拉邦魔术之父"）等魔术师广受欢迎。他们的标志性节目有"杯球把戏"（小球在倒扣的杯中凭空消失或出现）以及"印度通天绳"（魔术师似乎能沿着一段悬浮的绳索往上爬）。早在 14 世纪，阿拉伯旅行家伊本·白图泰就首次在书中描述了印度通天绳表演的一个版本。

20 世纪 40 年代，街头魔术师为英国士兵表演**"印度通天绳"**。

阖婆吠陀》中还谈及护身符，这意味着此类小物件当时已被广泛使用。书中提到有一种护身符来自 10 棵圣树的残片，可以防止恶魔附身。

还有更精彩的魔法示例——即便现实中没有，至少也存在于文本中——据说灵性升华的怛特罗密教修行者能使用催眠等方法来制造幻觉。《阿阖婆吠陀》中的一些内容还令人联想到更古老的、可能是萨满教的传统，比如请奥伽驱魔以及对火神阿耆尼的崇拜——人们认为阿耆尼可以净化死者的灵魂，并将他们从柴堆中带走以便重生。

十分强大，比如名为摩哩遮的罗刹就曾化为一头金鹿诱骗罗摩（主神毗湿奴的化身之一）。

印度教世界的魔法与摩耶的概念联系在一起。摩耶最初指力量或智慧，但后来意味着幻觉——人类感知与变化万千的物质世界之间的鸿沟。

魔法文本

与其他信仰体系中的情况一样，印度教徒也同样寻求以直接手段实现神力的干预。《阿阖婆吠陀》大约成书于公元前 1200 年—前 1000 年，包含约 730 首神曲，共约 6000 颂，据说作者为仙人阿阖婆（他撰写了其中一些核心神曲）、鸯耆罗和婆利古。

除了追求长寿、治愈创伤、抵御魔鬼、祈求姻缘的神曲之外，《阿

◀神明庇佑

这一场景出自印度史诗《摩诃婆罗多》，黑公主的丈夫在掷骰赌局中把她输给了对方，黑公主被迫脱去衣衫。然而黑天施法术维护了黑公主的荣誉，在她身上变出一层又一层的纱丽，始终脱不完。

▲ 半神统治者

在这块玉质饰板上，君主身穿王室盛装，表明了他在魔法方面的地位。他的盾牌上刻有地下世界的美洲豹神。左下方的侏儒则被玛雅人奉为玉米的活化身。

宇宙的周期

玛雅魔法

玛雅人是墨西哥及中美洲的原住民，他们的文化向世人展示了丰富多彩的属灵世界。几乎每一个物体，甚至历法单元中的每一天都被认为是神圣的。仪式和魔法被用作与神祇沟通的渠道。

与鬼神共存

约公元250年—900年，玛雅文明在古典期达到顶峰，人们在数十座城邦中修建宏大的金字塔、神庙和广场。他们的宗教生活秩序井然且包罗万象。主要神祇有雨神恰克以及玉米神。玉米神的具体名称现在仍有争议，但研究者认为其死亡（收获）与重生（播种）的循环象征着玛雅人的生存状况。玛雅人用神庙和铭文来敬神，他们还认为空间方位、历法单元中的每一天，甚至岩石都各有灵魂。

为了与各式各样的神灵沟通，玛雅人求助于阿金（萨满、祭司），通过吟诵圣歌和使用致幻剂，他们有能力进入属灵世界。

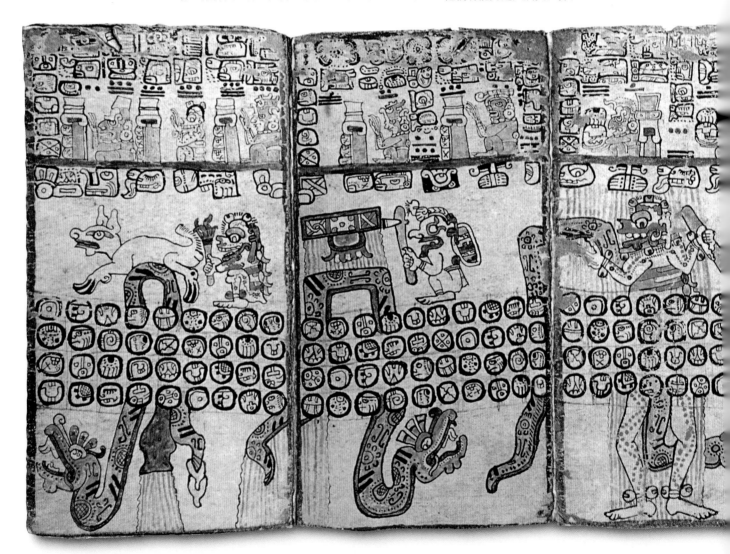

最高效的沟通者是王室成员。在玛雅人眼中，君主是半神之身，能够召唤众神祇眷顾他们的城邦。

以血安抚

玛雅人认为人类欠了诸神一笔债，因为是神创造了他们，而献祭则是一种偿还形式。最具效力的祭品是鲜血。用作祭品的可以是战俘，他们在神庙的台阶上被斩首。君主的鲜血自然更好，他用刺缸的脊柱骨割伤自己，让血滴落在仪式专用的纸张上，然后焚烧纸张。玛雅人还认为吸入烟雾可以使人开启灵视，从而进入属灵世界。举行此类献祭活动是为了治愈疾病。玛雅人相信每个人都有若干灵魂，只要其中一个灵魂受损，人就会生病。灵魂之一称为欧力斯——创世神嵌入万物之中的火花。另一种灵魂是瓦伊——与每个人灵魂相依的动物伙伴。与君主共享灵魂的瓦伊是美洲豹，但并不限于一只。王室及祭司等具有强大魔法能力的人最多可以有 13 个瓦伊。

预言未来

时间、空间、神性与数字、颜色和空间方位的复杂系统交织在一起。在玛雅人的观念中，大地之上的天堂有 13 层。而据说地下世界——大多数灵魂死后都会去往那里——有 9 层。根据颜色和空间方位的不同，每位神明有 4 种表现形式。玛雅人同时使用两套历法，仪式历法的一年有 260 天，而世俗历法的一年有 365 天，两者相结合，每 52 年便是一个"历法循环"。

玛雅祭司守护着使用该历法系统所必需的知识。他们编制天宫图和历书，仔细观察金星、月球等天体，并根据研究结果来判断进行各项事务的吉日。他们还会解读各种预兆，比如祭祀用动物的内脏，把谷物抛掷在某个表面上呈现的形状，或是通过魔镜开启灵视。在一个魔法和神祇无处不在的世界里，玛雅人理解神圣信息的需求自然格外迫切。

▲放血仪式

在这块雕带上，玛雅城邦亚斯奇兰的君主盾豹二世（681 年—742 年在位）正举着一根燃烧的火炬，右侧是他的王后卡芭尔·肖克夫人。画面中王后正用一根满是荆棘的绳子刺穿自己的舌头，这是血祭的一种方式。

◀马德里手抄本

西班牙征服中南美洲后，大部分玛雅书籍被毁。《马德里手抄本》是为数不多的幸存书卷之一，其中记载有历书及历法指南，用以帮助玛雅祭司举行各类仪式。

诅咒与良方

400 年—1500 年

引言

中世纪是欧洲和西亚宗教变革的时期。随着日耳曼首领奥多亚塞于 476 年征服罗马，长达千年的罗马人的统治终于分崩离析。之后崛起的两种强大的新宗教，基督教和伊斯兰教，吞并了几乎所有其他信仰的生存空间——基督教统治了欧洲，而伊斯兰教称霸西亚。

古老的魔法传统似乎挑战了这两种新宗教的权威和信仰。在之前，从高级祭司、女祭司到僧侣、乡村治疗师或牧民，各个层级的魔法实践者往往都是当地社会中最受尊敬的人物。然而在这一时期，他们被日益边缘化。

随着基督教向北方和西方传播，高级仪式魔法之类的活动越来越多地被迫转入地下，或是被排挤到凯尔特及维京世界的遥远边缘，那里的异教信仰维持

了许多世纪。对元素和天气的控制在乡村农业社群中是非常重要的，现在教会把这种超自然力量授予了圣徒。与此同时，法力强大的魔法实践者们被妖魔化；其能力来源被归结为魔鬼。他们被控施行巫术或邪术，而对此类行为的惩罚变得严厉起来。比如在 789 年，查理大帝颁布了《广训》，根据这部训令，行巫术和施魔法的人都要被处死。

然而在许多世纪里，官方容忍了民间魔法的存在，乡村治疗师可以继续像从前一样活动。即便如此，神职人员的布道仍敦促人们祈祷，并谴责使用咒语、圣符，或调制魔法药剂。

一些人认为利用草药和石头的魔法力量只是在汲取宇宙的自然之力，许多人相信这一点，他们会通过魔法仪式来保护自己的庄稼或身体健康。但在中世纪

古德斯特拉普银锅　参见第 72 页

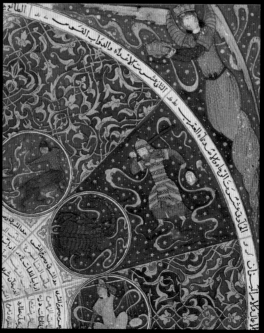

阿拉伯生辰天宫图　参见第 83 页

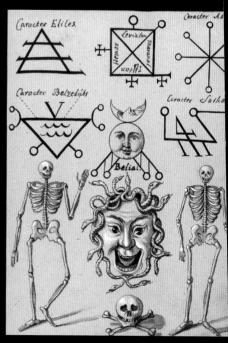

魔法概略　参见第 90 页

末期，神职人员将之斥为巫术，并对此类做法采取更强硬的立场。

在伊斯兰世界，甚至在信奉基督教的拜占庭，魔法的地位都十分暧昧。正如西方基督教世界里的民间魔法得以在罅隙中蓬勃发展。穆斯林相信堕天使变成了魔鬼和被称为镇尼的灵体，使用圣符来保护自己是他们日常生活的一部分，尽管《古兰经》谴责这么做。魔法研究也盛极一时。遵循《古兰经》中关于寻求知识的指示，学者们翻译了种种仪式魔法文本。数学、自然科学研究与炼金术、占星学等神秘技艺齐头并进。

许多重要魔法著作源自伊斯兰世界。比如《贤者之书》等书的拉丁文译本在欧洲流传，激发了学者们对魔法信仰和实践的新兴趣——因此，西方文学作品中巫师的现代形象更接近伊斯兰学者，而不同于凯尔特或北欧本土魔法传统中的法师形象。

> "绘制两幅画像，在巨蟹座第一面上升且金星在其中，而月亮在金牛座的第一面……"

《贤者之书》，一段爱情魔咒的开头部分，10 世纪或 11 世纪

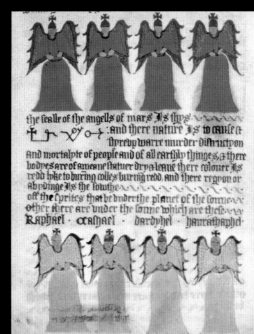

采集曼德拉草　参见第 100 页　　　召唤天使魔法手册　参见第 109 页　　　烈火试炼　参见第 117 页

诸神穿着——
维京装束

一只巨大的鹤或——
鹅在弗雷身侧

——场景上方的拱门
上刻有用卢恩符
文写成的铭文

▲瑞典的北欧诸神
这块石板下半部分的人物应
当是奥丁、托尔和弗雷，因
为他们各自拿着对应的标志
物——长矛、锤子和镰刀。
这几位神祇也出现在画面的
上半部分。

持魔杖者
北欧魔法

8世纪，斯堪的纳维亚半岛开始皈依基督教，而在此之前的几个世纪中，古代北欧人发展出了丰富的神话和异教信仰。在他们看来，世界由司掌命运的诺伦三女神统治，也受到两大交战的神族支配。双方分别是由奥丁与托尔主导的阿萨神族，以及包括弗雷与弗蕾亚在内的华纳神族。古代北欧人相信世间充满了诸如巨人、精灵、矮人之类的神话生物，而树木、岩石、河流甚至家园中都有崴提尔（恶魔及其他灵体）。为了应对所有这些存在，他们发展出一套繁复的包含魔法元素的信仰体系。

北欧的魔法传统当时几乎没有留下文字记录。这些知识主要幸存于卢恩符文等考古发现以及后世

▶奥丁或是女巫
这件来自丹麦的小银雕像被认为表现了奥丁和他的两只渡鸦及两头狼。然而一些研究者认为雕像中坐着的是一位女性——要么是教给奥丁巫术的女神弗蕾亚，要么是一位渥尔娃（持魔杖者）。

的萨迦文本中，但这些萨迦文本可能带有基督教视角。

预言者与巫术

北欧魔法的核心是塞瑟尔——一种主要由女性施展的巫术，也是欧洲女巫观念的来源之一。也有男性施展这种巫术，但他们的行为会被认为是阿尔格尔（缺乏男子气概且可耻）。塞瑟尔涉及灵视旅行，以及与属灵世界的接触，带有萨满信仰的意味。尽管据说诺伦三女神手里掌握了全部命运，但塞瑟尔可以赋予人预见和重塑命运的能力。懂得塞瑟尔巫术的人受邀参加集会，为人们预言未来。他们往往通过吟唱和魔咒来沟通众神。

最受尊敬的女巫师被称为渥尔娃（持魔杖者）。根据描述，这些塞瑟尔专家穿着蓝色长斗篷，兜帽外沿缀有白色猫毛和黑色羔羊毛。渥尔娃能够戏弄人的头脑和记忆，比如改变形态或让事物隐形，她们还会对敌人降下诅咒。这些女巫师与弗蕾亚有关，后者是掌管爱情、性和美的女神。据说是弗蕾亚把塞瑟尔这种"没有男子气概"的技艺教给了奥丁。

掌控命运

古代北欧人信奉许多诺伦女神，其中也包括一些精灵和矮人，但最主要的诺伦女神有三位，她们住在乌尔德（命运）之泉，这眼泉水位于阿萨众神的家园阿斯加德。三位女神汲取泉水浇灌世界之树尤克特拉希尔，这株巨树连接了神、人、巨人和

死者的国度。诺伦三女神坐在树根旁纺生命之线，编织每一个生灵的命运。控制命运的能力使她们比其他神明更强大，而她们的力量可以用于行善，也可以用于作恶。据说每个婴儿降生时，都有诺伦女神在场，她们会为孩子规划命运。新生儿的母亲则要食用一种叫作诺伦粥的食品。一旦品尝过，剩下的粥就要献给诺伦女神，以确保孩子会有光明的未来。人们认为诺伦三女神是莎士比亚戏剧《麦克白》中女巫形象的灵感来源，剧中女巫们的预言将麦克白引向了悲剧的深渊。

"旧日一个邪恶的诺伦，
叫我注定在水中居住。"

《雷金之歌》，约1270年

▼编织命运
诺伦三女神聚集在女武神布伦希尔德之岩，编织命运之绳。这幅插画是为《尼伯龙根的指环》第4部序幕所绘，理查德·瓦格纳根据北欧传说创作了这部歌剧。

> "以铅制一枚敬畏之盔，将铅印压在眉心处，
> 口诵咒……如此，人便可迎敌而必胜。"

《挪威王列传》，约 1225 年

▲人祭
瑞典哥得兰岛的斯托拉·哈马尔斯图画石局部。画面中心有一个矮小的人，俯身趴在祭坛上，而在高处挥舞长矛的身影可能是奥丁。俯卧人形的上方有三个互锁在一起的三角形，这一魔法符号叫作瓦尔库纳特，可能与从生到死的转变有关。

除了仰仗女巫师预言未来，古代北欧人也在不断寻找神谕。占卜是很常见的做法，比如把果树的枝干切成小枝条，随机抛掷在一块白布上。据说可以从枝条掉落所呈现的形状中解读出未来。

自然的魔法

古代北欧人也在自然界中寻找预兆。他们认为诸如暴风雨和日月食之类的极端自然现象可能是来自众神的信息；动物也可能传递此类信息。白色的马匹受到尊崇，并被豢养在圣林中。人们把白马套在一辆空马车上以供神明驾驶，据说马车的行驶路径揭示了神的意志。乌鸦、渡鸦、鹰等鸟类的飞行也被视为预兆，在战斗前看到乌鸦是个好兆头。867 年，弗洛基·维尔格达森（第一位有计划前往冰岛的古代北欧人）出发时带了三只渡鸦作为向导。他偶尔会放飞一只渡鸦，并根据鸟的飞行方向来规划自己的航线。

献祭

令奥丁及其他诸神对人类保持友好是古代北欧人的头等大事，他们通过布洛特（献祭）来确保神祇一直满意。除了在仪式上献祭动物，一些证据还表明当时也进行人祭。1072 年，名为不来梅的亚当的德国修士记录下了一项北欧献祭传统。该仪式在瑞典乌普萨拉的神庙中举行，祭祀对象是托尔、奥丁和弗雷。据不来梅的亚当描述，每隔 9 年，9 个不同种类的雄性生物（包括男性人类在内）会在神庙附近的圣林中遭到杀戮，尸体被悬挂在树上。

人们之前曾以为此类人祭传说可能是基督教的宣传手段。然而，瑞典特雷勒堡的一项考古挖掘揭示了阴森的真相。在 5 处深井中，每处都有一具人类骸骨与一些动物骸骨，此外还有珠宝及工具。被献祭的 5 人中，有 4 人是年龄在 4—7 岁之间的幼儿。大多数献祭活动并没有这么恐怖。祭品不是人或动物，而是价值颇高的珠宝、工具和武器，这些东西被扔进湖泊之中。人们在丹麦西兰岛的齐斯湖中发现了一批此类祭品，而齐斯湖是战神提尔的圣地。

符号之力

魔符（一些特殊的符号）与口头魔咒具有相同的法力。古代北欧人把魔符刻在护身符和某些他们认为具有魔法属性的木材与金属

◀托尔的武器妙尔尼尔
这枚护身符的造型是雷神托尔的武器妙尔尼尔，即雷神之锤，其上刻有托尔凝视的双眼。这把战锤与雷神用来维护秩序的雷霆有关。根据传说，雷神之锤的神力能够锤平山脉。

上。一些魔符可能代表了神明的魔法物品，比如托尔的战锤和奥丁的长矛。名为妙尔尼尔的雷神之锤是托尔的主要武器，当他把战锤掷向敌人之后，妙尔尼尔会神奇地回到主人手中。古代北欧人相信雷声是战锤击打敌人时发出的声音。而据说战锤的符号能给佩戴者带来力量与守护。常与战锤符号一同出现的是索拉威尔（日之轮），它看起来与古老的卐字符号有些相似，据说可以带来好运和繁荣。

最神秘、最强大的标志也许是敬畏之盔，该符号上有 8 根如带刺三叉戟一般向外辐射的分支。据说敬畏之盔能庇佑佩戴者取得胜利，并令敌人心中产生恐惧。正如北欧萨迦文本《法夫纳之歌》中所写："敬畏之盔，我在人类子孙的面前佩戴着它，为了守护我的宝藏；天地万物之间，唯有我最强大，我暗思量，有谁的力量可与我相当。"

▲ 魔法符号

这是一块近 6.5 英尺（约 2 米）高的图画石的一部分，现在被镶嵌在瑞典哥得兰岛布罗地区一座教堂的墙上。根据传说，附近的一口深井曾是献祭场地。这块图画石可以追溯到公元前 5 世纪，画面中的图案看起来像是一个繁复的日之轮。这一幸运符号与雷神托尔有关，它代表了大地、大地与太阳的关系，以及大地与整个宇宙的关系。

▲ **卢恩符文石碑局部**，这块石碑位于瑞典东约特兰省罗克教区，其铭文经过部分加密，可能是仪式魔法的一部分。

卢恩符文

古代北欧人及其他日耳曼人使用的第一种书写符号是一些有棱有角的雕刻标记，称为卢恩符文。卢恩符文出现于 3 世纪左右，一直被使用到 16 世纪或 17 世纪。它们用起来与字母表类似。其中最古老的一组符文有 24 个，被称为古弗萨克文；后来产生的 16 个被称为后弗萨克文。

然而，单个符文不仅是一个字母，而是一个符号或者说象形图案。"卢恩"一词的本义是"秘密"，卢恩符文是一种具有力量和魔法的秘密文字。比如，与字母 T 对应的符文是 Tiwaz，代表着天空神提尔，而这个符文看起来像一支指向天空的箭。这个箭头不仅用来指示方向——提尔也是一位战神，当时的人们会刻下这个符文以确保在战斗中取胜。与字母 U 对应的符文是 Uruz，即原牛，这种现已灭绝的庞大牛科动物曾在欧洲漫步，它们代表着意志的力量。

研究者认为一些卢恩铭文是魔法咒语，应当用某种特定的诗歌节奏念诵，以释放其中的力量。这种口头传统可能比文字形式的卢恩符文要古老得多。传说卢恩符文一直都存在，是战争之神奥丁发现了这些符文，当时他被倒吊在世界之树尤克特拉希尔上遭受磨难。掌管命运的诺伦三女神把卢恩符文刻在了树干上。它们显示了诺伦女神决定所有人命运的力量。

▶ **瑞典的罗克石碑**
可以追溯到 9 世纪，上面刻有世界上最长的卢恩符文铭文。

鼓声与恍惚

芬兰萨满信仰

▲ 连接两个世界
在萨满信仰中，冥界由女神罗维娅塔统治。若想前往冥界，萨满需要通过击鼓来开启通往那里的罗维（该词既指门，也指阴道）。

在现今芬兰的这块土地上，芬兰人和萨米人已经生活了 1.1 万多年。随着最后一个冰河期的冰盖终于消退，他们追逐着驯鹿迁徙到此处。我们知道这两个民族都是狩猎采集者，都坚定地信仰动物灵体，而且至少从 1 万年前就开始实践萨满信仰。芬兰人的缇埃塔雅和萨米人的诺阿伊迪是各自异教文化中的萨满。即便在他们自己的土地之外，这些人也是拥有可敬力量与魔法知识的人物。当芬兰人出现在北欧萨迦文本中时，他们是超自然力量的标志。芬兰被视为一个属于男巫、女巫、巨人和洞穴怪的国度。大约 5000 年前，芬兰人和萨米人的文化开始分化，芬兰人放弃狩猎，转而从事农业生产。但萨满信仰依旧在这两个民族中盛行，即便在斯堪的纳维亚被基督教征服之后也是如此。萨米人的诺阿伊迪传统一直延续到 19 世纪，以教堂没收他们最后几面圣鼓而告终。

迷失的灵魂

芬兰人相信陀内拉，一个位于地下或北方某处的冥界，死者的灵魂会去往那里。他们认为萨满能在恍惚状态中前往陀内拉与灵魂会面，并从他们那里获取智慧。伴随着哟伊克（一种传统萨米吟唱）和击鼓声，萨满们踏上属灵世界之旅。但他们必须

> **"……他们以一种奇妙的方式把想要的东西从遥远的地区吸引到自己身边。"**

论萨米萨满信仰，《挪威史》，约 1500 年

诱骗摆渡人带他们穿过陀内拉河，并且小心行动，确保自己不被困在一条庞大梭鱼的体内。

异教芬兰人相信人有三重灵魂：罕齐（生命力）、罗恩托（一种守护神）和伊采（人格）。罗恩托和伊采都可以与身体分离，因此可能会迷路或被困在冥界。芬兰人认为这种情况会导致灾祸和疾病。萨满们吟诵咒语，举行仪式，通过强化虚弱的灵魂或寻找迷路的灵魂来治愈疾病、扭转厄运。缇埃塔雅和诺阿伊迪也通过讲故事帮助保存芬兰和萨米的口头文化。1835 年，艾里阿斯·隆洛特在芬兰民族史诗《卡勒瓦拉》中收集了幸存的缇埃塔雅歌曲和诗歌，为这种魔法传统留下了记录。

背景故事

熊之崇拜

异教芬兰人很尊崇他们猎杀的动物，比如驯鹿和熊。他们把熊看得尤其神圣，甚至不能提这种动物的名字。现代芬兰语中表示熊的词是"卡尔胡"，其本义是"粗糙的皮毛"，这是用来代替"熊"的委婉语之一。芬兰人相信熊来自上天，而且死后会转世。在猎杀、食用熊时，他们会举行名为卡尔胡恩培亚伊赛特的庆祝仪式，以求熊的灵魂回归自然。在吃完熊肉之后，芬兰人会埋葬熊骨，并把熊的头骨安放在一棵神圣的松树下。

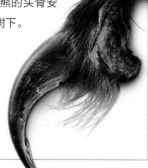

用神圣的熊爪制成的**护身符**，据说它能给佩戴者带来好运，庇佑其灵魂找到回家的路。

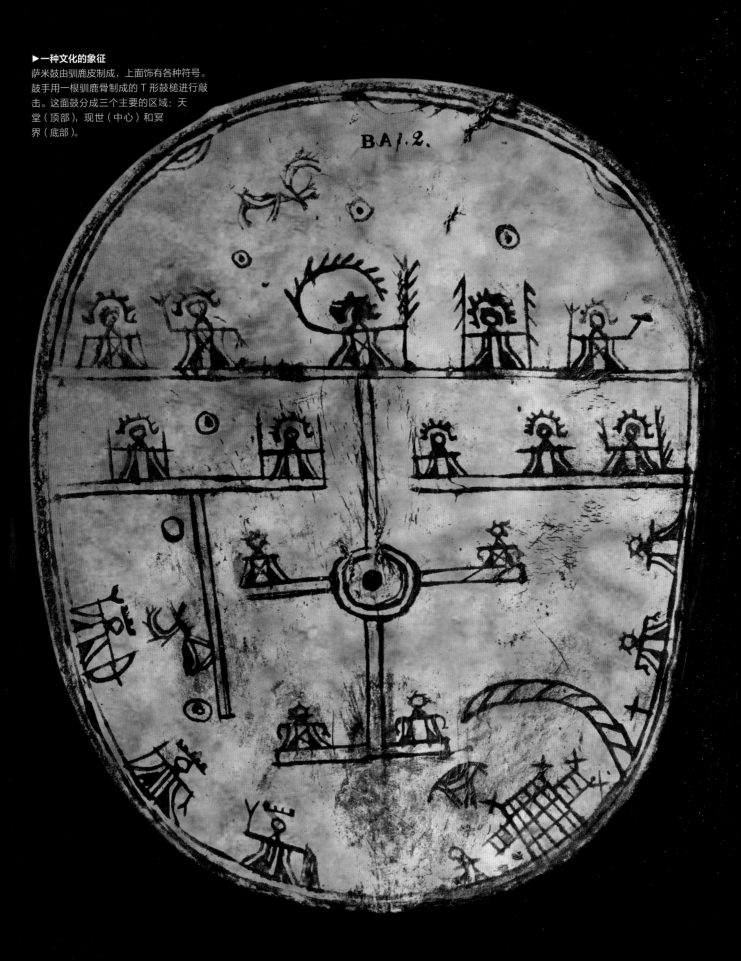

▶一种文化的象征

萨米鼓由驯鹿皮制成，上面饰有各种符号。鼓手用一根驯鹿骨制成的 T 形鼓槌进行敲击。这面鼓分成三个主要的区域：天堂（顶部），现世（中心）和冥界（底部）。

BA/.2.

德鲁伊的传说
凯尔特神话与魔法

▲古德斯特拉普银锅
这件巨大的银器可以追溯到公元前 150 年—前 1 年。虽然出土于丹麦，但其装饰图案充满了凯尔特文化的象征符号。上图中头顶鹿角、盘腿而坐的是科尔努诺斯，一位广受高卢凯尔特人崇拜的神明。银锅其他位置的一些图案则表现了献祭公牛的场景。一些学者认为这口银锅可能曾用于德鲁伊仪式。

凯尔特人最初遍布欧洲，而到了中世纪时期，他们仅生活在爱尔兰、苏格兰、威尔士、康沃尔和布列塔尼。古老的凯尔特民族发展出了丰富的神话和魔法，但整体上作为一个口语社会，凯尔特人的传统和文化只间接地通过古希腊和古罗马著作及中世纪基督教抄写员的记录得以幸存。由于没有凯尔特人自己书写的第一手记录，有时研究者很难判断哪些是他们真正的信仰和实践，哪些是凯尔特神话中的内容，又有哪些是记录者误解或添入其中的。

德鲁伊

从历史上看，德鲁伊可能是一群智者、教师或祭司，但他们有时被描述为具有魔法能力。据说他们的魔法和信仰植根于自然，他们经常在圣林里举行各项德鲁伊仪式。根据古罗马作家老普林尼的说法，德鲁伊们认为槲寄生果实的白色汁液具有神奇的力量，能增强生育能力。老普林尼还称德鲁伊有献祭动物的行为，比如德鲁伊们曾在槲寄生采集仪式上杀死了两头白色公牛。

"在德鲁伊——这是凯尔特人对其魔法师的称呼——看来,没有什么比槲寄生更神圣的了。"

老普林尼,《自然史》,约 77 年—79 年

包括老普林尼和尤利乌斯·恺撒在内的古罗马作家是大多数德鲁伊史料的来源,不过类似的故事也出现在古老的威尔士和爱尔兰传说中,这些传说源自凯尔特文化。从 8 世纪起,基督教学者将这些故事记录在手稿中,比如 12 世纪的《伦斯特之书》和《褐牛之书》。在此类神话中,有时德鲁伊是魔法师,拥有战胜风暴和其他自然现象的力量。在一则基督教传说中,圣帕特里克去往爱尔兰,一位德鲁伊试图通过召唤一场暴风雪来诋毁他的声誉,但圣帕特里克用十字架标志驱散了风暴。

爱尔兰神话

爱尔兰神话具有浓厚的凯尔特传统,最具代表性的是关于吟游诗人、美丽少女和英勇战士——比如具有超自然力量的库丘林——的神奇故事。还有一些是关于达南神族的故事,据说这一魔法族群既是古爱尔兰神祇,也是爱尔兰的早期居民。这些传说中充满了神奇事迹和魔法武器,比如精通工匠技艺的神明鲁格,他有一柄贯魔神枪,此枪会自动投出,百发百中。有许多爱尔兰神话提及变形术,这反映了凯尔特人万物相互关联的观念。得到帮助的老妪可以变成美貌少女,而魔法师可以变身为鹿、鹰等动物,或者把敌人变成猪、马。

凯尔特神话中最可怕的生物是报丧女妖,其在爱尔兰、苏格兰和北欧神话中均被提及。在爱尔兰的传说中,报丧女妖出没于各地坟墓,其形象是一个头发飘散、充满野性的女人,双眼因哭泣而发红。人们相信她会以可怕的哀号宣布死亡的降临。

仙境

在凯尔特神话的影响下,爱尔兰人产生了一种对彼岸世界的强烈信念,比如提尔纳诺——青春之地。通过一些叫作"施"的墓葬土丘可以抵达这片土地,居住在那里的人被称为"艾斯施",传说他们是达南神族,在被凯尔特人打败后进入了地下世界。据说艾斯施对他们的神奇土地有着强烈的保护欲。人们小心翼翼地不去激怒他们,并常常称其为精灵或仙人。

▲神圣的浆果
这幅 19 世纪的插画是对槲寄生采集仪式的想象。老普林尼曾描绘了这一过程:"披着白袍的祭司爬到树上,用金镰刀收割槲寄生,由其他穿白斗篷的人接住。"

▶欧辛召唤灵体
这幅画的灵感来自苏格兰诗人詹姆斯·麦佛森对其所谓古代诗歌片段的"翻译"。画面中的人物是欧辛,爱尔兰神话中的一位吟游诗人,据说他曾拜访过提尔纳诺。

▶雕像的力量
11 世纪的拜占庭学者约翰·斯基利兹斯对前几个世纪中的毁坏圣像运动颇感不安，他将领导运动的"语法家"约翰描述为一个邪恶的巫师。此处，斯基利兹斯称"语法家"约翰沉迷于斯托伊凯奥希斯——雕像魔法。

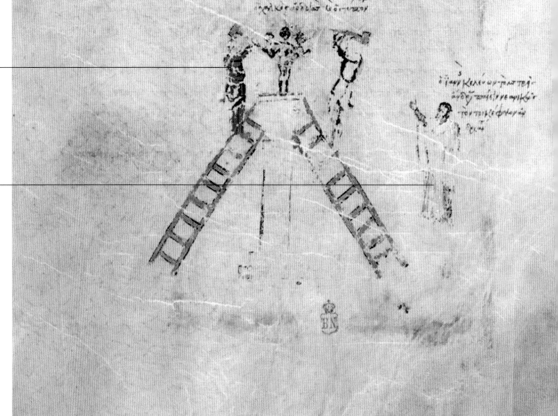

人们爬上梯子毁坏雕像

"语法家"约翰从雕像中召唤力量

基督教与神秘学
中世纪拜占庭魔法

4 世纪早期，随着罗马皇帝君士坦丁皈依基督教，欧洲最大、最富有的城市君士坦丁堡（今天的伊斯坦布尔）正式成为一座基督教城市。大多数民众都有强烈的宗教信仰，狂热地相信基督教符号、圣物和圣徒具有创造奇迹的力量。还有些人把自己锁在教堂里，希望治愈疾病，此类逸事已广为人知。

平民魔法

在一段时期内，异教魔法师与基督教神职人员共存。这座城市中立满了异教雕像，人们认为它们被邪灵施了法。使用一种被称为斯托伊凯奥希斯的法术便可以操纵这些雕像，用以识别不忠的丈夫、对罪犯施刑，甚至在夜间打扫街道。拜占庭人也坚定地相信辟邪魔法，他们通过佩戴护身符、举行仪式等方式来避开邪眼的诅咒。有些人在衣服下摆缀上刻有符号的石头，编织或画上一个防护图案。某些石头也因其药用效果而备受重视，比如缠丝玛瑙据说有助于预防流产。

渐渐地，一些教士采取了更强硬的路线。在 8 世纪 70 年代，皇帝利奥六世颁布新法，拜占庭不再容忍即便无害的魔咒和护身符。一个世纪后，大牧首"语法家"约翰掀起了一场破坏圣像运动的浪潮，而他本人曾被指控使用斯托伊凯奥希斯法术。越来越多的相关人员，像是出售圣物和圣像用作护身符的人，以及用狡猾手段欺骗普通民众的魔法师，都被迫转入地下活动。

宫廷魔法

虽然基督教享有官方宗教的地位，但人们普遍接受魔法，精英阶层甚至在帝国宫廷中使用魔法。据说不少皇帝和皇后都沉溺于魔法实践——尽管这有时是由后世作家转述的，他们可能是想诋毁这些

▲治愈之石
这件 9 世纪的护身符融合了基督教与魔法。护身符上雕刻了一位妇女被基督触摸的神奇场景。石头本身的材质是赤铁矿石，当时人们认为它可以通过吸收血液来防止经期出血。

米海尔·普塞洛斯（约 1017 年—约 1078 年）

信仰调和者

在中世纪拜占庭，魔法是吸引大众的来源之一，对社会各阶层都有实际帮助。当时有许多学者研究异教神秘实践的历史，其中最著名的当数希腊僧侣米海尔·普塞洛斯。普塞洛斯（意为"口吃者"）是一位高级政治顾问，也是一位杰出的历史学家。尽管信仰基督，他仍对黑魔法有着浓厚的学术兴趣，并称之为"玄学"和"禁术"。普塞洛斯对占星学和石头的魔力特别感兴趣。他的著作是我们了解拜占庭魔法的主要知识来源。

米海尔·普塞洛斯（图左，他的右侧为皇帝米海尔七世）是拜占庭研究黑魔法的大学者。

▲天文学图表

这幅圆形图表基于2世纪希腊学者托勒密的《天文学大成》绘制，外圈绘有黄道十二宫的标志，中心是太阳战车。《天文学大成》是一部沿用了1300多年的天文学权威著作。托勒密的占星学著作《占星四书》在拜占庭同样具有影响力。

王室成员。

根据僧侣、学者米海尔·普塞洛斯的说法，11世纪的佐伊女皇谋害了丈夫罗曼努斯三世以便嫁给年轻的情人米海尔，然后她又使用护身符和魔法药剂绝望地尝试怀孕。据说大牧首"语法家"约翰曾涉猎神秘学，而贵族阿莱克修斯·阿克苏赫曾被指

控咨询一位巫师。阿克苏赫因使用魔法药剂阻止皇后安条克的玛丽生育而被终身监禁在一所修道院里，但这些指控可能是他的敌人编造的。

占星与占卜

一些重要的占星师来自拜占庭，比如6世纪的赫费斯提翁，但占星学在拜占庭世界的地位十分暧昧。一些教士研究星象以制定教会年历，但通过研

> "……预知未来的雕像，通过掣签，通过预言，通过梦境……可使人生病，亦可治愈他们。"

佚名作者论雕像魔法，《阿斯克勒庇俄斯》，3 世纪

究星象来预言未来被视为一种神秘学实践。

即便如此，宫廷依旧雇佣占星师提供指导。一个著名的案例是 11 世纪的学者西蒙·塞斯通过解读星象正确地预言了西西里的罗伯特（即罗伯特·吉斯卡尔，南意大利的征服者）之死。塞斯提前把该预言密封在一个信封中："一个来自西方的、搅起了许多事端的大敌将会突然死去。"

直到 12 世纪，安娜·科穆宁娜（拜占庭公主、学者、医生、作家）还把占星学参考材料写入其历史著作《阿莱克修斯传》之中，但这种自由正在缩紧。还是在 12 世纪，历史学家尼基塔斯·霍尼亚提斯谴责拜占庭皇帝曼努埃尔一世相信解读星象，仿佛那是上帝之言一般，并抗议那些"瘟疫般讨人厌的占星师"。

仅次于占星的占卜手段是盘卜，即在一盘或一盆水中寻找某种水波模式，或者观察石头入水后激起的涟漪。盘卜起源于巴比伦尼亚，但在拜占庭十分流行，宫廷中经常雇佣盘卜师。此外还有许多其他的占卜方法，大多被人们非常严肃地对待。比如解读马匹的嘶鸣的占卜法，摆卜（摆锤可能受下意识的身体颤动影响），以及肝卜（解读动物的肝脏）。最奇怪的当数解读"腹语者"，这些灵媒在恍惚的附体状态下会用奇怪的嗓音给出预言。

解梦

拜占庭的解梦手册名为《解梦》，书名继承自 2 世纪希腊学者阿特米多鲁斯的著作。解梦非常流行，大多被视为合法活动，因为有人认为梦是来自上帝的讯息。事实上，许多解梦手册是由教会牧首编写的，比如尼基弗鲁斯和杰曼努斯。在一篇 10 世纪的关于如何为帝王准备出行的文章中，作者建议将解梦手册列为必备之物。

▲以水占卜
这件 10 世纪的拜占庭玻璃盆是为盘卜（解读水波的模式）而制作的。盆的尺寸不大，高约 17 厘米，非常便于占卜师集中注意力。

▶帝王之梦
巴西尔一世是拜占庭最伟大的皇帝之一，他出生于马其顿的一个农民家庭，但其母曾梦见某一天他会戴上皇冠。这位农妇美梦成真，正如 11 世纪学者约翰·斯基利兹斯在手稿中所绘。

圣物与神奇
魔法与早期伊斯兰教

自先知穆罕默德于公元 632 年去世后，伊斯兰教就由其阿拉伯民族发源地向外广泛传播。其所至之处，大多数人都皈依了伊斯兰信仰，并遵循《古兰经》的教诲。然而，旧习俗并没有立刻消失。尽管行政制度和学术研究都几乎伊斯兰化，前伊斯兰时代的古老魔法实践仍在整个帝国境内继续存在。

此外，根据穆罕默德"学问虽远在中国，亦当求之"的训示，伊斯兰社会逐渐成了治学重地。巴格达城就是古代著作的翻译中心。这里翻译的大部分是希腊语文本，但也有来自波斯、印度和中国的典籍。除了科学和哲学，关于古代魔法的著作也传到了巴格达和伊斯兰世界，比如一些被归在赫尔墨斯·特里斯墨吉斯忒斯（参见第 134 页—135 页）和琐罗亚斯德（参见第 30 页—31 页）名下的著作。

抵御恶魔

穆斯林认为真主是全能的，但仍相信他们需要真主出手干预，以保护他们免受舍雅推尼（危险的古代恶灵）的伤害。

舍雅推尼是一群恶魔，包括堕落的天使和邪恶的镇尼（魔仆）。在

▼魔灵

镇尼是一种会变形的灵体，在前伊斯兰时代就已经有传说，《古兰经》承认他们是真主的造物。大多数镇尼没有正邪之分，但其中一些是恶魔舍雅推尼，比如下图中的蓝色大象。该图为 13 世纪扎卡里亚·卡兹维尼手稿的副本。

◀所罗门封印造型的耳饰

耳饰中央有装饰性的星星，这个造型可能参照了所罗门封印。据说真主将封印赐予所罗门，于是他能够控制镇尼。

《古兰经》中，他们被视为蛊惑人心的魔鬼，但在很多人看来，舍雅推尼是真实存在且十分危险的。另一种从早期延续下来的信仰亦是如此——邪眼，能使坏事发生的诅咒和咒术。

圣符与魔碗

《古兰经》对阿拉伯异教徒的圣符不以为然，但这并没有阻止早期穆斯林利用圣符的力量来抵御舍雅推尼和邪眼。伊斯兰信仰的追随者们做出了让步，在圣符上镌刻了《古兰经》的引文。有些圣符甚至就是微缩的经书。所罗门既是一位《古兰经》里的先知，又是一位古代魔法师，他的六芒星封印也经常出现在圣符上。

还有一种辟邪魔法，尤其在 12 世纪前后特别流行，那就是魔碗。人们通过持有一些素陶碗来治疗各种疾病。

魔碗上比较典型的印刻内容不仅有《古兰经》经文，还有来自波斯甚至中国的魔法符号，以及代表星座和行星的符号。很多魔碗上还刻有蝎子和蛇等兽类形象。

> **"……众恶魔却叛道了……他们教人魔术……但不得真主的许可，他们绝不能用魔术伤害任何人。"**

《古兰经》对舍雅推尼的描述

▲ 抵御恶魔与邪眼

这件 12 世纪的圣符是一张抄有《古兰经》经文片段的纸卷。纸卷被收藏在一个符匣中，符匣则作为坠饰随身佩戴。经文为"佩戴者的心灵"提供保护。

神秘学学者

在早期伊斯兰世界，魔法不仅关乎日常琐事，译介的著作更是引起了学者们严肃的学术兴趣。学者们区分了西赫里（魔法）和基哈纳（占卜），但这两个范畴有重合之处。在一些人看来，西赫里只包括吞剑之类的魔术戏法。10 世纪的法理学者阿布·贝克尔·贾萨斯坚持认为相信魔法是无知的表现。但对许多人来说，西赫里是一种真实存在的神秘力量，它能够召唤镇尼，甚至起死回生。最著名的魔法学者是 12 世纪作家艾哈迈德·伊本·阿里·布尼。在《灿烂之光》一书中，他研究了真主的 99 个名字中所蕴含的神秘属性，并对护身符应当如何驾驭这些超自然力量给出了建议。

书写的魔力

在许多伊斯兰教早期追随者的眼中，字母和数字具有神奇的力量。一些魔法师高度娴熟地掌握了"字母科学"，比如研究阿拉伯字母及其相关名称的神秘学属性。有一种占卜术叫作"字母占卜"：操作时先给某姓名或语句中的每个字母分配一个数字，然后把各个数字相加，便可以得到该词或语句的数值。据说这能够解锁隐藏的意义，从而进行预言。

▼点卜

早期地占师在抛撒于地的泥土中寻找特定的模式。不过到了 12 世纪，占卜师可以转动下图仪器上的刻度盘，随机制造出点阵，然后加以解读。

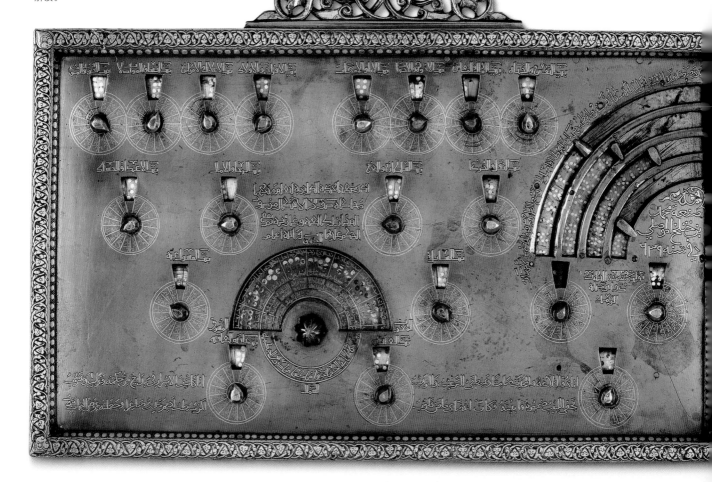

> "绝不能认为借助逻辑推理就能揭开字母的秘密；这唯有通过幻象、借助神圣的诠释才能实现。"

据传为**艾哈迈德·伊本·阿里·布尼**所说，12—13世纪

▲迷人的数字阵列
这个椭圆金属印章的中心是卜度赫幻方，其中的9个数字被精心排列，使任何方向上的三个数值总和都是15。外围是四位大天使的名字。

"算九"被用来预测比赛或战斗的胜负：首先计算出每个名字的数值，将之除以9，然后在一张图表中查看所得的数字。类似的技术也被用来测算疾病或旅行的结果，或者某事件发生的概率。贾弗尔则是另一种书写魔法，做法是把真主99个名字之一的字母与所期望目标的字母结合起来，这样便有助于实现这一目标。

人们认为书写不仅是一种占卜工具，而且本身具有强大的魔力。使用正确的字母据说可以赋予控制镇尼的力量。有许多论文专门讨论魔法字母表、秘密文字以及古文化的字母，特别是10世纪学者伊本·瓦赫希亚所著的《狂热信徒渴望了解古代文字谜题之书》。伊本·瓦赫希亚是最早开始破译古埃及象形文字的历史学家之一。

幻方

伊斯兰魔法中有一个元素持续吸引着人们的注意，那就是幻方，神奇的数字阵列。幻方或许起源于中国，但被阿拉伯世界吸收，特别是12世纪以后，这种数字阵列出现在许多伊斯兰魔法手册中。最简单、出现最早的幻方是3×3的卜度赫，数字1到9填写在其中，每行、每列和两条对角线上的数值总和都是15。

这一现象至今仍令数学家们着迷，他们经常尝试创造更大的幻方阵列。但在早期的伊斯兰世界，人们的兴趣在于幻方的魔法属性及其抵御疾苦的能力。他们相信3×3幻方的魔力十分强大，甚至只需写出或念出"卜度赫"之名就足以治愈胃痛，或者令其使用者隐形。

背景故事

阿拉伯炼金术

炼金术（阿拉伯语 al-kimiya）的目的是把一种物质变成另一种物质。在9世纪的学者拉齐看来，除非他做到了这一点，否则便没有谁能称得上是真正的哲学家——因为这种能力堪与真主创世相比。炼金术的终极追求是把贱金属变成黄金，并得到永生。炼金术士均深藏不露，以免自己的技术落入那些寻求财富而非智慧之人的手中。虽然他们往往被后人蔑视为江湖骗子，但炼金术为现代化学的诞生奠定了基础。最伟大的炼金术士当数贾比尔·伊本·哈扬，他给世界带来了实验室、蒸馏工艺和强酸。

一位炼金术智者，该图出现在一本论梦的书中，作者是10世纪炼金术士塔米米。

行星之力
阿拉伯占星学与星象魔法

星象魔法（与恒星及行星相关的魔法）有着悠久的传统，并在早期伊斯兰世界的阿拉伯和波斯学者中站稳了脚跟。其所有根源的共同之处是笃信在神圣位面和人类位面之间还存在着一个天体位面。

这一位面包括恒星、行星及代表了一年中恒星运动的黄道十二宫。占星师们相信尘世中的每个人都受到一种特殊的星象力量的影响，因此他们尝试解读星象，从中获得指引，并寻找利用星辰影响力的方法。

从市集到宫廷，阿拉伯社会的各阶层都在实践占星学。占星学最初被视为一种神秘学实践，是与伊斯兰教义相左的。与此同时，天文学在早期伊斯兰世界发展起来，因为学者们试图确定麦加的方向和祷告的正确时刻。渐渐地，对星光领域的研究成了自然科学的合法组成部分。在肯迪于9世纪所著的《光芒之书》中，占星学与科学融合了起来，作者认为恒星的影响力源自它们发射出的光线。

《贤者之书》

从12世纪开始，阿拉伯典籍被翻译成拉丁文，并对欧洲人的魔法和科学观念产生了巨大影响。其中最著名的关于星象魔法的著作就是《贤者之书》。该书约著于10世纪或11世纪，并于13世纪被译成拉丁文，书名更改为《皮卡特里克斯》。

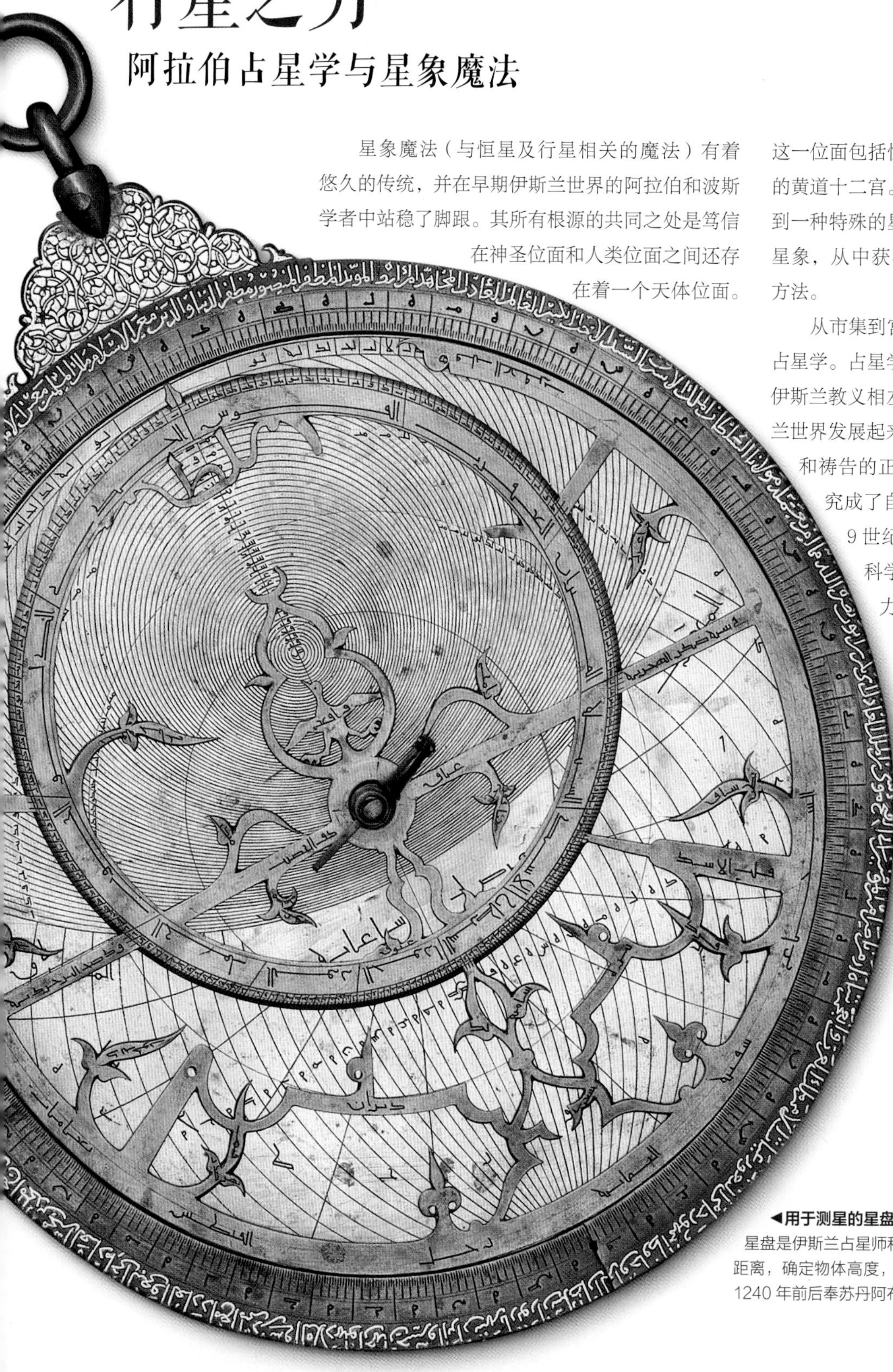

◀**用于测星的星盘**

星盘是伊斯兰占星师和天文学家的发明，用途广泛：计时，勘察距离，确定物体高度，测量纬度，解读天宫图。左图中的星盘是1240年前后奉苏丹阿布·勒·法蒂赫·穆萨之命所制。

▶ 生辰天宫图

右图是昔干答儿王子（帖木儿之孙）的生辰天宫图，图中显示了 1384 年 4 月 25 日王子出生时恒星及行星的确切位置。

《贤者之书》解释了行星与诸如颜色、香味等无形之物间的自然联系，并提供了一些魔药配方，比如这样一味酝酿事端的药剂："取黑狗血 4 盎司，猪血、猪脑各 2 盎司，驴脑 1 盎司。混合并搅拌均匀。将此药剂添加在饮食中，食用者就会憎恨你。"

占星预言

占星师们的一项关键活动就是通过观察天宫图及其间星体的位置变化，来测定这些星体不断变化的影响力。计算星体运动在数学上往往十分复杂，所以大多数占星师都是受人尊敬的学者。早期伊斯兰占星学中有四大类天宫图：生辰类（某人出生时起作用的天宫图）；代表整个国家或王朝运势的星象类；选择类（判断某一时刻是不是采取某特定举动的好时机）；询问类（回答具体问题，可以是疾病诊断、寻找失物等各种主题）。

人们相信增强星体影响力的方法之一就是制造圣符，而不同材料与特定的星象因素相关联。做法是先计算出正确影响力在哪一时刻最强，然后选择正确的材料，通常是金属，并准确地在该时刻制作圣符。

◀ 星辰传说

这份大约撰于 1300 年的手稿被认为是阿布·马谢尔的作品。此书图文并茂地论述了许多主题，包括恶魔、拟人化的月相以及十二星座，如左图展示的就是巨蟹座。

背景故事

现代星象魔法

中世纪及以后的西方世界对《贤者之书》进行了广泛的研究，例如通过文艺复兴时期的学者科尼利厄斯·阿格里帕和马尔西利奥·斐奇诺，以及 19 世纪众多的魔法–神秘主义运动。近几十年来，新纪元运动的参与者希望探索星光体投射的概念（参见第 287 页），于是再次研读起《贤者之书》。他们认为，灵魂通过训练可以进入恒星、行星及其相关力量所在的位面。

这枚**现代圣符**是依照《贤者之书》中的指导制作的。

防护之物

　　具有防护作用的小物件通常被称为护身符，使用护身符的行为可以追溯到人类文明的早期。护身符可以佩戴、随身携带、放置在家中或神圣之地，人们相信这些小物件能够抵御邪眼、负面能量、恶灵甚至疾病。据说一些护身符自身拥有魔力，而另一些具有强烈宗教内涵的护身符则通过神圣的祝福和佩戴者的信仰获得法力。

玛瑙贝与生育力以及预测未来有关

▶**穆肯加面具**供西非的库巴人在社会层级较高者的葬礼上佩戴。这件面具上装饰着玛瑙贝，自古以来世界各地都把玛瑙贝用作护身符。

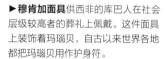

王冠赋予这一对母子王者的地位

圣婴为雕像增添了更强大的力量

▲**圣母像**在许多基督徒心中具有神奇的防护力，他们经常在出行时携带此类小雕像。上图这件来自捷克共和国。

▲**石质"维纳斯"小雕像**是人类最早的便携雕塑之一。欧洲的狩猎采集者制作了这些雕像，可能是为了帮助生育，他们把女性描绘成丰乳肥臀的模样。

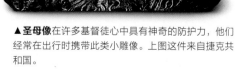

▲对许多基督徒来说，**十字架挂件**不仅是宗教徽章，而且可以帮助他们抵御邪恶。据说十字架是吸血鬼最害怕的宗教符号。

▲**兔脚**被视为一种具有魔力的自然拾得物。生活在不同时代、不同地点的人们——从欧洲的凯尔特人到信仰胡都的非洲裔美国人——都相信兔脚有传递好运的作用。

▲**青蛙**是生育力的象征，因为其后代众多。类似的古埃及装饰品多由妇女佩戴，以求顺利分娩，来世顺利重生。

▲**蝎子纸**是中世纪犹太人的一种魔法符咒。纸上绘有一只潦草的蝎子，写有几句话，可以卷起来挂在脖子上作为护身符。

▲**祖尼雕刻**是美国新墨西哥州原住民祖尼人的动物形木雕。他们携带此类物品以求好运，并在外出打猎时庇佑他们免受危险。

顶部造型像一座微缩大教堂

黄金质地的窗户

据说这里保存着圣塞巴斯蒂安的脚骨

▲**圣甲虫**护身符被放置在古埃及木乃伊的心脏位置，心脏是遗体内部唯一存留的脏器。古埃及人相信圣甲虫可以使通往来世的旅途变得顺利。

▲**象头神**是印度教的幸运之神，也是颇受欢迎的护身符形象，因为人们相信他可以消除物质和精神障碍，帮助佩戴者取得成功。

▲**教堂大门上的庇护门环**能保证敲门者受到庇护。其造型往往是怪兽的头颅连接着沉重的金属环。

▶**基督教圣物**指圣徒的遗骸残片，通常被保存在专用容器中。圣物备受尊崇，早期基督徒会不远万里前往瞻仰。他们相信许多圣物都有神奇的治疗能力。为驱赶瘟疫，圣物会被放置在教堂祭坛上，同时人们还要举行一场弥撒。

▲**哈姆萨**（也称为**法蒂玛之手**）能够抵御邪眼，它可能起源于古埃及或迦太基，与塔尼特女神有关。

▲**荷鲁斯之眼**（也称为乌加特之眼），该符号的挂件与古埃及法老一同埋葬，以便在来世为他们提供保护。如今，此类眼状护身符被称为纳扎尔，这个词对应的阿拉伯语的意思是视力或监视。

◀圣言在中心

此图来自《萨塞克斯公爵德语摩西五经》（约1300年），页面中央是《民数记》的第一个词"神说"，周围环绕着骑士和怪兽的图案。文字布局和丰富华丽的装饰体现出圣言的重要性。

我以言说而创造
犹太魔法与神秘主义

虽然许多魔法在《塔纳赫》(《希伯来圣经》)中受到谴责,但在中世纪犹太社会,包括拉比在内的各阶层人员都会参与魔法实践。甚至《塔纳赫》中的某些故事也描绘了犹太领导者施行魔法的场景。比如在摩西的故事里,亚伦在法老面前扔下自己的杖,杖神奇地变成了一条蛇(参见第 28 页)。神圣的犹太经文《巴比伦塔木德》中也提及魔咒、咒符以及使用护身符等与魔法相关的内容。

魔法语言

圣言是中世纪犹太魔法的关键部分。根据犹太人的传统,希伯来语的起源十分神圣,其字母具有创造力量。比如在《塔纳赫》中,上帝仅仅通过说

出话语就创造了世界。一些犹太人相信,词语和字母的正确组合会产生魔法效力,这种力量可以被用来做任何事情,从战胜恶魔到做出预言。由字母组成的上帝与天使之名具有极强的魔法力量。一些咒语积极地借用宗教措辞:在一份文本中,魔法语言被融入日常祈祷里,由此制造出一系列具有特定功用的咒语,比如复活死者。魔法和宗教词语之间的牢固关系持续了数个世纪,尤其是在犹太神秘传统卡巴拉中(参见第 88 页—89 页,第 136 页—139 页)。

犹太魔法学者深受古代阿拉姆语研究的影响。阿拉姆语是第二圣殿时期(公元前 539 年—公元 70 年)以色列的日常语言,也是《塔木德》的语言。一些人认为,最著名的魔法咒语"阿布拉卡达布拉"(abracadabra)就来自阿拉姆语中的 avrak'davra,意为"我以言说而创造"。

魔法书册

许多犹太妇女精通针对疾病或不孕等日常问题的魔法。相较之下,拉比和其他学者(往往是男性)则钻研那些学术性的魔法。在中世纪时期,这些魔法越来越多地被记录在魔法书中。《正道之书》《伟大奥秘》和《秘密之书》等书给出了各种秘方,用于治疗疾病、激发爱情、带来好运、造成痛苦、驱逐恶魔等。

圣符和护身符

中世纪时期的许多犹太人相信舍敌姆(带来痛

▲魔法之星
上图是《列宁格勒抄本》(现存最古老的《塔纳赫》完整手抄本,约 1010 年)封面上的所罗门封印及其中六角的大卫之星,两者常被视为强大的魔法符号。

背景故事

有生命的黏土

魔像是可悲的造物。据说通过吟诵上帝之名,可以神奇地赋予黏土以生命。然而魔像并不是上帝的造物,所以它们没有说话的能力。甚至在今天,"魔像"有时还被用作"愚蠢"的代名词。据说一些魔法师创造魔像来做家务,而 16 世纪布拉格的一段著名传说则讲述了马哈拉尔如何创造魔像来终结一场反犹攻击。据说魔像的额头上刻有"真理"(emet)一词,而抹掉第一个字母便能使之化为灰烬,因为这个词变成了"死亡"(met)。

这尊现代雕像重现了 **16 世纪布拉格的神奇魔像。**

▲ 防护性铭文

一些中世纪护身符的金属片上刻有魔法文字，比如上图所示的这件。此类护身符被挂在脖子上用以驱赶邪灵，以及给佩戴者带来好运。

苦的恶灵）的存在；在众恶灵之中人们最恐惧的是夜魔莉莉斯，她会袭击儿童和分娩中的妇女。

人们普遍佩戴护身符来保护自己、抵御恶灵。狐尾和深红色的线是一类广受欢迎的护身符，而携带"保藏石"则有预防流产的功效。护身符上往往写有一些文字，目的是利用犹太魔法中最强大的力量——圣言。一些文字是宗教经文，比如抄录的《诗篇》第126篇可被置在家宅中用以保护儿童。其他文字还包括天使的名字或是一些传统魔法语句，后者往往被蚀刻在金属片上，然后挂在脖子上。家具或家居用品上有时也写有防护性铭文。

所罗门封印是一种尤为强大的护身符，中世纪作者们称该符号是上帝刻在所罗门的图章戒指上的。据说这一封印给了所罗门控制舍敌姆的力量。符号中的星星可以是五角或六角的，其中三角形的交错方式据说能令恶魔头晕目眩。

卡巴拉

如今我们常用"kabbalistic（卡巴拉式的）"一词来形容事物很神秘，而该词的词根"kabbalah（卡巴拉）"是一种神秘的犹太思维方式，旨在理解、连接甚至影响神性。1230年出版的《光明篇》是卡巴拉思想的奠基之作。发现该文本的西班牙拉比声称《光明篇》是一位2世纪智者在千年之前的教义。据说《光明篇》揭示了《妥拉》（《塔纳赫》的前5部经文，即《摩西五经》）中隐藏的含义——神性的诸方面；仔细研究这些含义能使读者实现与上帝的神秘结合。

在随后的几个世纪里，卡巴拉的学术和神学方面在犹太思想中占据了非常重要的地位。然而卡巴拉还有另一方面，被称为"实践卡巴拉"，这方面内容旨在影响现实世界，而不是简单地接近神性。从14世纪开始，实践卡巴拉的追随者们开始将想法付诸行动，他们用上帝和天使之名来制作护身符或构成咒语。他们也融合了其他犹太神秘传统，包括梦占（以梦境为依据的占卜）和恶魔的观念：比如，15世纪的卡巴拉文本《上帝之风》描述了如何使用咒语来召唤恶魔、天使，甚至上帝。

魔法实践

中世纪犹太爱情咒语

与许多文化中的常见做法一样，中世纪时期的犹太人经常试图通过魔法来获取爱情，他们借助的手段有护身符、仪式和蕴含重要意义的魔法词语。护身符上的铭文可能提及《塔纳赫》中的爱侣，比如亚伯拉罕与撒拉、以撒与利百加，以此鼓励现实中的爱情。相反，若要结束一段爱情，铭文可能会提及夏娃或暗嫩，后者曾强奸自己同父异母的妹妹他玛。一些魔法则利用隐喻的手法，比如用与燃烧相关的词语和意象来激发欲望。还有一种魔咒建议准恋人用自己和对方的血液灌满一个蛋壳，然后蘸血在蛋壳上写两人的名字，接着把蛋壳埋起来——据说能产生立竿见影的效果。

在这幅14世纪英文手抄本的插画中，**亚伯拉罕**告诉**撒拉**上帝已经答应给他们一个孩子。爱情魔咒中经常提起这对夫妇。

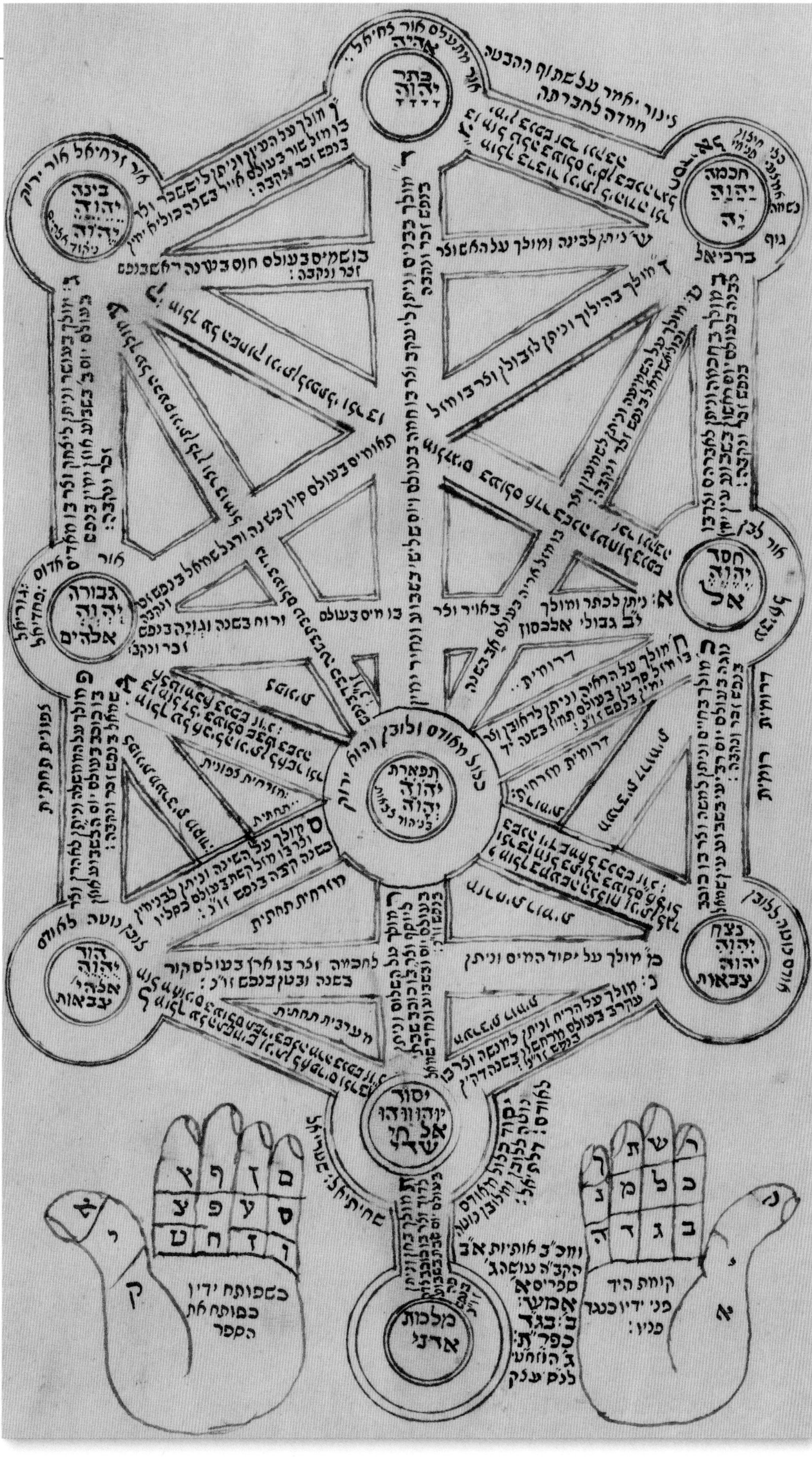

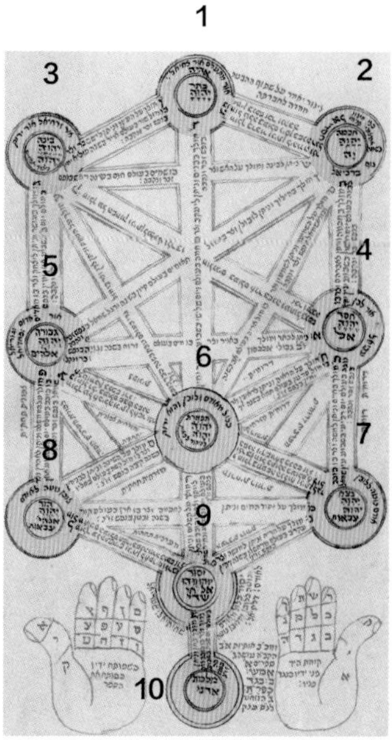

图例

1 王冠

2 智慧

3 理解

4 仁慈

5 力量

6 美

7 胜利

8 宏伟

9 根基

10 王国，有时也被称为圣临

◀**生命之树**

左图是一幅 15 世纪的生命
之树图表，图中展示了代
表上帝诸属性的 10 个原质
（节点）以及原质之间的神
秘联系。卡巴拉学者们钻研
此类图表，以追求与上帝的
精神结合，一些人认为这可
以帮助他们影响物质世界。

天使字母

卡拉科特的传播

▲魔法学术研究

13世纪的《天使拉结尔之书》与其他中世纪犹太卡巴拉文本一样，也包含魔法符号和其他神秘知识，比如上图中展示的卡拉科提拉雅及星形所罗门封印。

书写处于中世纪犹太魔法的中心，无论其形式是咒语、诅咒还是护身符上的防护性文字。标志和符号是书面魔法的核心部分，它们传承秘密，并被认为保存了古代魔法的精髓。

一些标志和符号是由犹太魔法师们发明的，但大多数来自其他文化。其中最著名的舶来品是"卡拉科提拉雅"（Karaqtiraya），这是希伯来语对古希腊词语"卡拉科特"（charaktêres）的音译，指的是类似字母的符号，通常由带小圆圈的线条组成。人们认为这些符号有内在的神秘力量。卡拉科提拉雅经常出现在中世纪卡巴拉文本中，但它们的起源比13世纪卡巴拉思想的兴起早了至少700年。

一般认为卡拉科提拉雅大约是在1500年前进入犹太魔法传统之中的。无法确定这些符号究竟来自何处。一些人推测它们来自埃及象形文字，另一些人认为它们来自美索不达米亚的楔形文字，但它们最有可能的来源是古希腊魔法文本。部分符号类似于在希腊魔法莎草纸及宝石上发现的符号（参见第32页—35页），而另一些似乎是希腊语或希伯来语字母，只是尖端位置添了小圆圈。

由于复制魔法文字时讲究准确无误，这些符号在数个世纪后仍得以原样保存——这种流传方式是不断变化的普通语言所没有的。然而到中世纪时期，关于它们起源的故事已经失落了。卡拉科提拉雅与字母太过相似，以至于研究它们的犹太学者试图将其解码为某种字母表，并在希伯来语中给它们找到对应的字母。在整个中世纪时期，学者们将卡拉科提拉雅发展成各种字母，每个字母都与特定的天使相关联，比如梅塔特隆、加百列或拉斐尔。

秘密编码

犹太人并不是唯一从外来文化中吸收魔法符号及字母的民族，卡拉科特也同样进入了基督教和伊

背景故事

符号与封印

阿拉伯、犹太和基督教传统在中世纪相互融合，而这三种传统中都有卡拉科特。此类影响也可以在后世的神秘学符号中看到，它们往往结合了来自数种传统的元素。右图是18世纪某份魔鬼学概略的一页，该书取材兼收并蓄，其中还包括若干魔法封印。每个封印都带有标签，将之与某个特定的魔鬼相关联。这是对中世纪阿拉伯传统的借鉴——书写的封印可以用来控制或征服恶魔。右图的封印都被标记为一种"Caracters"，尽管它们代表的是魔鬼之名而非天使之名，但其中一些的形状清楚表明其受到了天使字母卡拉科特的影响。

这份**概略**声称总结了"全部魔法技艺"，其中收录了诸如别西卜等恶魔的封印。

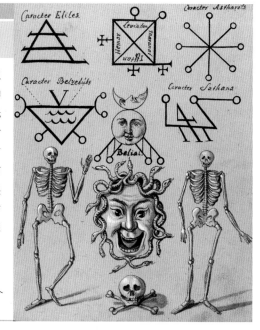

斯兰世界。5 世纪和
6 世纪的两位重要教会思想
家奥古斯丁和阿尔勒的恺撒略都谴
责卡拉科特是恶魔的玩意儿，但这种观点并没能
阻止人们将之铭刻在护身符上，或在魔法文本中传
播这些符号。卡拉科特也会与基督教词语及符号同
时出现在一些物品上，比如来自中世纪拜占庭的护
身符。在中世纪早期的阿拉伯文本中，它们与星座
联系在一起。

　　天使字母表流传存续的时间远远超出了中世
纪，16 世纪德国的著名神秘学家科尼利厄斯·阿
格里帕就曾研究过犹太卡拉科提拉雅。虽然阿格里
帕后来称自己的魔法学著作都是年轻时的荒唐行

为，但各种各样的天使字母都被归到了他的名下，
其中包括所谓的天体字母、玛拉基姆字母（Mala-
chim，来自希伯来词语 mal'akh，指"天使"或
"信使"）以及渡河字母（Transitus Fluvii，拉丁
语意为"渡过河流"）。这三种字母系统似乎都受到
了卡拉科提拉雅的影响。同样在 16 世纪，英国炼
金术士约翰·迪伊及其助手爱德华·凯利也创造了
一套天体字母表，他们称这是由出现在灵视中的天
使向他们揭示的。

▲跨越文化
魔法标志和符号在不同文化
之间被借用、再借用，比如
这枚 10 世纪或 11 世纪的
拜占庭护身符，上面同时刻
有卡拉科特、星形的所罗门
封印以及古希腊文字。

欧洲民间魔法
平民魔法传统

从 5 世纪开始，基督教传遍了整个欧洲，异教信仰被驱赶到了阴影之中。早期教会将魔法与异教及恶魔联系在一起，但在整个中世纪时期，欧洲的平民魔法传统幸存了下来，甚至发展兴盛。此类传统由各种各样的实践组成，通常与基督教有着复杂的关系。包括医生甚至教士在内的各色人等都会开展此类实践。不同于学者们研究的精英魔法，平民魔法实践可为普通民众服务，帮助他们解决人际关系、疾病、庄稼歉收等日常问题。

话语的魔力

在整个中世纪时期，人们借助魔法词汇、魔咒和咒语来处理各种事务，从确保旅程安全到给某人带来疾病或死亡。大多数情况下，人们认为大声说出的话语要比写下来的文字更有力量。他们可能会佩戴刻有魔法话语的护身符，但此类小物件的主要作用是提醒他们必要时该说些什么。咒语往往有韵律，像诗歌一样朗朗上口，容易念诵。许多盎格鲁-撒克逊魔咒被记载在医学书籍中，因为人们认为这是治疗疾病的合理方法。但他们也会利用魔咒来预防失窃或庄稼歉收，就像对付流鼻血一样。一句著名的盎格鲁-撒克逊魔咒是 Wið færstice，这句咒语被用来治疗剧烈的疼痛。该魔咒暗示剧痛来自一个女人的长矛，或是肉眼无法看见的精灵之箭。

神秘的卢恩符文

▲符文的保护
出土于约克郡的布拉默姆沼泽指环可以追溯到 9 世纪。无人能破译铭刻在指环上的卢恩符文，但人们相信这句铭文与魔法有关。

▶燕中取石
右图来自罗伯特·伯顿所著的《忧郁的解剖》，画面中的人正从燕子体内取出一块石头。据说这种"燕子石"有魔法属性，用麻布包裹这种石头并挂在颈间，可以退烧或辟邪。

诸物之力

在平民魔法中，石头及动植物等看似平凡的物体都被认为拥有法力。比如，发现于宝石志（一种列出矿物的魔法及医学属性的书籍）和动物寓言集中的学术与宗教传统也进入了口头文化。

某些植物也被认为具有天然力量。人们使用此类植物制作魔法药剂或护身符，他们还相信，在特定时刻口念咒语采集植物，或把植物摆放在特定位置就能获得魔法效果。比如，据说在日出前采集艾蒿放在鞋中可以防止疲劳。还有些更奇怪的魔法物品。比如，一种治疗牙痛的方法是取下死人头骨上的牙齿戴在脖子上，而充盈着天体力量的戒指可以保护佩戴者免受恶魔或某些疾病的伤害。

预测未来

人们向精通占卜技艺之人请教，以便了解未来会发生什么。占卜既可以通过在自然界中寻找特定的符示和模式，比如观察动物行为或鸟类飞行所呈现的模式（观象占卜）来进行；也可以通过人为投掷石头、骨头来进行。这些是专家（通常是早期的"民间智者"；参见第124页）才能掌握的高级技艺，需要多年的研究学习。普通人往往使用更基础的方法，比如用古老的谚语"早晨天发红，羊倌要当心"来判断天气。

▲ 米德尔厄姆珠宝

受过教育的富有之人也会使用石头和魔咒，比如这件15世纪的黄金护身符的主人。这件护身符将《圣经》场景、弥撒话语与魔法元素相混合，比如 ananizapta 一词被认为是用来治疗癫痫的咒语，而据说蓝宝石可以治疗溃疡、头痛等疾病。

> "这件久负盛名的强力护身符，像手镯一样戴在你的左臂上。"

雷恩的马尔博，《论宝石》，11世纪

▲森林之主

这枚 8 世纪的斯拉夫胸针的造型是魔法与音乐之神韦莱斯（Veles），他长有角和人类的面孔。研究者认为韦莱斯是斯拉夫异教祭司沃尔赫夫的名称来源之一。

算命的方法不计其数，比如手相术、梦占术或数秘学。占星学也很兴盛。大多数占星活动由受过教育的富人从事，因为这需要专业知识，需要对恒星和行星进行仔细观察。大众使用的占星术则依赖更易理解的天象，往往是月相。人们会利用月相来判断进行特定活动的吉日。

斯拉夫魔法

斯拉夫世界对魔法的信仰根植于异教，并一直延续到中世纪晚期。许多斯拉夫人抵制基督教化，直到北方十字军运动（12 世纪针对波罗的海异教地区的战争）把天主教强加给他们。斯拉夫人崇拜唯一至高无上之神，但他们也信仰一系列次要神祇。他们的世界同样充满了魔法灵体，比如栖息于水中的玛芙卡、鲁萨尔卡，森林中的利索韦克、莱西，以及田野中的泊利欧克克。家宅守护神多莫沃依和祖先尤其受重视，因为斯拉夫人相信他们能帮助预测未来、提供保护。

斯拉夫女巫

女巫、萨满及智慧妇人在斯拉夫魔法中扮演着特别突出的角色，他们提供占卜、辟邪及治疗魔咒等服务。斯拉夫人的祭司群体中既有男性也有女性，他们被称为沃尔赫夫（volkhvy）。该词来自乌克兰语中的 volk（狼），它同时也是俄罗斯神话中掌管魔法、音乐、水及冥界的神明的名字。

在俄罗斯，沃尔赫夫被认为是男巫和女巫的后裔，他们可以变形为狼或熊。而巴尔干半岛的女巫，特别是塞尔维亚、马其顿和保加利亚的女巫，则被认为是龙的后代。据说在现代乌克兰依然生活着沃尔赫夫的后裔，他们体内流淌着女巫的血液。

女巫也出现在关于斯拉夫魔法的传说中，其中最突出的形象是芭芭雅嘎，她被描绘成一个凶残野蛮的老妇人，拥有可怕的魔力，时而邪恶，时而善良。芭芭雅嘎至今仍出现在许多俄罗斯童话里，故事中的芭芭雅嘎坐在石臼里飞行，手中挥舞着杵。她住在森林深处一间长有鸡爪的小屋中，有时故事里的她本人甚至也长有鸡爪。

▶亦正亦邪的女巫

俄罗斯民间传说中的芭芭雅嘎并不骑扫帚，而是坐在一个石臼里，用杵当桨。右图中她正在追逐一个女孩。芭芭雅嘎是个可善可恶的角色，她既是仙女教母，又是邪恶女巫。

"奥列格向能创造奇迹的魔法师们询问
他的最终死因。"

关于沃尔赫夫的论述，基辅罗斯《往年纪事》，约1113年

▲动物魔法

许多动物都有魔法意味，比
如雄鹿在咒语中通常代表速
度、力量或阳刚之气。一份
14世纪的手稿建议使用雄
鹿的睾丸作为春药。

交感、圣徒、草药与体液
魔法与医学

中世纪医学是一个异彩纷呈的领域，医生开发出更复杂的外科手术程序，使用更多样的草药疗法，魔法与科学展开了竞争。随着医学认识不断发展，治疗方法变得更加专业，以前被贬为江湖郎中的人群也更加受人尊敬。基督教作家，比如生活在4—5世纪的圣奥古斯丁，长期以来一直认为疾病是对罪孽的神圣惩罚，而治疗同样是来自上帝的恩典。奥古斯丁谴责医学占卜及其他此类做法，比如在病人身上悬挂治疗护身符以应对恶魔附体。

专业医生

9世纪，阿拉伯医学文献的译本开始在西欧流传。这些文献中也收录了古希腊和罗马医生的著作，其中包括希腊医学先驱希波克拉底的作品，他

在公元前 400 年左右提出了四种体液的理论。根据这一理论，人体内血液、黏液、黄胆汁和黑胆汁的不平衡会导致疾病，恢复其平衡则能治愈疾病。

希波克拉底的理论为中世纪的正式医学训练奠定了基础。大约 1075 年，世界上第一所医学院在意大利南部的萨勒诺建立。培养一支训练有素的医疗队伍的过程开始了。这些新医生开始维护自己的权威和地位，并试图排挤传统医生。早在 1140 年，西西里国王鲁杰罗二世就要求治疗师和医生必须有官方执照。但只有富人才负担得起找执业医生看病的费用。尽管医学教育有了进步，民众对大众医学及其魔法特性的信仰却根深蒂固，难以消除。

◀ 指引健康之路

一名药剂师在采集草药。这幅插图来自《健康大全》，这是一本 11 世纪的草药志和健康生活手册。草药在大众医学中发挥了关键作用，由于药效明显，草药也得到了神职人员的普遍认可。

圣洁疗法

除了科学和魔法，人们有时也会以宗教方法来预防或治疗疾病。在 8—9 世纪，据说法兰克国王查理大帝本人拥有一件可以防止疾病和危险的圣物。该圣物由两个水晶半球组成，其中藏有真十字架的碎片及圣母玛利亚的头发。基督教信仰也出现在对特定疗法原理的解释中。比如在 12 世纪中期，女修道院院长希尔德加德·冯·宾根曾写道，撒旦讨厌宝石——当时人们广泛认为宝石有治疗作

用——因为它们令撒旦想起上帝之城。在这样的环境下，来自社会各阶层的信徒习惯向圣人祈祷寻求治疗，比如圣阿波罗尼亚是牙痛患者的主保圣人，因为传说罗马人曾施酷刑打碎她的下巴。官方许可的基督教实践与医疗魔法之间的界限十分微妙。

民间医学

穷人无力求助于经过专业训练的医生，他们只有依赖民间治疗师，后者提供草药以治疗从分娩疼痛到烫伤、牙痛等各种疾病。

民间医疗实践包括使用交感巫术，即治疗师在自然界找到与疾病有类似性质的东西，并试图以之驱除疾病。比如，一种治疗黄疸的药剂由捣碎的蚯蚓和陈置的尿液配成，因为据说原料中的黄色能够

▼ 治疗眼痛

下图来自 11 世纪英国某部草药志，这一页展示了草木樨和洋甘菊的条目。相应的文本建议将它们制成糊状，涂在眼睑上，可用于治疗双眼疼痛。

> **"那些对病人、孩子和动物吟唱咒语的人呢？他们一定没有不可饶恕的罪吗？"**
>
> 雷恩的威廉，《圣雷孟〈个案大全〉注解》，约1241年

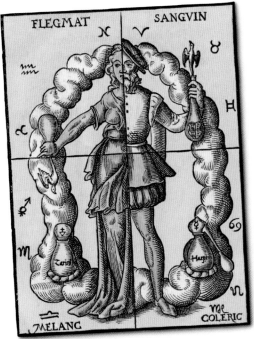

▲四种体液

许多专业医学都尝试恢复四种体液之间的平衡，上图从左上方起顺时针方向分别为：黏液、血液、黄胆汁和黑胆汁。这种医疗实践与乡村治疗术及咒符大相径庭。

> **"5 月的第一天，9 月的最后一天以及 4 月的最后一天，均不可采血，亦不可吃鹅。"**
>
> 《萨勒尼坦健康法则》，约12—13世纪

对抗疾病给患者皮肤带来的黄色。

民间治疗师群体完全不同于专业医疗人员，他们相信 5 片荨麻叶能提供勇气，而槲寄生可防止一个人在法庭上被定罪。11世纪的英国医学典籍《伯德医书》中描述了一种治疗痢疾的方法：唱主祷文 9 遍，同时挖出一段荆棘根，加入艾蒿，把这些植物放在牛奶中煮沸，直到混合物变红。另一部类似的医学文本汇编《疗法》则将许多痛苦归咎于精灵的恶作剧。

人们继续广泛使用护身符和咒符。13 世纪的神学家圣托马斯·阿奎那在《神学大全》中谴责了这种行为，他指出圣符的铭文上或护身符内含的卷轴上可能写着恶魔的名字，但其他做法较能被接受。甚至一些大学医生也认为此类方法可能是有效的。在约 1300 年，维拉诺瓦的阿尔诺德自称用占星圣符治愈了教宗博义八世的肾结石。

医学占星学

中世纪医学常常涉及占星学，医生甚至神职人员都承认天体会对地球施加影响。实际上，直到 13 世纪末，受过大学训练的医生都需要学习医学占星学。1348 年，法国国王腓力六世召集巴黎的医生对黑死病做出解释，他们的报告给出的结论是，3 年前水瓶座的 3 颗行星相合导致了黑死病。医生们经常参考天宫图来确定手术或疗程的吉日。1437 年，巴黎大学爆发了一场激烈的争论，焦点是一月份服用泻药的最佳时间。

▶驱赶邪病

右图描绘了亚西西的圣方济各治疗一位女性病患的场景，方法是驱逐致病的恶魔。除了专业医学，驱魔、祈祷和求助圣人等行为都被认为具有治愈疾病的力量。

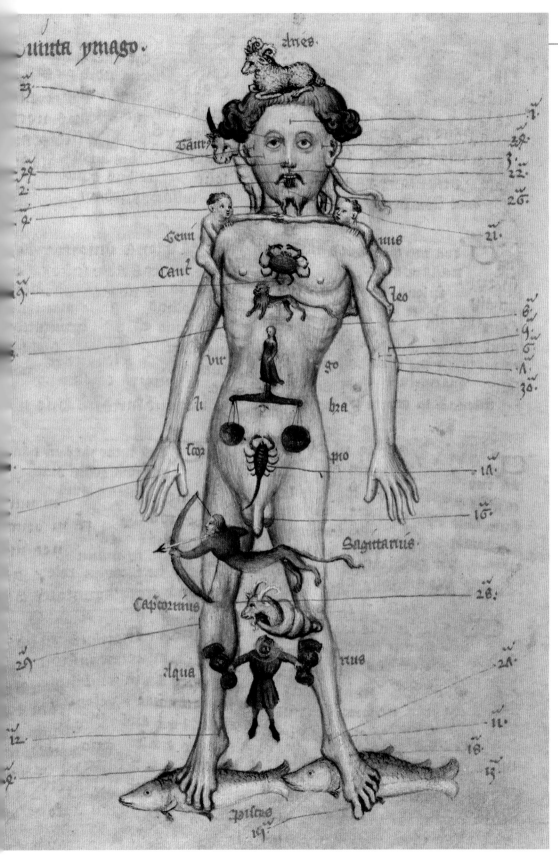

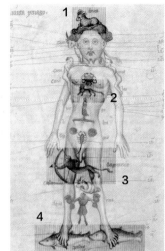

图例

1 白羊座掌管头部和眼睛。

2 狮子座控制心脏、脊柱和上背部。

3 射手座支配臀部、下背部、骨盆、大腿以及肝脏与坐骨神经。

4 鱼代表双鱼座，双鱼座掌管双脚。

◀**星座与身体**
中世纪医学著作中往往有十二宫图，比如左图就出自约翰·德·福克斯顿于1408年所编的《宇宙之书》。图中展示了受到十二宫各星座影响的身体部分，比如头部受白羊座影响，画面中以一头公羊代表白羊座。

上图为 14 世纪意大利某部手稿中的插图，**曼德拉草**的根部被绳索绑在狗脖子上，而一旁的男人正往远处退去，以避免自己听见曼德拉草的尖叫

曼德拉草的传说

　　没有哪种植物像曼德拉草一样以恶魔般的魔法力量闻名。其长长的根部含有莨菪烷生物碱，能导致头晕、心率加快和幻觉。据说女巫会把它加入魔药中，以便让自己进入恍惚状态或帮助自己飞行。古罗马学者老普林尼的做法则略显平淡，他让病人在手术前咀嚼曼德拉草以缓解疼痛。在中世纪，曼德拉草是一种受到高度重视的草药。

　　然而这种植物的魔法地位很大程度上要归功于其奇怪的人形根部。古希腊人认为植物可以影响与它们形状相似的身体部位，这种观念一直流传到了中世纪。曼德拉草根的形状与男性、女性的身体都有联系，所以它被视为春药和治疗不孕症的药物，受到追捧。除了用于追求"性福"，人们还会佩戴用曼德拉草根制成的护身符，以求获得各种好运气。

　　最著名的曼德拉草传说是，其根部被拔出时，会发出可怕的尖叫，任何听到叫声的人都会被杀死。需要采集曼德拉草的人可以把它用绳子与狗绑在一起，由狗来拉出根部并替人承受致命诅咒。左图中的狗还受到了一碗食物的引诱。在后来的传说中提到，曼德拉草生长在罪犯被绞死或埋葬的地方，受此人的精液和尿液滋养。这些故事为曼德拉草赢得了"绞架小人"的别名。

> "如果咒骂能像曼德拉草发出的
> 呻吟一样把人杀死……"

**威廉·莎士比亚，《亨利六世》，
1589年—1592年**

神力与邪魔
魔法与中世纪基督教

▲魔鬼代言人

琐罗亚斯德是古代波斯的宗教领袖，罗马作家老普林尼把他描述为魔法的发明者。基督教会对此赞誉十分不屑。在这幅1425年的细密画中，画家把琐罗亚斯德与两个恶魔编排在一起。

在中世纪时期，教士们努力确立基督教的影响力，并努力展示神力要比邪魔的力量更强大、更优越。有时神职人员认识到民众对超自然力量的渴望，便向他们提供圣徒、神迹和祈祷，以代替萨满、魔法和咒语。尤其是圣徒，他们的地位与魔法师相当，是人类的守护者。

邪恶实践

魔法多被视为对基督教的威胁。神职人员认为魔法是邪恶的，并试图将之消灭。实践魔法的人开始被妖魔化，被说成是施行巫术或邪术的人。受到指控的往往是穷人和弱势群体，他们被指责歪曲基督教仪式而替魔鬼工作。

查理大帝在789年的《大劝谕书》中要求魔法师等行巫术者要么选择悔罪，要么选择死亡。但显然这并不是很有效：829年的巴黎宗教会议描述了精通心灵操纵的术士及邪术师的存在，据说后者能够召唤风暴和冰雹，还能预测未来。具有讽刺意味的是，如今关于中世纪早期魔法的大部分史料都出自那些试图阐明魔法威胁的教会学者笔下，比如6世纪塞维亚的圣依西多禄所著的《词源》。

圣物之力

随着时间的推移，人们开始相信基督教象征物具有辟邪的力量。民众开始佩戴十字架等基督教符号来辟邪，尤其是用来抵御疾病和贫困，就如同他们之前依赖带有异教符号的护身符一样。

圣物崇拜提供的不仅是保护。在11世纪和12世纪，朝圣者们会不远万里地前去参拜一件圣物，无论那是圣徒的指骨、真十字架的残片，还是圣母玛利亚所穿衣物的布料。信徒们相信这些圣物具有神奇的力量，交易假圣物的黑市也随之出现。教会的某些倡导者谴责圣物崇拜；而另一些人，比如托

希波的圣奥古斯丁（353年—430年）

谴责魔法

希波古城位于现今的阿尔及利亚，曾生活在此处的奥古斯丁是早期基督教教会最有影响力的思想家之一。他在《上帝之城》等书中表达了自己的观点，虽然并未赢得每个人的同意，但这些思想主导了基督教观念一千多年。奥古斯丁决心使基督教与异教划清界限，所以他对魔法采取了强硬态度，认为魔法是撒旦所授，施魔法的是众恶魔。他宣称使用魔法就是与撒旦订立契约——这一论断后来被用来谴责女巫。

马斯·阿奎那，则持完全相反的观点，他认为尊重圣物就是尊重上帝。

天使魔法

　　对守护天使的信仰引发了一场类似的关于善行与邪术的辩论。天使魔法包括祈祷、禁食、对圣像的冥想等仪式，目的是净化灵魂，从而建立与天使沟通的渠道。一些神学家争辩说，向天使祈求帮助与召唤异教灵体没有什么不同。另一些人则尊称天使魔法为"通神术"。12世纪的流行文本《诺托里阿之术》提供了天使魔法的指南，据说其古本为所罗门王所写。它向读者介绍了如何依靠天使的帮助来获得人文、哲学和神学的非凡知识。

▲圣徒的传说

上图展现了圣葛斯默和圣达弥盎的殉道，他们都曾治愈病患。这两人也出现在一些关于圣徒的书籍中，此类书册开始取代异教的民间传说。

▶魔法圣匣

圣物匣是盛放圣物的容器，而圣物既可以是圣徒遗骸残片，也可以是与圣徒相关的物品。右图中这件装饰华丽的圣物匣来自法国，匣子上描绘了处于中心位置的基督，抹大拉的马利亚在其左侧。

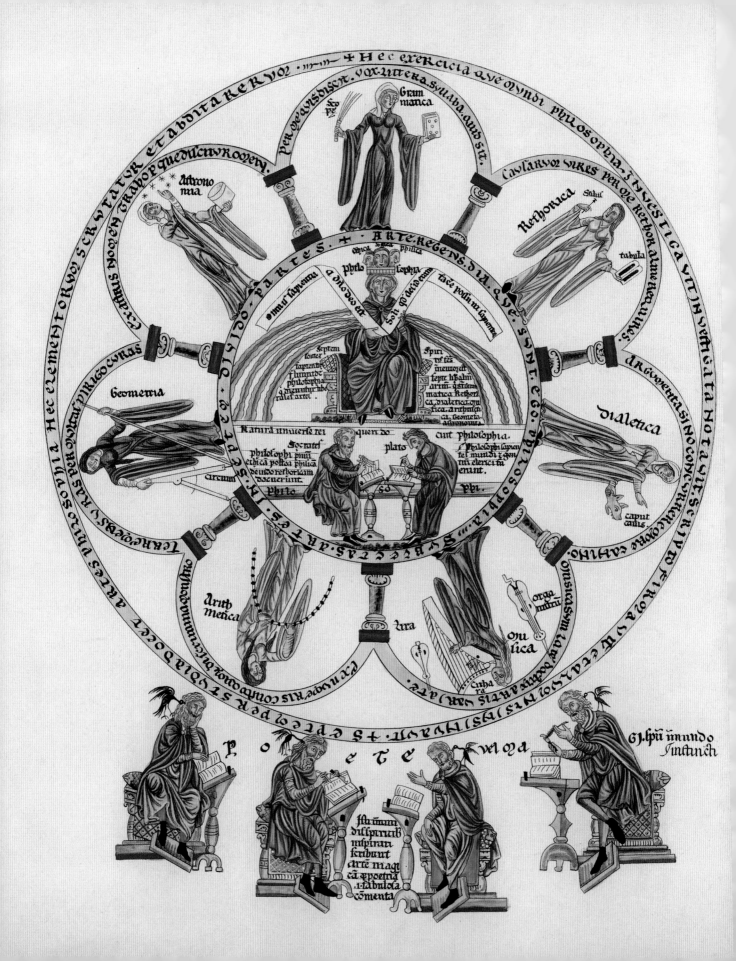

科隆的大阿尔伯特（约 1193 年—1280 年）

为占星学辩护

大阿尔伯特是一位杰出的学者，他提倡所有人都有自由意志的观点。他也是天文学和音乐方面的专家，并被认为是一位炼金术士和魔法师。在炼金术方面，他以撰写《矿物之书》闻名，该书是最早的矿物学著作之一。据说他还曾发现哲人石，即可以把贱金属变成黄金的神奇石头（参见第 148 页—151 页）。大阿尔伯特认为，占星和研究植物、矿物的魔法力量都是自然科学的不同形式，此类研究完全不同于以招魂术为特征的邪恶法术。在 20 世纪，大阿尔伯特被尊为自然科学的主保圣人。

阿拉伯文本

在中世纪早期，魔法尚未成为系统研究的对象。12 世纪出现了阿拉伯魔法文本的拉丁语译本，这些书籍对基督教世界产生了巨大影响。除数学等传统学科的著作之外，学者们也经常翻译关于占星学、炼金术、占卜和魔法等神秘学科的书籍。就这样，魔法和天文学、几何学一样，成了学术领域的正式组成部分。

这些阿拉伯魔法文本提供了一种对宇宙运作的洞察，令翻译者感到十分兴奋，一些人还发展了自己的理论。西班牙哲学家、语言学家多米尼库斯·冈迪萨里努斯认为魔法是一门自然科学——一个合法的科学研究领域，这种研究能够洞察奥秘，比如磁铁显然具备的魔法力量。

将魔法视为与自然哲学相并列的自然科学，这种观念得到了一些知识分子的支持。在他们看来，可以观察到的魔法效果是真实且自然的，即便只有少数人能理解并控制它。

一些学者专门研究自然界中魔法的特定领域。宝石志的编写者，比如大阿尔伯特，认为石头的魔力是上帝赐予的自然品质。15 世纪的《彼得伯勒宝石志》是迄今为止最长、最全面的宝石志，其中列出了 145 种石头的神秘学属性。这些思想启发了普通民众，他们将石头用于圣符、戒指、刀具等物品，通过铭文或咒语仪式赋予其魔法力量，以达到招财或免受疾病侵害的目的。

为撒旦工作

在中世纪末期，哲学及神学争论变得越发激烈。神职人员开始妖魔化占星师和炼金术士，并把魔法描述成与撒旦订立的契约。教会因异端运动而日益分裂。1230 年，为保护教会不受歧见影响，宗教裁判所成立了。实践魔法的人，尤其是学者，有可能被指控施巫术。为求自保，他们变得行事隐秘——但正是这种鬼祟的行为招来了怀疑。

◄赞叹奇迹

左页的插图来自一部由 12 世纪阿尔萨斯兰茨贝格的赫拉德修女撰编的百科全书。哲学和人文学科被圈在一个个圆环之内，但魔法师和诗人都被排除在圆环之外，他们受到邪恶力量（肩头黑鸟）的影响。随着一个又一个世纪的更替，学者们不断试图提高魔法的地位。

▼天然魔力

下图展示的是 13 世纪的英文手稿《配饰之书》，作者为本笃会修士马修·帕里斯，书中配有宝石、戒指以及镶嵌宝石的浮雕饰物的插图。人们佩戴这些宝石是为了获取它们的防护魔力。

水晶和宝石

在很久很久以前，人类就被宝石和水晶的美所吸引，并认为它们具有魔法和治疗之力。将水晶用于魔法的第一次书面记载可追溯到公元前3000年之前的古代苏美尔人。古埃及人在仪式上使用青金石、绿松石、红玉髓、祖母绿和透明石英，目的是追求健康和防护力——如今新纪元运动的水晶治疗师也是这样。

石榴石代表重生

▲**红宝石**与能量、行动、希望以及不断增长的动力和激情联系在一起。据说红宝石还能在生理和情绪上强健心脏。

▲**蓝宝石**与第三只眼有关。第三只眼在一些非西方传统及新纪元运动中象征着开悟。早期的教宗们在图章戒指上镶嵌蓝宝石，以表示他们守卫着神圣的秘密。

大象在中国是吉祥的象征

▲**玉**被认为具有安神的功效和防护力，早在公元前1万年就被用于治疗。"玉"一词可以指两种矿物——软玉和翡翠（硬玉）。上图中的中国玉象是由软玉制成的。

中心部位的杂质造成了这种粉红色

▲**玛瑙**被广泛用于治疗和魔法，并与健康、智慧和长寿联系在一起。玛瑙由二氧化硅和石英的微晶体构成，易于雕刻成各种形状。

▲古希腊人把**祖母绿**与爱神阿佛洛狄忒（古罗马的维纳斯）联系在一起。如今人们仍然相信这种宝石能带来爱情。

▲**黄水晶**是石英的一种。人们把这种黄色的宝石与太阳的力量联系在一起，并认为黄水晶能带来正面的能量、新开端和意志力。

▲**电气石（碧玺）**据说能激发人的同情心，带来和平。当被加热或摩擦时，电气石会带上电荷，这是炼金术士高度重视的特性。

▲**黑曜石**是由熔岩形成的一种玻璃状石头，据说它能揭示真理，阻挡负面影响。上图是古墨西哥的奥尔梅克人用黑曜石制作的面具。

人头部分为红玉髓材质，据说这种宝石能带来勇气

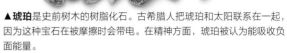

—— 琥珀串据说可以抚慰刚出牙的孩子；这只手镯是用未打磨的琥珀原料串成的

▲**琥珀**是史前树木的树脂化石。古希腊人把琥珀和太阳联系在一起，因为这种宝石在被摩擦时会带电。在精神方面，琥珀被认为能吸收负面能量。

▲**红玉髓**与胆量、领导力和权力联系在一起。在古埃及，红玉髓是建筑大师的身份象征。上图是一块用于镶嵌戒指的红玉髓，刻有人和动物的头像。古罗马人佩戴此类饰品以抵御邪眼。

▲据说**铁石英**代表安全、力量和稳定。古埃及的精神治疗师、大祭司和国王经常佩戴铁石英以求保护。这件护身符由一块心形的铁石英制成，最初可能是系在木乃伊上的。

绿松石因其多种益处而受到美洲原住民的重视

▲**紫水晶**对应的古希腊语是"清醒"的意思，长久以来就有紫水晶能预防醉酒、保持思维严谨的说法。它也被认为是一种天然的镇静剂，可以缓解压力和悲伤。

▶美洲原住民认为**绿松石**是来自天堂的蓝绿色石头，能帮助佩戴者与宇宙融为一体。这枚胸针是纳瓦霍人的手工艺品。

魔力之辞
魔法手册

许多魔法手册编撰于中世纪，这些书册后来被称为魔典（grimoire），该词来源于法语中的grammaire一词，最初指代所有用拉丁语写成的书稿。如今魔典有时也被称为"影之书"，这种表达最早用于威卡教的魔典。中世纪基督教会认为这些手册要么是关于自然魔法的，要么就是关于恶魔魔法的。教会高层将自然魔法定义为对上帝创造的自然奇迹的合法使用，比如利用草药的神秘力量进行治疗，但他们认为招魂术等恶魔魔法来自撒旦。尽管如此，欧洲现存的这两类魔法文本主要都是神职人员编写的。

更好了，因为这表明此书有宗教合法性。有几部魔法书夸张地声称是依据所罗门王的著述编写的。15世纪德国的修道院院长特里特米乌斯拥有一本据说是术士西门（或称行邪术的西门）所写的书。西门是《新约》中的人物，曾施展奇迹，尽管教会高层谴责他为异端，并称其魔法来自恶魔。

▲ 所罗门的魔法
上图是《所罗门魔法书》中的某一页。该书宣称包含了所罗门王留给儿子罗波安的魔法指示。使用该书名的文本最早版本可以追溯到14世纪。该书的副标题为"水占的技艺"。

古老渊源

中世纪欧洲的魔法手册大多是拉丁语文本，拉丁语是当时欧洲学者的国际语言。其中一些译本的原版是伊斯兰学者用阿拉伯语或犹太学者用希伯来语编写的。为了给文本增添可靠性，作者常常称其内容来自更古老的资料或是由某位古人撰写，该先贤曾接触到在基督教和伊斯兰教传播期间失落的魔法秘密。如果这位古人是《圣经》中的人物就

▶ 咒语的智慧
右图中的红色图表来自一份《诺托里阿之术》的副本，其中展示了一些咒语（黑色小字）的序列，这些咒语由祈祷词和奇异的名字构成。据说如果正确念诵，咒语就会释放出知识的力量。

> **"任何人都可以通过此书得救，**
> **并被引向永生……"**

———————————————

《霍诺里乌斯誓言书》，13世纪

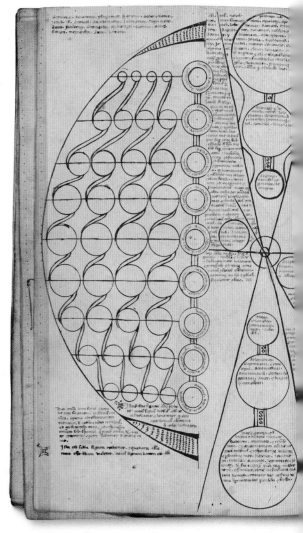

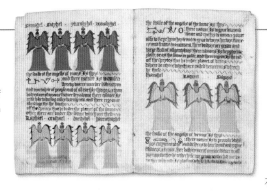

▶**天使的援助**
右图来自 13 世纪的《霍诺
里乌斯誓言书》，其中给出
了天使召唤仪式的细节。

《诺托里阿之术》

最著名的魔法手册是《贤者之书》(参见第 82
页—83 页)，这是一部关于星象魔法的书册，最初
用阿拉伯语写成。此外也有其他深具影响力的书
籍。其中一部是《诺托里阿之术》，这是许多相关
文本的集合，据说为读者提供了一条通往学术和智
慧的捷径：基督教天使魔法。《诺托里阿之术》收
录了一些平淡无奇的记忆术，但也收录了召唤天使

赐予智慧的祈祷词，比如祈
求掌握几门语言的祈祷词。
《诺托里阿之术》中最早的
文本可以追溯到 12 世纪，
这部书一直备受赞誉，甚至
在中世纪之后仍很有名。

誓言书

《霍诺里乌斯誓言书》成书略晚于《诺托里阿
之术》中最早的文本，可能受到了后者的影响。《霍
诺里乌斯誓言书》是一系列"所罗门手稿"中的
一部分——这些作者声称书中内容与所罗门王有联
系——其中也包含了召唤天使力量的祈祷。书的前
几页中说，该书是某次魔法师会议挑选一位作者来
记录天使魔法知识的成果。《霍诺里乌斯誓言书》由
93 章组成，涵盖了一系列主题，从如何抓贼、寻宝，
到如何召唤"大地上的恶灵"。没有人知道该书的真
正来源，也没有人知道署名作者"底比斯的霍诺里
乌斯"是谁。文艺复兴时期的术士及后来的威卡教
徒使用的底比斯字母 (参见第 145 页) 就来源于这
个名字——这正是把想法归结于著名人物以增加其
可靠性的生动例子。

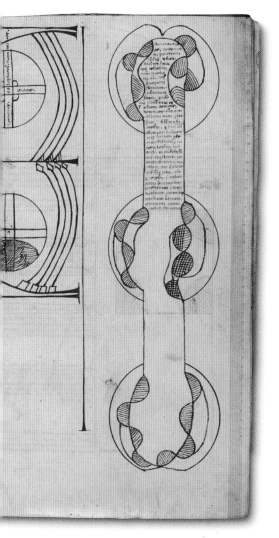

背景故事

魔典的演变

15 世纪印刷机发明后，魔典是得以付印的
首批书籍之一，其中包括德国神秘哲学家海
因里希·科尼利厄斯·阿格里帕的名著《秘
教哲学三书》。从那时起魔典就一直十分流
行，尽管它们在 18 世纪被科学和理性主义
的发展排挤出了主流。在 20 世纪，新的魔
典继续出现，尽管许多作者宣称自己的书有
更古老的渊源。比如，1927 年的《图里埃
尔秘典》据说来自 16 世纪文本的抄本。

这幅插图来自一部 1775 年的**魔鬼学秘典**，但书中
宣称其内容基于 1057 年的底本。

巫师、国王与恶龙

从 12 世纪晚期开始，法国作家开始为精英阶层创作所谓的"骑士传奇"故事。故事中往往充满魔法，主人公是一群不断探索的英雄主义骑士，他们以忠诚、荣誉和对宫廷贵妇的爱情为生活准则。许多此类著名传奇都是关于亚瑟王的。

根据威尔士传说中的蛛丝马迹，亚瑟王可能是 6 世纪的不列颠国王，他曾战胜入侵的撒克逊人。但目前流传的亚瑟王传奇出现于威尔士的主教蒙茅斯的杰弗里所著的《不列颠诸王史》（1136 年）中。在该书的启发下，更多的亚瑟王故事被创作出来，比如法国诗人克雷蒂安·德·特鲁瓦在其作品中首次引入了骑士兰斯洛特和王后桂妮薇尔之间注定无望的爱情。

亚瑟王传奇中充满了魔法元素，比如被施了魔法的宝剑，消失的城堡，寻找圣杯（据说圣杯有神奇力量，包括赋予永恒的青春），以及著名的巫师梅林。蒙茅斯的杰弗里在《梅林预言集》（1135 年）中首次引入了梅林这一角色，其原型是传奇的威尔士先知、吟游诗人默丁。在杰弗里对梅林传说的演绎中，不列颠国王沃蒂根曾在幻象中看到一条红龙和一条白龙搏斗（如右图所示），这代表着凯尔特布立吞人和撒克逊人之间的战斗——最后白龙（撒克逊人）获胜。杰弗里还给梅林安排了一位魔法对手：女巫摩根勒菲。

> **"红龙有祸了，它的死亡即将到来。**
> **白龙要夺取它的洞穴……"**

梅林，杰弗里《梅林预言集》，1135年

▲ 国王沃蒂根与梅林观看两龙相斗，这幅插图来自《圣奥尔本编年史》，约 15 世纪。

召唤恶魔与亡者

中世纪招魂术

▲**恶魔与灵魂**
上图来自法国13世纪的一部手抄本，画面描绘了一个出自《塔纳赫》(《希伯来圣经》)之《马加比书》的场景——魔鬼取走人的灵魂投入一口坩埚。

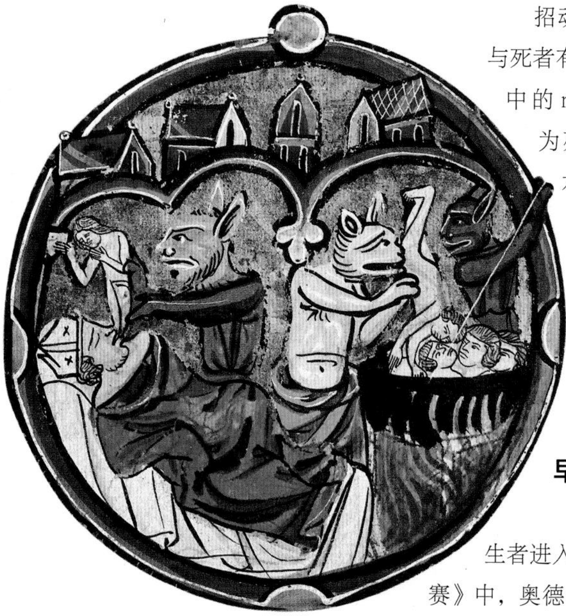

招魂术（necromancy）是一种与死者有关的魔法。该词源自希腊语中的nekros和manteia，前者意为死尸，后者意为占卜。招魂术最初指从亡者身上获取信息的法术。到了中世纪，招魂术可以指代一系列法术：召唤鬼魂占卜未来，获得隐秘的知识，让亡者复活，或将其作为武器。

早期观念

对古希腊人来说，招魂术是生者进入冥界所需的仪式。在《奥德赛》中，奥德修斯依照女巫喀耳刻描述的仪式访问冥界，并知晓了自己返回的旅途中会发生什么。希腊人不相信亡者比生者懂得更多，但在另一些文化中，人们认为亡者无所不知。在《圣经》中，隐多珥的女巫为扫罗王召唤出了先知撒母耳的鬼魂，撒母耳预言了扫罗的死，这一预言在当日晚些时候便实现了。数个世纪后，大约在600年，塞维亚的圣依西多禄认为死灵法师召唤的鬼魂并不是死者本人，而是恶魔。中世纪招魂术也被称为黑魔法（nigromancy），并被定义为召唤鬼魂和恶魔的非法行为。死灵法师则坚称自己并未与撒旦订立契约，而是使用上帝之力来控制鬼魂和恶魔。

正在施法的死灵法师▶
这个泥金装饰的字母M来自老普林尼《自然史》的1481年版手抄本。一位死灵法师在地上画了一个魔法阵，并在其中摆放了一瓶油、一只铃和一本仪式魔法手册。

日益增长的仪式兴趣

从12世纪起，《贤者之书》等（参见第82页—83页）阿拉伯文本被译介为拉丁文，引发了欧洲学者对复杂的仪式魔法的兴趣。《慕尼黑恶魔魔法手册》描述了如何在地面上画魔法阵并向其中填入符号——魔法阵为死灵法师提供了保护空间。然而使用恶魔法力是要付出代价的，有时为了与鬼魂交流，必须牺牲一只动物。

教宗西尔维斯特二世（约945年—1003年）

巫师教宗

12世纪20年代，英国历史学家马姆斯伯里的威廉宣称法国教宗西尔维斯特二世（右图中他正与撒旦交谈）是黑魔法师。一个世纪后，道明会修士"波兰人"马丁在《教宗传》中将西尔维斯特二世描述为一个死灵法师，并称他把自己的灵魂卖给了撒旦。其实西尔维斯特二世（出任教宗前名为欧里亚克的葛培特）是当时欧洲最伟大的学者之一，他将阿拉伯数字和星盘引入了欧洲。这位教宗也是音乐方面的专家，他制作了好几台管风琴。

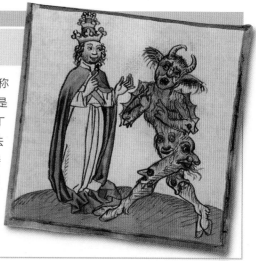

"在死灵法师的咒语下，复苏的亡者似乎能预言
未来并回答问题。"

塞维亚的圣依西多禄，《词源》，约600年—625年

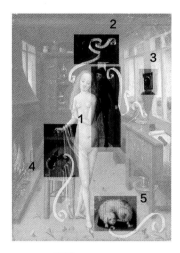

图例

1 一名男子正盯着女人看（而女人无视他）。男子态度顺从，不可能是撒旦本人，更有可能是一名仆从。

2 空白的卷轴已准备好，随时可以把咒语写在上面。

3 镜子常被与女巫联系在一起。

4 女人把药剂滴到一颗心脏上。

5 哈巴狗是有钱人的常见亲随（提供陪伴及辅助）。

▶**爱与诅咒**

在中世纪欧洲人的眼中，女性赤裸的身体是其淫荡的标志，也昭示了她们多么容易受到恶魔的诱惑。右图中女人的裸体可能意味着她在爱情魔法方面技艺娴熟。

恶魔契约
受到审查的巫术

中世纪时期围绕巫术产生了种种神话，按照其中的说法，男女巫师都拒绝基督教信仰，并自愿与撒旦达成契约，成为其附庸。据说一些女性与撒旦发生性关系以换取魔法力量。这些契约是正式的，有时还采取书面的形式，此类文件成为后来许多诉讼中的关键证据。女巫还会行邪术，并能做出非自然的行为，比如飞行。她们也可以变成狼，变形后身上会带有记号，甚至有乱伦、食人的行径。关于女巫各种行为的说法因地而异，取决于当地的传统。

意见分歧

在基督教的早期时代，巫术被视为异教的危险后遗症。约在 400 年，希波的奥古斯丁坚持认为巫术是一种幻觉：它其实并不存在。在 643 年，伦巴第国王罗塔里颁布了一项法令："任何人不得将外国侍女或女奴视为女巫并杀害，因为这是无稽之谈，基督徒不应相信。"然而两个世纪后，人们的意见出现了分歧。一方面，主教们在 829 年的巴黎宗教会议上认定巫术太危险，施巫术者应该被判处死刑。不久之后，苏格兰国王肯尼思·麦克亚尔宾宣布所有男女巫师都应该被烧死在火刑柱上。另一方面，公元 900 年的《主教会规》仍坚称巫术是一种妄想，并声明妇女夜间骑扫帚飞行的场面只是撒旦对人类心智耍的诡计。

针对弱者

随着时光流逝，中世纪的巫术指控越来越多。然而，几乎没有任何一位被指控施巫术的人（无论男女）真正实施过任何形式的魔法，更不用说实施学者和教会成员所定义的魔法了——人类和恶魔密谋推翻基督教世界，一种比邪术本身更可怕的罪行。被指控者往往是穷人和弱势人员，被视为破坏社群的敌人，或者是外来人员，比如流浪者或乞丐。他们毫无例外地受到迫害。

▲ 邪恶之道
一名女巫召唤出一个长有三只兽首的恶魔。这幅约 1550 年的木版画来自塞巴斯丁·缪斯特的《宇宙志》，该书是第一部试图描述整个世界的德语著作。

爱丽丝·吉蒂勒（1263 年—1325 年后）

富有的女巫

1324 年，爱尔兰基尔肯尼的爱丽丝·吉蒂勒成为第一个被指控施巫术、与撒旦性交以获得魔法力量的女性，她也是第一个因这些罪名受审判的女性。（右图中的现代雕塑将她表现为一名女巫，这件雕塑摆放在基尔肯尼的吉蒂勒酒吧。）爱丽丝有过四段婚姻，她每次都掌控了丈夫的生意，并因此变得富有。提出涉巫术指控的是爱丽丝的几个继子女，他们认为继母利用恶魔之力来引诱他们的父亲。爱丽丝被判有罪，但她利用深厚的人脉逃离了爱尔兰，此后隐姓埋名，再未被人发现。然而，她的女仆彼得罗妮拉·德米斯被指控为帮凶，并在 1324 年 11 月 3 日以异端罪名被烧死在火刑柱上。学者们认为爱丽丝一案很有趣，不仅因为涉及巫术，还因为此案显示了当时的女性能够参与商业经营的现象。

烈火试炼▶

圣道明曾努力地使异端分子皈依，在其光辉事迹的激励下，道明会的僧侣成了中世纪最积极热心的女巫猎人。右图中，圣道明的书籍奇迹般地在烈火中幸存下来，而异端书籍则被焚为灰烬。

▲与魔鬼共舞

据说女巫们举行巫魔会，与魔鬼在林中跳舞，正如上图所绘。这幅插图来自17世纪弗朗切斯科·玛利亚·瓜佐所著的《邪术概略》。

念——女性要么是宫廷恋情中的贞洁典范，要么就是利用性来欺骗剥削男性的邪恶诱惑者。对裸体女性的描绘往往与恶魔的力量联系在一起。

1390年，法国巴黎议会通过了一项反对巫术的法案，并迅速认定4名女性有罪，先是玛丽昂·杜德华图里埃尔和玛戈·德拉·巴尔，接着是玛赛特·德·吕利和热艾娜·德·布里格。4人都被控施巫术，并被烧死在火刑柱上。这4名法国妇女，连同爱尔兰女仆彼得罗妮拉·德米斯（不列颠群岛上第一个因施巫术而被烧死的女性，参见第115页），都是在酷刑折磨下屈打成招的。对被控施巫术的男男女女使用酷刑很快成为常态。

反巫术运动第一批受害者的罪名都是使用魔法来操纵男性。她们被定罪意味着日益严重的厌女观

异端与宗教裁判所

中世纪晚期，女性越来越多地被视为女巫，并受到迫害，厌女是解释该现象的一种理论。另一个因素是教会与异端的斗争，所谓异端思想即与教会教义相矛盾的信仰。在12世纪，像瓦勒度派和清洁派这样的异端团体发展了大批追随者，以致在1233年教宗设立了宗教裁判所，并授予其调查、指控、审判和惩罚异端者的广泛权力。在之后的几个世纪里，宗教裁判所令人闻风丧胆——酷刑是逼供的常用手段，被控异端却拒绝认罪的人则被烧死在火刑柱上。

在这一时期，魔法被视为对教会的威胁，因为它似乎与异端思想有许多共同之处。两者都被描述为替撒旦工作，参与者都显露出无知和傲慢（无视教会），并涉及诡计和欺骗。异端分子开始被怀疑施巫术，而女巫也被怀疑持有异端思想。

背景故事

女性、淫欲与巫术

德国宗教裁判官海因里希·克雷默在其1487年轰动一时的畅销书《女巫之锤》中明确地将女性与撒旦魔法联系在一起。克雷默认为，所有的巫术都来自淫欲，女性尤其容易受到巫术的影响，因为她们性欲旺盛、精神薄弱，且有"天生的邪恶倾向"。这本书后来被教会禁止，克雷默也受到了谴责。

这幅19世纪的历史画展示了一名**被控施巫术的女性**被带到宗教裁判官面前。

▲**火刑中的圣殿骑士**，该图来自乔万尼·薄伽丘所著的《著名人物的命运》，约 1480 年。

圣殿骑士团的覆灭

　　1307年，法国国王腓力四世下令逮捕、折磨并烧死一个强大的僧侣武士教团——圣殿骑士团的主要成员。审判中出示了骑士团成员搞偶像崇拜的证据。不久之后，教宗克莱孟五世解散了该教团，从那时起，圣殿骑士之名就一直被撒旦神秘仪式的谣言所包围。

　　圣殿骑士团约于1119年由法国骑士雨果·德·帕英创立，目的是保护前往耶路撒冷的朝圣者。骑士团总部设在耶路撒冷圣殿山，据说原址是所罗门王的圣殿。这支精英战斗部队对成员精挑细选，入会仪式也是高度机密，据说泄露仪式信息会被处以死刑。作为欧洲第一批银行家，圣殿骑士非常富有。朝圣者们把贵重物品托付给骑士团，然后带着存款证明旅行，他们可以用存款证明在旅途中提取资金。

　　然而圣殿骑士团的财富和秘密激起了怨恨与怀疑。骑士团成员被指控为异端分子，流言在他们周围滋长：据说他们朝十字架吐口水，并向羊头恶魔巴弗灭和黑猫形态的撒旦献祭。后来又有人猜测，骑士团成员在所罗门圣殿发现了古老的神秘知识，其中令人瞠目结舌的内容足以摧毁整个教会的根基，甚至传说他们拥有圣杯和都灵裹尸布。

> **"上帝不悦。我们的王国中有信仰之敌。"**

腓力四世，圣殿骑士逮捕令，1307年10月13日

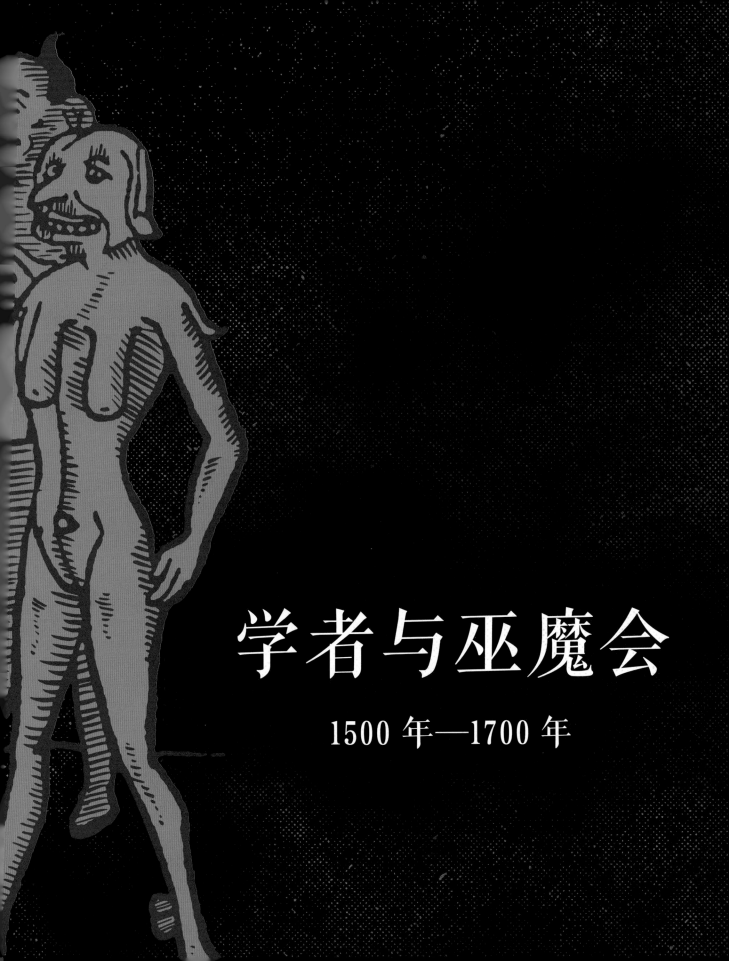

学者与巫魔会

1500 年—1700 年

引言

文艺复兴时期的魔法延续自中世纪，通常分为高低两类。高等魔法包括诸如炼金术（将贱金属变成黄金）之类的学术性实验等，而低等魔法包括流行的民间传统，比如请当地的"民间智者"施展魔咒以避免长疣。

魔法实践也被划分为有益和有害两种。在判断何为邪恶时，欧洲人的态度往往简单粗暴。在殖民扩张时期，信奉基督教的欧洲殖民者经常把原住民的当地传统误解为邪恶的异端妖术。比如在墨西哥，阿兹特克神秘学传统中善与恶的层面通常相互交织在一起，而 1521 年摧毁阿兹特克帝国的西班牙殖民者们往往误解这些微妙之处。

如今我们非常熟悉的"邪恶巫婆"的刻板印象就是在这一时期牢牢固定下来的。从 17 世纪 40 年代自

诩英国寻巫将军的马修·霍普金斯及德国特里尔大主教对女巫的迫害，到 1692 年—1693 年马萨诸塞州臭名昭著的塞勒姆女巫审判，17 世纪见证了迄今为止最残酷的反巫术立法、检举和迫害。在整个欧洲，数千人因施展所谓的巫术而被处决——除了女性也有男性。尽管西班牙宗教裁判所此时处于巅峰状态，但他们对审巫持怀疑态度，而是主要专注于迫害那些偏离其僵化的天主教意识形态之人。

文艺复兴激发了欧洲知识分子的智识探索，他们把不同的知识领域交织在一起，他们质疑人类在宇宙中的地位，质疑人类与上帝的关系，并且渴望了解自然世界是如何运转的。如今会被归为魔法或神秘学的想法，当时却被直接倒进了这一大熔炉。魔法这缕丝线被织入了当时重要的哲学流派，比如赫尔墨斯

《魔术师》 参见第 128 页

人类生命与宇宙 参见第 135 页

卡巴拉生命之树 参见第 136 页—137 页

主义、自然魔法，以及炼金术等原始科学。炼金术在义艺复兴时期迎来了其黄金时代，并孕育出了现代化学。

自然魔法建立在对宇宙本质的各种理论和实验探索的基础上。不同于自然魔法，仪式魔法强调实践，充满了神秘的仪式和象征符号。在这一时期，注重仪式的玫瑰十字会和西方基督教形式的卡巴拉得到了繁荣发展。德国卡巴拉思想家阿塔纳修斯·基歇尔位于罗马的博物馆兼实验室吸引了来自欧洲各地的参观者，他们凝视着所谓的美人鱼标本，也惊叹于基歇尔魔法般的磁力演示。

新教的宗教改革和天主教的反宗教改革运动都发生在文艺复兴时期。基督教对政治和社会都有很强大的影响力，许多君主相信自己是由上帝任命的，神圣罗马帝国的皇帝等角色被赋予了巨大的权力。因此，许多身居高位者，无论是新教徒还是天主教徒，都害怕自己的地位受到威胁，他们咨询那些精通神秘学之道的人，以减轻自己的恐惧。

> **"最高的山，最老的书，最怪的人，
> 其中可以得［哲人］石。"**

阿塔纳修斯·基歇尔、约翰·斯蒂芬·凯斯特勒，《基歇尔实验生理学》，1680年

炼金术的奥秘　参见第 150 页

被定罪的女巫　参见第 180 页

女巫的人偶　参见第 183 页

民间智者
大众魔法实践

▲ 医药胜于魔法

在文艺复兴时期，随着科学的进步，民间智者日益被视为危险的江湖郎中。上图是1651年某出版物的扉页，画面中一位病人正在接受医生的治疗，而天使阻拦一个女性民间智者参与其中。

回顾历史，魔法通常分为两类：高等的学术性魔法和低等的大众魔法（或称民间魔法），在15—17世纪期间，这种区分是成立的。大众魔法的重点是传统信仰、防护魔咒以及据说具有魔法力量的动植物。其中部分内容与民间治疗术、白巫术以及一些高等学术性魔法重合。

大众魔法的核心是其实践者，这群人被称为"民间智者"。他们是当地社群的知名成员，以低调的魔法帮助普通民众解决日常问题，如吸引女性、清除疣子、促进庄稼生长以及免受恶意巫术的威胁。

民间智者的技艺包括使用草药和接生助产，他们的某些实践甚至借助基督教义，比如一条与马鞭草有关的咒语这样说道："马鞭草你是神圣的，因为你生长在土地上 / 在各各他山上，你最初被人发现。"大众魔法在欧洲各地都十分重要，其实践者的称呼因地而异，在瑞典叫睿智老妇，在匈牙利是塔尔托斯，在意大利称为本南丹蒂。

迫害与困境

文艺复兴时期的许多民间习俗延续自中世纪。然而在16世纪，民众私下与属灵世界的联系变得密切，政权和教会日益将之视为对权威的威胁，并寻求通过立法来加以控制。所谓有害巫术当然是首要目标，而且一些民间智者确实是黑暗技艺的追随者，但温和无害的实践也可能受到谴责。尽管16世纪的反巫术运动起起落落，但民间智者的魔法实践似乎在许多方面得到了蓬勃发展。

这一时期在全球范围内发生了许多可怕的事件：16—17世纪欧洲的瘟疫大流行，灾难性的地震和洪水（比如1530年荷兰的圣菲利克斯大洪水），以及17世纪北美移民中间的饥荒。此外，普通民众的生活本就极其艰难，大众魔法很可能给最贫穷的社会阶层带来了他们急需的慰藉。

魔法阵

一些民间智者以及学术性的魔法实践者都会在仪式魔法中使用魔法阵。它是防护和召唤灵体的象征性符号，通常被防御性地画在施魔法者的周围。魔法阵也称"召唤阵"，往往画在地上。

▶ 秘密封印

右图出自17世纪某民间智者的实践手册。该魔法阵被用来驾驭魔法力量，据说它代表着"世界诸奥秘的封印"。

"凡夫若品尝丧失之苦，或逢遭厄难与疾病，那么他们便会立即涌向那些众人传颂的贤者智师。"

安东尼·伯吉斯，《释经讲道145篇》，1656年

▲ 用来施咒的魔法阵

上图展示了浮士德博士从一个魔法阵内召唤恶魔。该场景来自克里斯托弗·马洛写于 1590 年的戏剧《浮士德博士的悲剧》。睿智的术士浮士德出身卑微，为了增强自己的力量，他与撒旦签订了出卖灵魂的契约。

交感巫术

文艺复兴时期的民间智者在施魔法时会使用各种手段。其中一些法术根据事物的象征性联系和对应关系，把所谓的法力注入物体或动物之中，也就是所谓的"相似法则"。这些基于模仿与对应关系的法术就是交感巫术。比如，肝脏疾病可以用动物肝脏制成的药剂来治疗；在治疗时讲述一个隐喻性的故事，该故事与正在治疗的症状存在某种联系，据说这么做可以汇聚起适当的能量。此外，人们相信某些模式中能够反映更宏大的宇宙力量，它们是另一类交感工具，比

▼屠恶传说

佛罗伦萨画家保罗·乌切洛的这幅画描绘了基督教英雄圣乔治屠龙的著名故事。龙通常象征着邪恶。摧毁邪恶的象征物是交感巫术和转移魔法的一种常见形式。

◄女巫瓶

人们常常把自己的不幸归咎于女巫。一些女巫瓶里装有用于伤害目标女巫的大头针，还可能装有一件属于被女巫施法之人的物品。

如民间十分流行的看手相。手掌上的印记、线条和形状被用来解读人的性格并占卜其未来。

对抗邪恶

交感巫术的反向形式被用于阻挡黑暗力量——这些阻挡邪恶的魔法实践称为辟邪魔法。用来对付邪恶女巫的工具之一就是女巫瓶，其中可以放入各种各样的材料，据说每种材料都有特定的效果；比

背景故事
小仙子与民间智慧

民间智者们经常召唤出各种精怪并与他们交谈，这些精怪就是童话故事中经常出现的小仙子。其实小仙子是魔法实践者的亲随，在某些方面与他们经常使用的动物亲随（参见第 186 页—187 页）相似。比如，民间智者可能会询问自己的小仙子向导，以探寻某人丢失的物品所处的位置。其他出现在大众魔法中的生物还有精灵和奇幻兽类，比如独角兽（如右图）；人们认为独角兽的角——实际上往往是独角鲸的长牙——在魔法和民间治疗实践中特别有效。

右图是一幅荷兰挂毯，可以追溯到 1495 年至 1505 年之间，画面中描绘了**被囚禁的独角兽**。

如，一个人可以把自己的尿液和大头针一起放入瓶中，目的是让女巫在排尿时感到疼痛。把针扎入代表目标人物的人偶则是另一种交感巫术。传统上，人偶既可用于行善，也可用于作恶（参见第 182 页—183 页），在整个欧洲，在北美的塞勒姆女巫审判以及某些伏都教仪式中均是如此。

交感巫术还与更宽泛、更流行的"宇宙交感"概念有关。宇宙交感即认为人类与其周围的整个宇宙有密切的感应关系。在文艺复兴时期，许多自然哲学学者和赫尔墨斯主义者（参见第 134 页—135 页）都有此观点。

转移之法

"转移"这一概念对民间智者来说至关重要——比如通过放置一只活鸡来对抗鼠疫，因为当时的人们相信疾病会以某种方式转移到家禽身上。类似的做法还有用水浸浴生病的儿童，再把水泼掉，因为人们认为疾病会转移到水里，然后便能轻易处理；在受伤士兵的剑上涂抹治疗药剂则可以把治疗效果转移到士兵身上。

护宅魔法

人们渴望保护家宅免受恶灵伤害。为了达到这一目的，文艺复兴时期的民众会把一些物件藏在墙壁或是烟囱里，比如木乃伊猫、银币、鞋子以及女巫瓶。猫之所以重要，是因为它们与女巫有关联，并被认为善于发现恶魔。鞋也被用作辟邪之物，这可能是因为它们是按照主人的脚形制作的，包含着主人的精神，而且鞋的形状也适合困住恶魔。人们还会把防护性的符号刻画在屋舍各处，比如横梁、窗台等。

▼幸运鞋

下图展示的是一只左脚男鞋，它可追溯至大约 17 世纪晚期。它是在剑桥大学某学院建筑的窗户与烟囱之间的墙壁里被发现的。鞋子很可能是为了保护学院院长而放在那里的。

> "当我还是个孩子的时候，我们乡下的人……
> 惯于取悦小仙子。"

约翰·奥布里，《异教与犹太教的残余》，1686 年—1687 年

▲**耶罗尼米斯·博斯**的《魔术师》，可能是一幅 16 世纪的复制品。

魔法还是幻觉？

魔术的源头可以追溯到古代，到了中世纪，各种魔术都被作为娱乐在街头上演。文艺复兴时期的魔术师延续了这一传统，他们把变化万千的戏法带到市场和集市，带入贵族和国王的宅邸。

在左图中，一位观众沉迷于魔术师的表演，甚至没有注意到自己的钱包被偷了。桌上的青蛙显然是从那位观众口中蹦出来的，而一只猫头鹰正从魔术师的篮子里向外窥视。这两种动物或许象征着异端、恶行、聪明的蛊惑或理智的丧失。魔术师桌上和周围有各种各样的魔术用具，包括古代"杯球把戏"道具。"杯球把戏"今天仍然很流行，表演时小球从一个杯子里消失，然后在另一个杯子里凭空出现。

文艺复兴时期魔术师的节目有抛接杂耍、纸牌戏法以及用徒手魔术和错觉欺骗观众的眼睛，比如他们似乎能让戒指穿过一个人的脸颊。有两部文艺复兴时期的文本提及了一些西方魔术，这些是最早得以出版的相关材料。意大利数学家卢卡·帕西奥利在《数字的力量》（1496年—1508年）中介绍了一些利用数字、错觉和徒手技巧来表演魔术的方法。英国作家雷金纳德·斯科特的《巫术揭秘》（1584年）则通过揭秘此类戏法来说明所谓的魔法只是一种无害的诡计，人们对女巫的恐惧（参见第184页—185页）是不理智的。

> **"普通人会认为这是一个奇迹。"**
>
> 卢卡·**帕西奥利**，《数字的力量》，1496年—1508年

烟雾镜

阿兹特克巫术

1521 年，西班牙军队在征服者埃尔南·科尔特斯的带领下攻下了强大的阿兹特克帝国，该帝国自 15 世纪初以来一直统治着今天的墨西哥中部和南部。阿兹特克帝国的信仰融合了各种中美洲文化，比如玛雅文化，他们的实践涉及一系列神灵、仪式、迷信、占卜和咒语。被西班牙征服后，原住民接受了基督教。关于阿兹特克文化的许多信息都蒙着一层西班牙殖民者或皈依基督教者的视角滤镜。此类信息来源之一就是《佛罗伦萨手抄本》，由西班牙传教士贝尔纳迪诺·德·萨阿贡及其原住民助手共同编纂。西班牙刚一征服阿兹特克，萨阿贡就来到了墨西哥。虽然殖民者往往对当地习俗感到恐惧，并认为它们具有魔法属性，但它们实际上代表了阿兹特克的正统宗教；毫无疑问，对许多阿兹特克人来说，基督教才像是妖术。

诸神与妖术师

阿兹特克的两位主要神明是特斯卡特利波卡和克察尔科亚特尔。特斯卡特利波卡字面意思是"烟雾镜"，这位神灵的绰号便是"烟雾镜之主"。他的

▲ 黑暗神

这件人类颅骨上覆盖着绿松石和褐煤质地的马赛克碎片，研究者认为它代表着阿兹特克神明特斯卡特利波卡。这可能是一件佩戴在后背上的装饰品，可以追溯到 15 世纪或 16 世纪初阿兹特克文明的鼎盛时期。

▶ 双倍力量

这条蛇很可能是在阿兹特克仪式上佩戴的胸部装饰。双头蛇意味着厄运，最坏的情况是即将死亡。

形象往往与特斯卡特尔共同出现。特斯卡特尔是用黑曜石抛光打磨成的镜子。在古代墨西哥，黑镜被广泛用于黑魔法，并与黑暗势力联系在一起，它可能象征着特斯卡特利波卡的全视之力。这位神明以诸多化身出现，比如风和夜。他善恶不定，有时施展黑魔法。

克察尔科亚特尔的形态是一条长了羽毛的蛇，因此也叫羽蛇神，其羽毛来自当地圣鸟凤尾绿咬鹃。阿兹特克人一般认为蛇有魔法和占卜能力。据说羽蛇神发明了阿兹特克历法，这是阿兹特克占卜的重要工具。这位神明与晨昏皆现的金星有关，也象征着死亡与重生。

变幻形态

阿兹特克人认为神明和人类都能变形为动物以施展种种魔法。特斯卡特利波卡的动物形态是美洲豹。此类动物灵体通常被视为具有保护性作用的帮手，它们叫作纳瓦尔。这与当时西方民间魔法中普遍存在的女巫动物"亲随"遥相呼应（参见第 186 页—187 页）。

> **"夜，风，妖术师，**
> **我们的主宰。"**

贝尔纳迪诺·德·萨阿贡笔下的特斯卡特利波卡，
《佛罗伦萨手抄本》，约1540年—1585年

吻部色彩鲜艳的装饰代表着羽毛，即与羽蛇神的视觉联系

两张嘴中的牙齿均由海螺壳制成

绿松石受到阿兹特克人的高度重视

◀刻于石中

这块直径约 3.7 米的阿兹特克太阳石出土于阿兹特克帝国首都特诺奇蒂特兰，可追溯到约 1500 年，石刻中描绘的可能是宇宙的历史，及其诸纪元或者说诸太阳。石头中央的脸很可能是太阳神托纳蒂乌，他的舌头是象征性的献祭之刃。

与欧洲文艺复兴时期的许多哲学家和魔法实践者一样，阿兹特克人非常重视占星术和天文学。他们密切地观察天空，精确地标记时间，并发展出了一套周期环环相扣的复杂历法系统。阿兹特克人将黄道带划分为 20 个星座，这是其魔法和仪式的核心。

神圣历中的 20 个星座符号

计算日期

与仪式有关的历法系统称为神圣历（其纳瓦语名称意为"计算日期"）。该历法系统的一个周期有 260 天，细分为由不同神明统治的各时间段，这一系统还可用于天官图占卜等活动。260 天被划分为 20 个月，每月 13 天。每月内的每天都对应着一个数字（1 到 13），而每个月又对应着一个黄道星座，比如蜥蜴、燧石、雨水等，于是每天都有独特的名称，比如"1-雨"或"13-蜥蜴"。这套组合每隔 260 天循环一次。根据数字、星座和主神的属性，可推断出某一天是吉日还是凶日。从种植作物到祭祀神明，各项活动都依据历法来安排。一个人的出生日期也可以用来预测其命运。名称中含有 13 的日子被认为是吉日，因为阿兹特克主神有 13 位；而在"1-风"或"1-雨"日出生的孩子可能会施法术，或是成为各种危险的妖术师。

占卜工具

阿兹特克文化中充满了魔法实践者，包括幻术师、妖术窃贼、被称为"鸮人"的妖术师、医卜师和算命人。许多物件被赋予特殊意义或占卜力，比如，人们把玉米粒扔在地上，然后解读其分布模式。人们也可以抛掷小棍来占卜，以确定某种疾病是由哪位神明引起的。

◀抛掷玉米粒

左图来自 16 世纪的《马格里亚贝齐亚诺手抄本》，画面中风神高高在上，俯视着一位占卜师，这位占卜师将玉米粒抛到一块布上，以解读其形成的模式。玉米占卜也可以把玉米粒抛到水中。

"我是世界的力量……我是知道如何飞翔的人。"

阿兹特克传统风格的仪式吟诵用圣歌

阿兹特克人相信鸦人妖术师会施法折磨他人，而受诅咒之人可能会被喂下致幻剂以帮助医卜师辨明诅咒来源。

妖术还是撒旦教？

阿兹特克神话中的一个著名人物是光之妖女玛利娜尔霍齐特尔，人们普遍认为她会给敌人带来不愉快的死亡。据说墨西哥小镇玛利娜尔科就是她创建的，如今该镇的居民仍享有魔法师之称。对阿兹特克人来说，在祭祀仪式上献祭人或动物是重要而荣耀的取悦神明之法。然而殖民者认为这是一种野蛮的撒旦崇拜行为。随着欧洲视角逐渐占据主导地位，献祭行为的含义和文化背景经常被忽视或误解。

▼ **备受尊敬的仪式**
下图来自《托瓦尔手抄本》，画面描绘了三位祭司为预防干旱而举行仪式。第一位祭司（左起第一位）手持燃烧的熏香，熏香的成分是一种名为柯巴脂的树脂，经常用于阿兹特克仪式。

哲学魔法
赫尔墨斯主义、神性与宇宙

▲理论大师
上图是锡耶纳大教堂地板上的赫尔墨斯·特里斯墨吉斯忒斯（画面中央）画像。据说他是《赫尔墨斯文集》的作者，此处被描绘为摩西的同时代人。

赫尔墨斯主义是文艺复兴时期在欧洲受到广泛讨论的一套哲学和神学思想。其核心观念基于一种信仰，即存在某种统一宇宙和万物的灵性力量。个体的人是一个个微观宇宙，如同整体宇宙的缩影，而宇宙作为一个宏观存在，是具有整体性的复杂系统。

新瓶装旧酒

许多文艺复兴时期的思想现在被贴上了赫尔墨斯主义的标签，其实它们是通过罗马帝国时期的哲学家普罗提诺传承下来的新柏拉图主义。普罗提诺在3世纪提出了作为宇宙本质的太一观念。赫尔墨斯主义传统的关键文献之一是《赫尔墨斯文集》，其中探讨了神性及宇宙的神秘本质及其与人类的关系。这部文集的拜占庭手稿在15世纪的佛罗伦萨被重新发现。1460年左右，学者马尔西利奥·斐奇诺开始将该文集的希腊语版译成拉丁文。斐奇诺的1471年译本由两部分构成：《阿斯克勒庇俄斯》包含了关于仪式魔法的材料；《珀伊曼德热斯》则包含关于天文学-宇宙学的文本。

《赫尔墨斯文集》采用对话形式写成，讲述了一个年轻人与传说中的人物赫尔墨斯·特里斯墨吉斯忒斯（即"三重伟大的赫尔墨斯"）之间的对话。赫尔墨斯·特里斯墨吉斯忒斯的形象经常被认为源自古埃及的托特神（参见第25页）和古希腊的赫尔墨斯神的融合。据说他就是《赫尔墨斯文集》的作者，传说中这部书凝聚了古埃及的智慧，曾经被传授给《旧约》中的先知摩西以及希腊哲学家柏拉图。

科学进步

在文艺复兴时期，赫尔墨斯主义某些重视实践的思想（比如通过实验来检验自然）吸引了许多对科学感兴趣的知识分子。他们对宇宙的运行规律产生了一些激动人心的新想法，这些思想又与魔法相互交织。包括乔达诺·布鲁诺（参见本页专栏）和乔万尼·皮科·德拉·米兰多拉在内的激进意大利哲学家们将赫尔墨斯主义与自然哲学、自然魔法和其他魔法形式融合在了一起。

米兰多拉在《论人的尊严》一书开头引用了

"我们要辗转历经多少身体……才能融入太一？"

《赫尔墨斯文集》

乔达诺·布鲁诺（1548年—1600年）

自由思想者

乔达诺·布鲁诺是响应赫尔墨斯主义准则的激进分子之一，也是一位颇具争议的意大利哲学家和神秘学家。他写了许多关于魔法的文章，并曾说"魔法师通过信仰可以做到的，比医生通过真理可以做到的更多"。他的思想经常涉及自然魔法，如物体之间的自然吸引和排斥，他也不断探求关于存在之力的新真理。布鲁诺的无限宇宙、宇宙灵魂等概念，被许多人认为是隐秘而亵渎的，比如他暗示基督的奇迹只是耍小聪明的戏法。1600年，意大利宗教法庭以异端信仰罪将他处死。

这座青铜雕像建造于1889年，位于罗马的鲜花广场，也就是**布鲁诺遭火刑处死的**地方。

马尔西利奥·斐奇诺译本中的《阿斯克勒庇俄斯》。《论人的尊严》是米兰多拉随同 1486 年那份颇具争议的文本《900 论题》一起写成的，他在《900 论题》中提出基督的神性可以通过魔法和卡巴拉（参见第 136 页—139 页）来证明。

在意大利诸城邦之外，文艺复兴时期的科学家兼神秘学家们同样借鉴了赫尔墨斯主义，比如英国的罗伯特·弗拉德，他将占星学与赫尔墨斯主义思想融汇在一起；英国女王伊丽莎白一世的顾问约翰·迪伊；以及艾萨克·牛顿爵士，他对炼金术有很大的兴趣。现代医学的创始人、瑞士医生帕拉塞尔苏斯将疾病与赫尔墨斯主义统一宇宙中某些恒星的破坏性影响联系起来。与帕拉塞尔苏斯一样，海因里希·科尼利厄斯·阿格里帕同样认为魔法是通往生命意义的钥匙，他还认为赫尔墨斯·特里斯墨吉斯忒斯是首批魔法权威之一。赫尔墨斯主义也对后来的各种具有神秘学性质的运动产生了影响，如19 世纪的赫尔墨斯派黄金黎明协会（简称黄金黎明协会，参见第 242 页—243 页）。

▼ **宇宙统一性**
下图由罗伯特·弗拉德设计（约 1617 年），图中显示了宇宙宏观世界内的人体微观世界。弗拉德在微观世界中列出了 4 种人格类型，而其宏观世界包括太阳、月亮、行星以及更高层次的神圣存在。

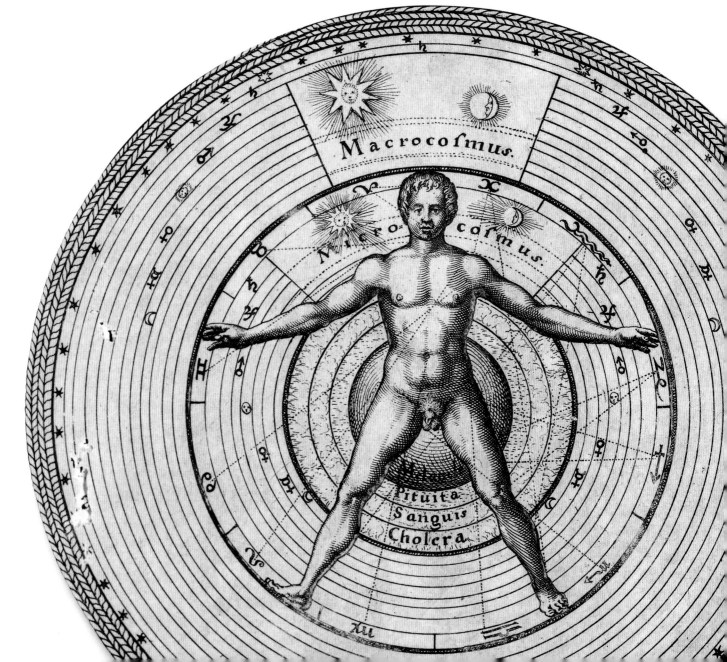

神性的秘密
卡巴拉传统

▼天堂之梯
下面这幅木版插画来自拉蒙·柳利的著作《新逻辑》，画面阐释了把思想组织成一座梯子的观念。上升的阶梯象征着从日常生活提升至天界。

卡巴拉信仰因其神秘倾向和秘不外传而著称。卡巴拉有某种信念，认为人类享有来自神性的神圣"火花"，这更强化了其理论知识的神秘感。在不同的信仰传统中，"卡巴拉"一词有不同的拼写方式，比如在犹太教信仰中是 Kabbalah，基督教神学中写作 Cabbala，赫尔墨斯主义者则采用 Qabalah 等形式。中文里的"卡巴拉"经常作为一个通用术语使用，涵盖上述各种变体。许多文艺复兴时期的卡巴拉思想源于中世纪的犹太魔法神秘主义，其中包括种种秘传方法，比如使用象征符号，特别是希伯来字母，来解释《塔纳赫》。在伊斯兰世界以及阿拉伯人较多的国家，比如西班牙，犹太与伊斯兰秘教传统交汇碰撞，形成了丰富的混合体，并由此产生了另一类卡巴拉实践，比如使用奥秘象征和圣符来寻求神秘知识。隐晦的符号、字母和数字也是西方卡巴拉的核心。

基督教卡巴拉

受赫尔墨斯主义（参见第 134 页—135 页）的影响，基督教卡巴拉在文艺复兴时期蓬勃发展。基督教卡巴拉信徒探索了宇宙统一性的复杂概念，最终吸纳了各种宗教，使卡巴拉在西方魔法史上占据了重要的位置。

文艺复兴时期卡巴拉的先驱之一是 13 世纪基督教神秘主义者马略卡的拉蒙·柳利。如今一些人认为他的理论是半卡巴拉式的，比如他对数字的使用类似于犹太卡巴拉中的原质（参见第 89 页）。

早期基督教卡巴拉也受到许多犹太人的影响，

▶奥义
这幅生命之树的彩色插画来自吉卡提拉颇具影响力的著作《光之门》。生命之树上的 10 个圆对应着上帝神性的 10 种本质和创造性力量。

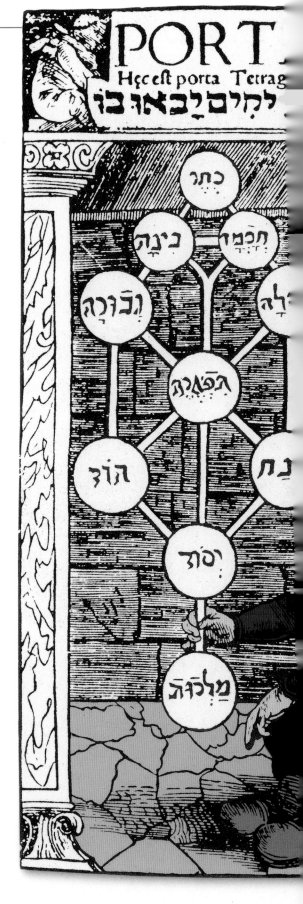

这些人生活在西班牙并皈依了基督教，比如巴勃罗·德·赫雷迪亚，他的《秘密书信》常被视为基督教卡巴拉的第一部重要作品。1492 年，未皈依的犹太人被驱逐出西班牙，由此卡巴拉传遍了欧洲。

生命之树

文艺复兴时期的基督教卡巴拉信徒中不乏著名学者，比如皮科·德拉·米兰多拉（见本页专栏）；人文主义学者约翰内斯·罗伊希林，他写了《论卡巴拉的艺术》；海因里希·科尼利厄斯·阿格里帕，他的《秘教哲学三书》将卡巴拉与魔法联系在一起；保卢斯·里休斯，他翻译了约瑟夫·吉卡提拉的《光之门》，据说该书中出现了第一幅非犹太教的生命之树插图（见左图）。生命之树是来源于犹太卡巴拉的一种象征，它与赫尔墨斯主义中的人性、神性与宇宙的统一的观念，与希伯来四字神名（用 4 个希伯来字母表示上帝之名）都有联系。

> "……魔法师是自然的辅佐者，而不仅仅是它的巧妙模仿者。"

乔万尼·皮科·德拉·米兰多拉，《论人的尊严》，1486 年

乔万尼·皮科·德拉·米兰多拉（1463 年—1494 年）

基督教卡巴拉之父

米兰多拉是首批将卡巴拉引入基督教和西方文化的人之一。他促进了基督教内部对仪式魔法的兴趣，他的著作汇集了包括犹太神秘主义、柏拉图主义、人文主义和赫尔墨斯主义在内的许多思想。米兰多拉将有益的自然魔法（与上帝的神圣造化有关）、自然哲学与有害的魔法区分开来。1486 年，他计划在某次全欧洲学者集会上为汇集了自己的观点的文集《900 论题》辩护，但这次集会被禁，他的文章也受到了教会的谴责。

图例

1 画面上方正中的光芒发散自希伯来四字神名"YHWH"，这是卡巴拉思想中代表上帝的重要字母串。

2 光线从代表白昼的人形身上发出，并从镜子上反射出去。

3 拉丁语书名意为"光与影的伟大艺术"。其中还藏有一个文字游戏，magna 一词除了指"伟大"，也可以翻译为"磁性的"。

4 代表黑夜的人形身上缀满星星。

5 双头鹰代表基歇尔的赞助人斐迪南二世。

▶解码神性

右图是阿塔纳修斯·基歇尔的著作《光与影的伟大艺术》（1646 年）的扉页。画面中结合了光学、秘传奥义及卡巴拉象征体系等诸多元素。

▶驱邪避祸

这幅 17 世纪的卡巴拉图像或许被用作圣符。画面中心是一盏由文字构成的希伯来七连灯台。灯台的 7 个分枝象征着普遍知识的 7 个分支。

不断演化的实践

17 世纪，许多学者开始在卡巴拉的各分支与新兴的哲学、科学或宗教思想之间建立联系。亚伯拉罕·科恩·德·埃雷拉尝试将卡巴拉与哲学相调和，克里斯蒂安·克诺尔·冯·罗森罗斯的《解读卡巴拉》为基督教卡巴拉主义者提供了犹太卡巴拉文本的译本。

冥想性卡巴拉和实践性卡巴拉（参见第 87 页）之间长期形成的区别仍然存在，后者仍然常常与魔法联系在一起。这主要是因为实践性卡巴拉希望通过使用符号及文字——尤其是那些与上帝或天使的名字有联系的符号及文字——来与神性互动并影响现实，而不仅仅把卡巴拉体系作为一种沉思的手段。实践性卡巴拉主义者的目标是通过仪式和圣符来改变现实，他们的实践可以是冥想生命之树的隐义，或在金属圆盘上铭刻天使的名字等。

破解宇宙的秘密

德国耶稣会教士阿塔纳修斯·基歇尔经常被誉为"文艺复兴最后一人"，因为他是一位涉猎广博的学术通才。这位备受尊敬的学者的研究兴趣包括埃及学、数学、医学、占星学、数秘学和复杂密码的破译。基歇尔希望破解秘密、奇迹及伟大的宇宙之力，于是开始尝试研究古埃及象形文字。当时对种种秘传知识感兴趣的人普遍致力于攻克这门学问。这项兴趣促使他把卡巴拉与埃及神话联系起来。基歇尔追求破解秘传知识对于卡巴拉的赫尔墨斯主义分支是非常重要的，因为他相信存在一种普遍知识，它能够统一人类各族及其宇宙，并将所有知识领域汇聚在一起。基歇尔版本的生命之树至今仍为西方卡巴拉所用。

继续发展

到 17 世纪末期，人们对基督教卡巴拉越来越感兴趣，这很可能是由现代科学的兴起引起的。然而卡巴拉的各分支仍在继续发展，其中包括犹太教秘传知识以及某些神秘学实践，卡巴拉的影响也继续存留于赫尔墨斯主义的某些派别中。

▼卡巴拉的基督

下图来自克里斯蒂安·克诺尔·冯·罗森罗斯所著的《解读卡巴拉》（1677 年—1684 年）。冯·罗森罗斯是基督教卡巴拉信徒，也是赫尔墨斯主义者。画面中描绘了"亚当·卡德蒙"（原人亚当）或称"伟大面容"的头部，许多卡巴拉信徒将之视为普世的基督形象。

"世界为不可见的隐秘绳结所绑缚。"

阿塔纳修斯·基歇尔，《自然的磁性王国》，1667 年

仪式的高等技艺
仪式魔法

▲神圣触摸
上图是一幅 17 世纪中期的湿壁画。法国国王弗朗索瓦一世是君权神授说的积极倡导者，画面表现了他在 1515 年访问博洛尼亚期间将自己具有治愈力的触摸赐予一些患有淋巴结核的病人。

仪式魔法在文艺复兴时期得到了蓬勃的发展。与重视天然奇迹的自然魔法（参见第 144 页）相对，仪式魔法需要以一套固定的顺序使用特定的行为、仪式和工具，且通常以召唤灵体为目的。自然魔法实践者或许专注于星体本身，而仪式魔法师则专注于召唤与占星学相关的灵体。

官方许可

虽然天主教会不能容忍任何非基督教仪式或任何可能威胁其至高无上地位的魔法，但对仪式的使用是教会和世俗政权都能够接受的。比如，天主教神父惯常遵循一套仪式传统。

另一种得到官方认可的仪式与魔法治疗相似，

▶天使的赠礼

约翰·迪伊声称天使乌列尔在 1582 年给了他这块水晶。据说其中会出现象征符号或是灵体，帮助治愈疾病或预测未来。

了自己与天使的交谈，其中包括魔法手册《七行星的神秘法则》（1582 年）。

预见未来

约翰·迪伊为自己的占卜仪式设计了复杂的数字系统。数字 7 是关键，原因之一是行星据说有 7 个。由约翰·迪伊的助手爱德华·凯利充当灵媒，两人还使用镜子或水晶等凝视占卜媒介物来接受天使的教诲。

> ## "哦，舒适的诱惑，
> ## 哦，迷人的信仰……"

约翰·迪伊论数字，欧几里得《几何原本》前言，1570 年

它源于对君权神授的信仰：这种观念存在于整个文艺复兴时期，即认为国王和王后是半神，其统治权是上帝授予的。许多文艺复兴时期的君主都接受这一思想。民众相信国王和王后拥有特殊的力量，所以得到君主的触摸，或者触摸君主触摸过的硬币，就可以治愈包括淋巴结核（被称为"国王病"）在内的种种疾病。有时人们会举行盛大的仪式活动，成百上千的病患在仪式中接受皇室的治疗触摸。君主触摸的力量成了奇迹，由于国王被视为上帝在人间的代表，这种仪式更像是宗教仪式而不是魔法——尽管其确切地位模棱两可。

与天使交谈

奇术（这一概念指创造奇观或奇迹）是 16 世纪英国数学家、神秘学家约翰·迪伊著作的核心。他还推广了以诺魔法，这是一种仪式实践，使用一张由象征符号和数字代码组成的网格召唤天使之灵（比如大天使加百列和乌列尔）并与之交流，以获取知识。约翰·迪伊称，这种与天使沟通的实践其实部分来自犹太-基督教的启示文本《以诺书》（一般认为非正典），书中以诺（挪亚的曾祖父）被教导了天堂的种种奥秘。还有一种以诺文字，这套特殊的字母据说可追溯到创世之初。根据记载，约翰·迪伊使用以诺字母表格与天使交谈，天使的回应方式是选择字母组成句子。他在若干著作中描述

▶最神圣的桌面

这张 17 世纪的大理石桌面是约翰·迪伊木质圣桌的仿制品，桌面上刻有以诺字母。据说天使们曾用这些字母给约翰·迪伊和爱德华·凯利发送信息。约翰·迪伊在 1582 年根据天使通过凯利传递给他的指示制作了木质圣桌原件。

召魔还是通神？

到文艺复兴时期，阿格里帕等作家把仪式魔法分成了两种类型：召魔术和通神术。通神术（源自希腊语，意为 divine action，即"神圣行为"）通过凝视占卜等魔法实践来唤醒善良的灵体并向之寻求帮助，召唤对象往往是天使——上帝的代表。因此通神术是人类与神明的结盟。然而通神术受到了宗教权威的批评，他们对与天使沟通的概念持怀疑态度，并认为所谓天使之灵可能是经过伪装的恶魔。

左图是**上帝之印**，一个蕴含强大力量的符号，据说使用者能与几乎所有灵体进行接触。

黑暗势力

不同类型的仪式实践都被用于施展天使魔法和恶魔魔法，且两者都包括学术性的、通过严格学习才能掌握的方法。虽然一些仪式魔法奇迹呼应了基督教和《圣经》中的奇迹，但如果这些奇迹被归因于上帝之外的其他角色，仪式就有被贴上"恶魔魔法"标签的风险。约翰·迪伊和爱德华·凯利的实践就至少受到过一次类似的谴责。虽然约翰·迪伊经常向英国和欧洲的王室及贵族提供科学、哲学和神秘学建议，但在 1555 年，他因施巫术的罪名在英国被捕并被监禁（后来获释）。

仪式魔法当然有其阴暗面，且分为两类：一类

> **"请看，所罗门封印的奥秘，
> 我将之呈现在你面前！"**

《所罗门的小钥匙》，约17世纪初

在本质上就是邪恶魔法，而另一类魔法的实践者称自己与黑暗势力接触只是为了制服并驱逐它们。

复杂的仪式魔法，比如约翰·迪伊的实践，会利用数学、炼金术、对宇宙的分析以及中东的占星学，创造高度复杂的仪式、图表和圣符等，以充分利用星辰与宇宙的能量。这些实践可以用来召唤天使，也可以用来召唤恶魔。好魔法与坏魔法之间的界限往往是不甚清晰的——那些接触恶魔的人可以辩称自己是要征服它们。

所罗门的智慧与罪恶

文艺复兴时期，最常与所谓邪恶的魔法联系在一起的仪式形式是召魔术（见上文）。goetia 这个词更多是指召唤与《圣经》中以色列王所罗门有关的恶魔的魔法实践。所罗门是一个同时出现于犹太教、基督教和伊斯兰教传统中的人物，以其伟大智慧和建造耶路撒冷第一圣殿而闻名。在这三大宗教传统中，所罗门的形象都充满了魔法属性，比如他具有控制灵体和恶魔的力量。此外据说所罗门没有

把对上帝的崇拜排在世俗事务之前，因而失去了神的恩典。所罗门的形象丰满立体，吸引了各种仪式魔法的追随者，并使一套独具所罗门特色的魔法发展了起来。

封印与符号

所罗门魔法仪式通常会使用的符号与一种魔法圆环，即所罗门封印相关，

▶**宇宙幻方**

幻方圣符通过占星魔法来利用行星的力量。右图是一幅 1651 年的木星幻方，表格中任意方向的 4 个数字之和均为 34。

Y			
16	3	2	13
5	10	11	8
9	6	7	12
4	15	14	1

据说这一图案是上帝赐予所罗门的，其中藏有战胜恶魔的力量。被圆环包围的具有 5 个、6 个或 7 个尖端的星形符号往往与所罗门的指环相联系。这类符号出现在一些被称为星印的圣符上，据说它们具有召唤或击退灵体的能力。

文艺复兴时期流传着许多据说由所罗门本人撰写或基于其智慧的书籍，比如《所罗门的小钥匙》，这是一部诞生于约 17 世纪初的佚名魔法书，书中给出了接触天使和恶魔的方法。此类文本的流行证明了仪式魔法的诱惑力。

▲**召唤自地狱**

在上面这幅 15 世纪的图画中，以彼列为首的 5 个恶魔出现在所罗门和摩西面前。据说所罗门能用神圣之力掌控恶魔，但一些魔法师试图把这种力量用于堕落的目的。

魔法与早期科学
自然哲学与神秘哲学

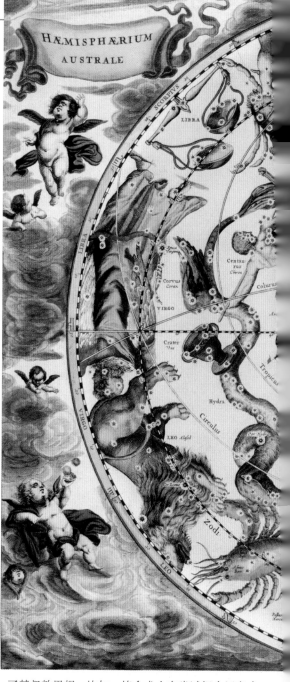

文艺复兴时期的欧洲如同一座大熔炉，迷信、伪科学和科学之间的早期分野在这一阶段得到探索和成形。自然哲学（对自然世界的研究）和神秘哲学（对据说隐藏在自然中的力量的研究）在这一过程中发挥了重要作用。中世纪主教奥弗涅的威廉将自然魔法定义为利用自然界固有力量的魔法。文艺复兴时期的神秘哲学伴随着自然魔法研究，从某些方面看，也是对自然魔法研究的继承。在这一时期，魔法、哲学、科学和宗教之间有所重叠，一些自然哲学家也试图揭示那些看似神奇的或超自然的现象背后隐藏的自然原因。

魔法与自然哲学

自然哲学家研究普遍存在于天文学、炼金术和生物中的各种力量。他们从物理特性的角度研究太阳、月亮、植物、矿物等物体，试图通过建立普遍的自然规律来识别和解释这些事物。正如意大利哲学家皮科·德拉·米兰多拉（参见第137页）在《论人的尊严》（1486年）中所说的："……魔法有两种形式。一种完全基于恶魔的行动和力量……而另一种……正是自然哲学的最高实现。"

作为向善力量的神秘学

神秘哲学家所研究的魔法被视为"好"的魔法，并且比较有学术性。与之相对的是仪式魔法，后者通过通神术和召魔术来召集各种灵体（参见第142页）。科学与魔法都被注入

▼掌纹之中
下面这幅版画出自阿格里帕的重要神秘哲学著作《秘教哲学三书》。画面中手掌的纹路和区域与黄道十二宫符号联系在一起。此类指导文本是文艺复兴时期手相术的基础。

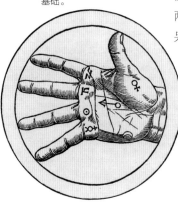

了基督教思想。比如，炼金术士在尝试把金属变成黄金的神秘转化过程中提出了炼金与耶稣复活可以类比的观点。但教会在很大程度上并不关心占星学等领域，而且把宗教与其他学科相融合需要微妙的平衡感，并要冒被指控为异端的风险。然而，就像基督教和赫尔墨斯主义（参见第134页—135页）的追随者一样，神秘哲学家寻求神圣的自然秩序中潜藏着的规律。

> **"自然在魔法之中，也在神性之中。"**

阿格里帕，《秘教哲学三书》，16世纪30年代

◀绘制宇宙之图

这张 17 世纪的天体图是由德裔荷兰制图师安德烈亚斯·塞拉里乌斯绘制的。探索世界和天文学研究是文艺复兴文化的核心，而天文学是自然哲学的一个重要分支。

背景故事

底比斯字母

所谓的底比斯字母，一种与拉丁字母有对应关系的书写系统，在文艺复兴时期的神秘学世界占据了一席之地。这套书写系统往往被归在底比斯的霍诺里乌斯名下，这位作者是中世纪时期一位神秘（也可能是传说中的）人物。底比斯字母首次出现在 16 世纪的约翰尼斯·特里特米乌斯的《隐写术》一书中。阿格里帕在其《秘教哲学三书》中收录了底比斯字母，尽管《秘教哲学三书》比《隐写术》成书更晚，但人们往往认为这才是底比斯字母第一次正式登场，并给予其突出地位。历史上这套字母经常被用于给魔法相关内容加密，很久之后又被威卡教采用（参见第 264 页—267 页）。

此处的**底比斯字母表**来自 16 世纪博学多才的约翰尼斯·特里特米乌斯所著的《隐写术》。

怀疑论与神秘学

德国学者阿格里帕是一位颇具影响力的神秘哲学家，且曾与基督教权威发生冲突。研究者认为他在 1530 年的文本《论艺术与科学的不确定性及虚荣性：一段猛烈抨击的雄辩》中第一次将仪式魔法与由自然魔法、自然哲学混合而成的学科区分开来。阿格里帕是一位怀疑论者，这意味着他以一种探究的精神开展研究，并重新思考所有公认的知识。他广泛地推广自然魔法，并尝试在《秘教哲学三书》等著作中把不同知识分支统一起来。他相信上帝的神性支撑着一切，也包括有益的魔法。意大利学者米兰多拉和马尔西利奥·斐奇诺也受到赫尔墨斯主义影响，对世界进行孜孜不倦的广泛探究。阿格里帕的赫尔墨斯主义思想还启发了另一些学者，比如乔达诺·布鲁诺（参见第 134 页）。

▲人类及其世界

上图是17世纪瑞士画家马特乌斯·梅里安的作品或其摹本。把这幅拟人风景画逆时针旋转90°便能看到一张人脸。人类与自然世界之间的联系是哲学的重要命题，通过各种加以掩饰的形式来探索哲学寓言是当时流行的艺术追求。

叠，因为自然哲学家、神秘哲学家和炼金术士都把自己的工作视为对宇宙的严肃研究。其中一些人已接近了真相，至少是部分接近了真相。比如，正像炼金术士们所希望的那样，把铅变成黄金实际上是可能的（参见第148页—151页），但他们用黄道十二宫或天体运动来解释其原理则是误导性的。宗教也在伪科学和原始科学的发展过程中起了一定作用，它是魔法思想（特别是对自然魔法的定义）的重要成分。在促进这种思想的同时，它也帮助促进了自然科学的早期发展。

和睦相处

帕拉塞尔苏斯的著作生动地说明了原始科学、伪科学和自然魔法的交集。这位瑞士占星师、炼金术士、物理学家、化学家和医生是医学和早期化学领域的重要人物，但他也持有与神秘哲学一致的观点。他对人类在宇宙中的地位进行了重要探索，其思想渊源包含赫尔墨斯主义、卡巴拉，而玫瑰十字会也伪称自己与他有直接联系。

这些思想往往披着复杂寓言的外衣，此特征反映在当时的艺术作品中。比如拟人化绘画（见左图），画中的风景形成了一张人脸，既呼应人类反映了上帝造物的基督教思想，又契合赫尔墨斯主义关于人类是自然世界缩影的观念。

与神秘哲学家不同，自然哲学家在原始科学（处于萌芽期的科学形式，比如炼金术实验，它为化学奠定了基础）方面取得了进步，尽管他们并不总是将其与自然魔法或伪科学（声称是科学，但用现代主流科学价值来判断，却能证明并不是科学）区分开来。他们的许多工作为启蒙运动和现代科学革命奠定了基础；但另一些如今成了神秘学史的一部分。

事实与虚构

魔法、原始科学和伪科学之间在历史上有重

> **"魔法有能力体验和丈量人类理性无法理解的事情。因为魔法是一种秘密的伟大智慧，正如理智是一种公开的巨大愚昧。"**

帕拉塞尔苏斯，《神秘哲学之书》，约16世纪

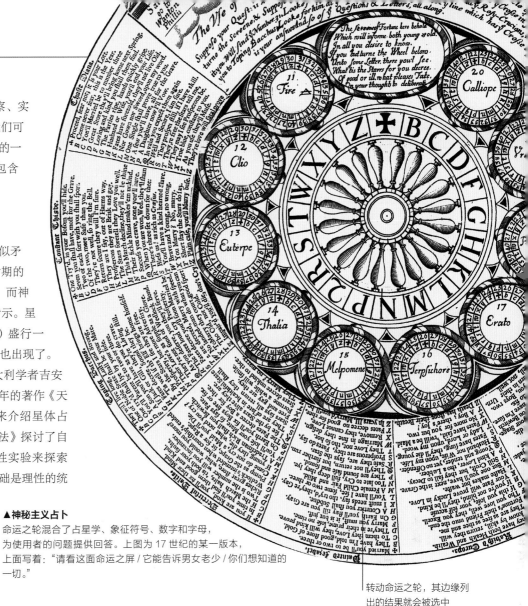

帕拉塞尔苏斯的研究根植于观察、实验和对不同物质相互关联的兴趣。我们可以把他的工作视为早期科学实证主义的一个例子，但在他看来，其方法之中包含一种特殊的魔法。

预言之力

文艺复兴时期的哲学中有一种看似矛盾的预言与理性主义的混合。这一时期的研究者们开始进行最早的科学实验，而神秘哲学家针对如何预测未来给出了指示。星体占卜（通过解读天体来寻求智慧）盛行一时；富人们收集星体圣符，算命游戏也出现了。这些活动与自然哲学也有重叠：意大利学者吉安巴蒂斯塔·德拉·波尔塔在其1603年的著作《天体面相学》中以更自然主义的术语来介绍星体占卜。他写于1558年的论文《自然魔法》探讨了自然哲学家如何利用哲学思考和实践性实验来探索自然世界的奥秘，这一自然世界的基础是理性的统一，而不是魔法。

▲神秘主义占卜

命运之轮混合了占星学、象征符号、数字和字母，为使用者的问题提供回答。上图为17世纪的某一版本，上面写着："请看这面命运之屏 / 它能告诉男女老少 / 你们想知道的一切。"

转动命运之轮，其边缘列出的结果就会被选中

艾萨克·牛顿爵士（1642年—1727年）

牛顿眼中的自然

英国物理学家、数学家艾萨克·牛顿爵士是科学革命史上公认的最伟大人物之一，这场科学革命始于文艺复兴并在启蒙运动期间继续蓬勃发展。然而他可能首先认为自己是一位自然哲学家。牛顿沉迷于研究宗教和炼金术等实践如何帮助人类理解自然世界及其力量。他相信上帝选中了自己来预言这些真理，并进行了种种炼金术实验。牛顿还收藏了大量炼金术方面的书籍，其中一本就是提及哲人石（参见第149页）的《赫尔墨斯博物志》。另一本书在谈及炼金术时说："……其奥秘或许只会对上帝选中之人展现。"

幻想还是科学？
炼金术的黄金时代

炼金术的故事是魔法与科学竞逐的故事，是充满秘密与象征的故事，是追求知识以实现转化的故事。炼金术士探索物质的本质，追求将铅等贱金属变成黄金，追求肉体和灵魂的完美。文艺复兴时期是炼金术的黄金时代。炼金术实践据说起源于古代世界的传统——比如炼金术被认为与赫尔墨斯主义有联系（参见第 134 页—135 页，第 150 页—151 页），它们都将赫尔墨斯奉为鼻祖——并在发展过程中叠加了新的知识层和象征系统。炼金术士的工作促成了这一时期早期现代科学与秘传知识的分离。

炼金术与化学

文艺复兴时期的炼金术也与阿拉伯炼金术有联系，后者的代表人物有贾比尔·伊本·哈扬（参见第 150 页）。阿拉伯文化的影响可以从"化学"（chemistry）和"炼金术"（alchemy）这两个英语单词中看出来，这两个词在文艺复兴时期经常互换使用。尽管两词共有的词根 chem 在语言学角度还有不少争议，但它可能来自阿拉伯语中表示"转化"的 kimiya。

许多文艺复兴时期炼金术士的实践正是我们现在所认为的科学研究，他们为后来化学和医学等领域的实验室工作奠定了基础。然而在当时，许多炼金术士被认为是冒牌货，通过许诺财富来蒙骗他人。到了 18 世纪初，现代科学开始出现，"炼金术士"逐渐被用来称呼那些不切实际追求魔法梦想的人，比如妄想创造黄金的人。通常认为比利时学者扬·巴普蒂斯塔·范·海尔蒙特代表了从炼金术到科学的转变。他相信炼金术原理，同时也认为只有通过实验才能获得关于自然的知识。

◀化学的萌芽
这幅双罐蒸馏器的插图来自 16 世纪德国外科医生、炼金术士赫罗尼姆斯·布伦施威格的蒸馏手册。这是一部开创性的化学著作，其思想大量借鉴自炼金术。

万物皆变

炼金术的核心概念是转化和提纯——把基础物质变成更好的东西。就像试图炼出难以捉摸的哲人石一样，这一切都被秘密笼罩着。据说哲人石有各种伟大的功用，它不仅能够把贱金属变成贵金属，而且可以治愈疾病，令人获得不朽（通过制造相关的万能灵药、长生不老药等），以及净化灵魂。此类信仰背后隐藏着一个古老的观念，即万物都会自然地努力发展以臻完美。

秘密与符号

为了达到目的，炼金术士们需要执行一套秘密的、包含多个阶段的流程，其中往往充满了与宗教、自然哲学和大众魔法有关的象征符号。该流程涉及仪式实践和数字序列，但也包含我们熟知的现代科学手段，比如蒸馏（见左页）。

▲稳定易挥发物
这幅 17 世纪或 18 世纪的插图是为更早的无插图文本《巴希尔·瓦伦丁的 12 把钥匙》（1599 年）所绘。这部作品详细介绍了炼制哲人石的 12 个步骤。画面中的花朵可能象征着提纯后的贵金属。

▼追寻哲人石
这条"里普利卷轴"以 15 世纪著名英国炼金术士乔治·里普利的名字命名。红绿两色的狮子分别代表硫黄和汞——炼制哲人石的两种主要成分。

炼金术的古代先驱

炼金术深深扎根于中世纪时期的西方世界，但其受到了各种古代文化跨地域的影响：古代中国（参见第 51 页）、印度、古希腊、拜占庭和伊斯兰世界的传统中都有炼金术的类似想法。西方炼金术在很大程度上来自阿拉伯文化，许多内容似乎源于一个叫作贾比尔的人物，这个名字既指著名的阿拉伯炼金术士贾比尔·伊本·哈扬（约公元 8 世纪），也指后来欧洲的一位炼金术士、作家。

这幅 1584 年的版画描绘的是**阿拉伯炼金术士贾比尔·伊本·哈扬**。

尝试创造传说中的哲人石也被称为"不朽的事工"，其中涉及的阶段按不同的说法有不同的数量和类型。阶段数量往往是 7 个或 12 个，7 阶段说出现在 16 世纪的文本《日之光》（参见下图以及第 152 页—153 页）中，而 12 阶段说的代表是《巴希尔·瓦伦丁的 12 把钥匙》。与象征符号相关联的一组组数字也是炼金术秘密编码世界的一部分，占星学在其中占了很大的比重。用于炼金术的材料和过程，与天体的数量、性质及运行有关，而黄道 12 宫和占星符号也被广泛使用。比如，文艺复兴时期的一套炼金系统按照以下顺序呈现了 12 扇"门"（或者说阶段）与 12 宫的对应关系：煅烧（白羊）、凝结（金牛）、固定（双子）、溶解（巨蟹）、浸提（狮子）、蒸馏（处女）、升华（天秤）、分离（天蝎）、蜡化（射手）、发酵（摩羯）、增加（水瓶）、投射（双鱼）。

炼金过程中的色彩变化

追求哲人石的西方炼金术士希望他们的实验过程能按照一定顺序显现颜色。该过程包含 4 个阶段，尽管一些文本中提到了更多。首先出现的是黑色阶段；然后是显现白色的反照阶段；第三阶段是不太被提的黄化阶段；最后是红化阶段，可通过一种紫色或发红的颜色来判断"红石"已经炼制成功。炼金术文本中的象征符号与这些颜色的显现阶段密切相关，比如，一只乌鸦可能代表黑色阶段，而一只开屏的孔雀（参见第 153 页）可能代表某个阶段会产生令人目眩的光彩。

如其在上，如其在下

文艺复兴时期的炼金术士也吸收了大量赫尔墨斯主义的思想（参见第 134 页—135 页），

▶重生

炼金术中贯穿着重生和复活的观念。右图来自 16 世纪的文本《日之光》，画中一位戴着王冠的天使向一个从潮湿沼泽中起身的人提供蔽体的衣物。左侧人物呈现出红黑二色，这代表着炼金过程中的两个阶段。

他们尤其借鉴了被称为"翠玉录"的文本。

　　传统上认为该文本是传奇人物赫尔墨斯·特里斯墨吉斯忒斯本人所写，但如今研究者们认为此文源于阿拉伯，可追溯到6世纪到8世纪间。《翠玉录》是炼金术士的一大灵感来源，据说这篇隐晦的文本中包含着炼金术的秘密以及赫尔墨斯主义关于在每一个人与宇宙之间实现平衡的思想。它影响了文艺复兴时期的许多杰出人物，比如约翰·迪伊、

艾萨克·牛顿和16世纪的医生兼炼金术士帕拉塞尔苏斯，后者对医学的创新贡献正是基于这种平衡的思想。赫尔墨斯主义的核心观念是存在着一种将微观世界与宏观世界相统一的普遍力量。这一思想经常被概括为"如其在上，如其在下"，它是从《翠玉录》的原文"上如下，下如上，以成一"中总结的。对于炼金术士来说，"一"指他们的最终目标：哲人石。

▲晦涩铭文
炼金术士海因里希·昆哈特的《永恒智慧的竞技场》（1609年）中收录了这幅翡翠石板的假想图，据说赫尔墨斯·特里斯墨吉斯忒斯在石板上雕刻了《翠玉录》文本。

"……那些有经验的炼金者，能借乌煤的火力，
把粗糙的矿石化为纯金……"

约翰·弥尔顿，《失乐园》第5卷，1667年

《日之光》的第 12—18 幅插图。这些插图很可能是由多位艺术家创作的，但他们的姓名没有流传下来

艺术中的炼金术

艺术和炼金术是在文艺复兴时期蓬勃发展的两大领域，而且两者常常结合在一起。炼金术是赠予艺术家的礼物——一个丰富多彩、令人兴奋、魅力十足的话题，充满了具有异国情调的象征，比如巨龙和华丽的鸟。各种与炼金术相关的场景都出现在文艺复兴时期的绘画中，有学术性的、寓言性的，也有描绘日常生活的。

左图中展示的复杂象征性绘画作品来自《日之光》，一部富丽堂皇的 16 世纪泥金装饰炼金术手抄本。据说该书的文本出自文艺复兴时期著名的（但很可能是传说中的）炼金术士所罗门·特里斯莫辛之手。而绘制这些插图的艺术家的身份仍然没有定论。

《日之光》详细描述了一位炼金术士探索珍贵哲人石的冒险经历。反复出现的数字，尤其是数字 7，在炼金术中具有重要意义：左侧展示的插图将 7 位主要的占星学神祇（画面顶部）与炼金术的 7 个主要阶段联系在一起。其中描绘的宇宙众神有：对应土星的萨图恩（左上第一幅）、对应木星的朱庇特（左上第二幅）、对应火星的玛尔斯（左中）、太阳神（左下）、对应水星的墨丘利（中）、对应金星的维纳斯（右上）和月亮神（右下）。每个烧瓶中都有每个炼金阶段的经典象征物，比如孔雀代表了产生多种颜色的阶段，而白王后（中）和红王（右下）代表了必须结合起来才能实现炼金术的目标：完美。

"于是，我把三种金属变成了精致的黄金……"

所罗门·特里斯莫辛（据传），《日之光》，16世纪

玫瑰与十字架的秘密

玫瑰十字会

玫瑰十字会秘密运动最早始于17世纪初，得名于其纹章——十字架上的一朵玫瑰花。玫瑰十字会的成员称追随者可以获得隐藏的神秘知识，并称可以提供改造社会的钥匙——这些宣言引发了外界热烈的讨论猜测。玫瑰十字会还衍生出了其他教团，到目前已延续了数个世纪。

◀教团的象征
17世纪英国占星师、医生罗伯特·弗拉德对玫瑰十字会产生了兴趣，并在其1629年《至高善》一书的扉页上重新呈现了该秘密教团的玫瑰十字符号。

动荡与变革

在1618年三十年战争爆发前的数十年动荡中，许多欧洲人转而相信千禧年主义（即相信剧烈的社会变革即将到来）。欧洲大陆自宗教改革运动以来就饱受战争蹂躏，人们对未来感到担忧，于是紧紧

抓住德国医生兼术士阿格里帕、瑞士炼金术士帕拉塞尔苏斯等学者关于属灵世界的观点。

在这种紧张气氛中，三份宣言于1614年—1616年在德国发表，引起了轩然大波。第一份宣言《玫瑰十字兄弟会传说》介绍了德国修士克里斯蒂安·罗森克鲁兹（其姓氏即为"玫瑰十字"之意，见本页左下专栏）及其创办的兄弟会。后两份宣言《兄弟会自白》和《克里斯蒂安·罗森克鲁兹的化学婚礼》则在秘密魔法社团传说的基础之上增添了关于卡巴拉、经文解注、炼金术等神秘晦涩的内容，以吸引那些认为新旧知识结合能给世界带来启迪的人。

四海皆兄弟

玫瑰十字会宣言提到了一位受选的男性教友，称他把秘密知识保存了数个世纪，但没有人知道宣言的作者是谁。后来有迹象表明，至少其中一些内容出自德国神学家约翰·瓦伦丁·安德里亚之手。安德里亚公开抨击玫瑰十字会，称其文本为一场骗局，但他确实曾书面承认自己编写了《化学婚礼》。然而包含这些坦白文字的作品直到1799年才出版，当时安德里亚去世已近150年。

尽管宣言作者身份不明，《玫瑰十字兄弟会传

克里斯蒂安·罗森克鲁兹（据传生于1378年）

传说中的创始人

《玫瑰十字兄弟会传说》中讲述了（可能是虚构的）德国修士克里斯蒂安·罗森克鲁兹曾前往圣地朝圣，并在阿拉伯和摩洛哥学习神秘艺术和卡巴拉的故事。1403年返回欧洲后，罗森克鲁兹成立了一个兄弟会，致力于治疗病人及传递神秘知识。据说他死于1484年，寿享106岁。而其坟墓于1604年被发现，墓室内亮着一盏长明灯。正是此事促使玫瑰十字会公开表明身份并发表宣言。

罗森克鲁兹的墓地被称为**"哲人山"**，由一头狮子守卫。

◀东方奥秘
左图来自德国炼金术士丹尼尔·莫格林 1618 年的著作《玫瑰十字的智慧之镜》。画面描绘了智慧和知识从东方出现，降临到属于玫瑰十字会的城堡之上。

说》在 3 年内重印了 7 次。截至 1623 年，已有大约 400 份关于玫瑰十字会的出版物。就在这一年，巴黎出现了两张玫瑰十字会的海报，上面写着会中兄弟正在访问这座城市，随即引发了一场猜测他们行踪的风潮。许多重要的知识分子都对该教团产生了兴趣。比如，法国数学家勒内·笛卡尔就前去寻找一位玫瑰十字会专家。始终有人尝试追踪行踪诡秘的玫瑰十字会。

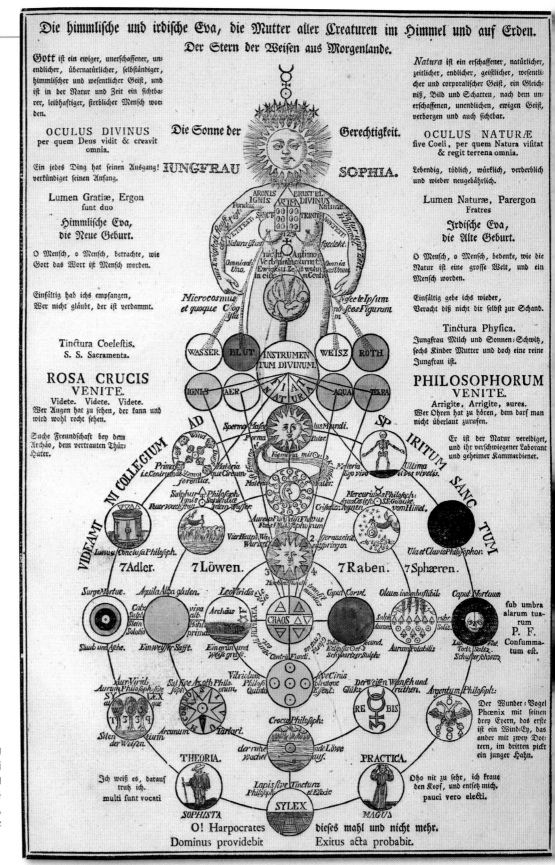

►智慧的化身
右图来自一份 1785 年的玫瑰十字会手抄本。画面中索菲亚（智慧化身）的形象从一张由炼金术符号构成的密集网络中升起。该图生动说明了玫瑰十字会的符号语言多么复杂。

然而，随着 1618 年的战争蔓延至整个欧洲，人们对该教团的热情逐渐消退：一篇玫瑰十字会短文甚至坚称兄弟会已经"搬到了东方"。

◀路德教与玫瑰十字会

新教改革者马丁·路德的印章（玫瑰花上有一个十字）与玫瑰十字会标志的相似之处，使一些人不由得猜测两者之间的联系。

玫瑰十字会的神秘学复兴

玫瑰十字会乐观地认为可以通过应用神秘知识来改革社会，不过这一观点在启蒙运动中失去了吸引力。始于 17 世纪晚期的启蒙运动倡导使用现代科学来实现同样的目标。然而在德意志地区，对炼金术和卡巴拉的信仰仍然存在。1710 年，一位来自西里西亚的新教牧师塞缪尔·里希特发表了一篇关于"金色与玫瑰色十字教团"的短文。他在文中描述了一个新的教团，该教团由一位"皇帝"领导，会中每个兄弟都拥有哲人石的一个碎片，而哲人石正是炼金术的终极目标（参见第 148 页—151 页）。

新一代的玫瑰十字会又繁荣起来。这一秘密教团有复杂的信仰体系和种种正式仪式。在入会仪式上，资深成员们坐在摆放着七枝灯台的桌子旁，而预备入会者要当着他们的面回答 35 个与信仰相关的问题。会众分为 9 个等级，最低的是"学徒"，其上是"理论家"，等级最高的是"魔导师"和"魔法师"。每个等级的成员都能获取相应程度的神秘知识，包括如何将基础物质转化为黄金。对于这些新玫瑰十字会成员来说，炼金过程中变化并不是关于实际物质的，而是通往更高精神层面的象征性转变。

随着时间的推移，玫瑰十字会与包括共济会在内的类似秘密社团发生了部分融合。它也与一些团体发生了冲突，比如光照会就否定玫瑰十字会对炼金术的热衷。19 世纪的神秘学复兴再次给玫瑰十字会运动注入新的动力。新的教团相继成立，美国也出现了其分支机构，如 1909 年在西雅图成立的玫瑰十字同盟和 1915 年在纽约成立的玫瑰十字古老神秘教团。这两个组织如今仍然存在，并接纳成年人入会，不论男女。

背景故事

想象理想社会

1516 年英国律师托马斯·莫尔的《乌托邦》出版后，描绘理想化社会的叙事小说变得流行起来。比如，英国哲学家弗朗西斯·培根在 1627 年的《新亚特兰蒂斯》中主张社会应由科学专家统治。许多处于玫瑰十字会边缘的人也纷纷效仿，约翰·瓦伦丁·安德里亚写了一部《基督城》，他在该作品中设想了一个位于印度洋卡帕尔·萨拉马岛上的理想社会。安德里亚想象中理想社会的建立原则是个人虔诚、教育改革（儿童从 6 岁起就在寄宿学校练习数学和语法）以及通过科学研究改善居民生活。

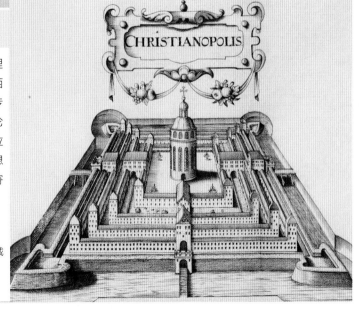

基督城：约翰·瓦伦丁·安德里亚在其 1619 年的著作中非常重视理想城市之中有序、有规律的建筑。

仰观宇宙

西方占星学

▲皇家赞助人
天文学家乔瓦尼·比安奇尼跪着向神圣罗马帝国皇帝腓特烈三世展示其《天文学图表》。他的研究成果于1442年首次编纂成册，书中提供了比以往更精确的恒星及行星位置观测数据，这是占星师们的宝贵资料。

占星学认为恒星及行星的运动能够影响人类的生活和尘世中的事件，此类信仰体系起源于巴比伦尼亚。在文艺复兴时期的欧洲，古代文本译文的流行促进了人们对占星学的兴趣。与此同时，一门新的学科出现了：天文学，即与人类无关的、对宇宙和天体的科学研究。当时人们常常认为这两个学科是互补的。

公元2世纪，罗马帝国治下的希腊学者托勒密在《占星四书》中提出了其占星系统，称为托勒密体系。该系统为文艺复兴时期的占星师们所用，比如意大利的卢卡·高利科，他在1552年的著作《占星论》中参照托勒密体系绘制了著名人物的生辰天宫图。占星师们也受益于教宗利奥十世和英国女王伊丽莎白一世等赞助人。伊丽莎白一世就曾邀请约翰·迪伊为她加冕礼的最佳日期提供建议。

占星学的兴衰

文艺复兴时期的占星学也影响了其他学科。人文主义者马尔西利奥·斐奇诺就曾在《人生三书》中提出，人类身体与精神的福祉可以与天堂秩序相协调。丹麦天文学家第谷·布拉赫也相信占星学。当他在1572年观测到一颗"新星"（实际上是一颗超新星）时，布拉赫根据当时人类社会的情况将其解释为战争和饥荒的预兆。天文学使天体测量的精确度不断提高，而占星师们则利用这一点来完善他们的占星系统。

到1647年，英国占星师威廉·李利在其《基督教占星学》一书中揭示了许多天体与人类事物之间的联系。例如，木星与谦逊、正义、清朗的面色、丁香、梨、大象、独角兽及数字3有关。尽管如此，占星学在这一时期已然开始衰落。1586年教宗颁布法令禁止魔法与占星活动，而17世纪的科学家也越来越拒绝任何与魔法有关的事情，包括仰观天象。

木星指引下的商人▶
在占星学中，行星控制着人类生活的特定领域。右页的插图来自意大利修士莱昂纳多·达狄的1470年手抄本《寰宇》，画面中展示了木星对烘焙师、谷物销售商和鱼贩产生良性影响。

背景故事

新科学

启蒙运动削弱了占星学对科学的控制。尽管艾萨克·牛顿爵士是一位狂热的炼金术士，但他提出了万有引力理论，并将学术界的共识从托勒密的地心说体系转向了基于科学的世界观。

占星学认为天体与人类事务之间的关系是可预测的，而这一观念日渐被另一种观念所取代，即认为宇宙按照一套固定的科学规律运转。

左图来自**彼得·阿皮安**1540年的《皇帝天文学》，一部依托于托勒密体系的占星学作品。

> **"最聪明的王子，
> 占星学对人类的益处，您并不陌生。"**

乔瓦尼·比安奇尼，《天文学图表》，15世纪

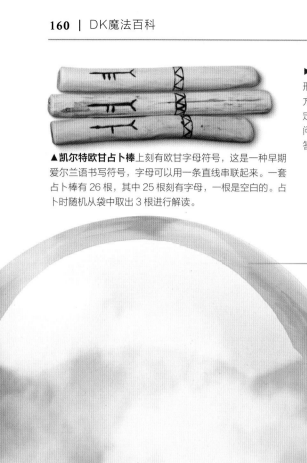

▲ **凯尔特欧甘占卜棒**上刻有欧甘字母符号，这是一种早期爱尔兰语书写符号，字母可以用一条直线串联起来。一套占卜棒有 26 根，其中 25 根刻有字母，一根是空白的。占卜时随机从袋中取出 3 根进行解读。

► **摆**被用于一种古老的占卜形式，称为摆卜。摆锤摆动方向的意义由使用者预先确定。通常，参与者提出一个问题，摆锤的摆动方向代表答案为是或否。

反光的闪亮表面，有助于占卜者看到幻象

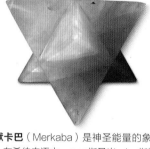

▲ **占星骰**也被用于占卜解读。骰子有 3 颗，一颗刻有 12 星座符号（上图左），一颗刻有代表太阳、月亮及各大行星的符号（上图右），最后一颗刻有数字 1—12，代表 12 个宫位。

▲ **默卡巴**（Merkaba）是神圣能量的象征符号：在希伯来语中，mer 指圣光，ka 指精神，ba 指身体。默卡巴呈立体的八角星形，即两个上下相对且重叠在一起的金字塔。用于占卜时可把它作为摆锤摆动，或作为陀螺在框子中旋转。

▲ **水晶球**据说会向那些知道如何"凝视占卜"或看透它的人揭示未来的秘密或景象。水晶球被用于占卜已有数千年的历史，吸引了许多大名鼎鼎的实践者，比如伊丽莎白一世时代的炼金术士约翰·迪伊。

▲ **《易经》卡牌**是一种对《易经》元素（参见第 52 页—53 页）的现代演绎。卡牌中融合了日本元素，体现了源于中国的《易经》向东亚文化圈辐射的巨大影响力。左下角圆圈内的线条符号代表原来的占卜工具——蓍草。

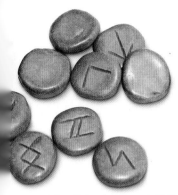

▲寻龙尺据说能探测出隐藏在地下的水源或矿藏，因为它们会随着占卜者手部下意识的动作而晃动。最初的寻龙尺是用小树枝制作的，但现在人们大多喜欢用一对 L 形的金属棒。

▲一套卢恩符文石有 24 颗，每颗都刻有一个古代北欧风格的卢恩符文。占卜师请参与者盲选一颗或多颗符文石，然后做出解读。

▲投掷骰子是一种古老的占卜方法，即骰卜。骰子最初是绵羊和山羊的关节骨或其他小块骨头。技巧在于解读掷出的数字。

▲解读茶叶即茶叶占卜，这种占卜形式是与人们饮茶的习惯一同发展起来的，直到今天依然流行。占卜方法是解读喝完茶后留在杯底的茶叶渣所形成的图案。

▲据说通灵板的指针会神秘地在不同字母之间移动，拼写出鬼魂想要传达的信息。实际上，指针的移动是由多位参与者手指的下意识动作导致的。

占卜工具

通过解读模式和符号来预知未来，占卜是最古老、最常见的神秘实践之一。许多占卜形式直到今天仍然流行，它们经过重新发明和重新想象以满足现代人，特别是新纪元运动追随者们的需求。不同文化选择了不同类型的符号来解读，研究者们已经区分出了许多不同的预知未来方式，从尘卜（解读尘土沙砾形成的模式）到秤卜（利用称量或比较重量来占卜）。

▲占卜镜有着古老的历史，现在仍被用作召唤灵体的灵媒工具。使用者希望通过镜子洞察过去、未来，甚至看到此刻正在其他地方发生的事情。

预知之力
历书与历法

在 16 世纪和 17 世纪，历书要比占星类的学术书籍普遍得多。当时的历书就像现代的记事簿，其中包含了很多实用信息，从宗教节庆到赶集日，再到更加具体的天文信息，比如日出日落的时刻。实用信息之后是关于天气、庄稼和政治局势的占星预言。虽然历书的源头可以追溯到公元前 1 世纪巴比伦的预兆泥版，但只有到印刷术发明后，历书才得以广泛传播，因为它们的生产销售过程变得迅速而廉价。西方活字印刷术的发明者约翰内斯·古腾堡于 1448 年出版了第一本大规模印刷的历书。这一做法在法兰西和德意志地区迅速传播，并在 15 世纪 90 年代传入英国，当时服务于亨利七世的意大利占星师威廉·帕隆编写了英国第一部印刷出版的历书。到 17 世纪初，历书传入英国的北美殖民地。1639 年，在哈佛学院的参与下，北美首部历书《新英格兰历书》出版发行。

▲**卢恩符文历书**
这套 16 世纪的挪威木制历书是用传统的北欧文字卢恩符文书写的。其中提及一系列宗教节日、圣徒日，以及农业历的重要日子，比如冬季的开端。

历书热潮

历书对民众有广泛的吸引力，仅在 1664 年—1666 年，英国就售出了大约 100 万册。从 15 世纪晚期开始在法国出版的《牧羊人历》本是针对平民市场的，但其预言部分颇具吸引力，连贵族也会购买，其中一本甚至进入了国王弗朗索瓦一世的图书馆。历书也涉及更高层

▶**农业建议**
右图来自 16 世纪英国某部历书，其中包含了圣徒日以及黄道十二宫（此处展示的是天秤座和天蝎座）对农业生活影响的预测。

可怕的预言

1474 年，德国数学家、天文学家约翰内斯·缪勒出版了一份《星历表》，即天体位置表。在缪勒死后，据说有人在他留下的文件中发现了一段预言诗，其中预言了1588 年的多场灾难。而占星师们知道 1583 年将出现罕见的土星与木星相合的天文现象，他们把对此事的担忧与缪勒的预言联系在了一起。尽管引发了广泛的恐慌和猜测，但缪勒预言的灾难并没有发生。

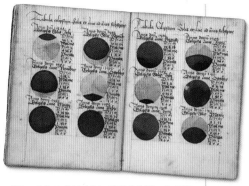

《星历表》是约翰内斯·缪勒绘制的一张月相表。缪勒更广为人知的拉丁名是雷吉奥蒙塔努斯（意为"国王山"）。

次的事情，尤其是对世界末日的预测。

此类预言在社会动荡时期蓬勃发展，当时政治主题的长篇大论可以伪装成占星预测。威廉·李利的《梅林英语星历》在英国内战期间广泛流传（其首部历书于 1645 年在战争期间出版）。李利名声大噪，以致在 1666 年伦敦大火后被捕，因为他曾预言会有一场火灾，并被怀疑是纵火者。

诺查丹玛斯

更有名的是法国医生、占星师米歇尔·德·诺特雷达姆，或称诺查丹玛斯。他于 1550 年开始编写历书，并似乎预言了法国国王亨利二世在 1559年的一次比武事故中的死亡，此后他被奉为先知，声誉飙升。他的预言被整理收录在《诸世纪》中，这部书用晦涩模棱的四行诗体写成。有人认为这些诗句预言了后来发生的种种事件，从 18 世纪末的法国大革命到 2001 年美国的"9·11"恐怖袭击。在 17 世纪，纯科学性历书中的天文表变得越来越精确，吸引了同样有科学头脑的买家；而在市场的另一端，大众历书和民间历书也在继续流行，比如《老摩尔历书》。这套历书于 1764 年首次出版，直至今日仍在每年发行。

▼未来编年史
诺查丹玛斯《诸世纪》的扉页。在 21 世纪仍有不少人相信书中的预言。

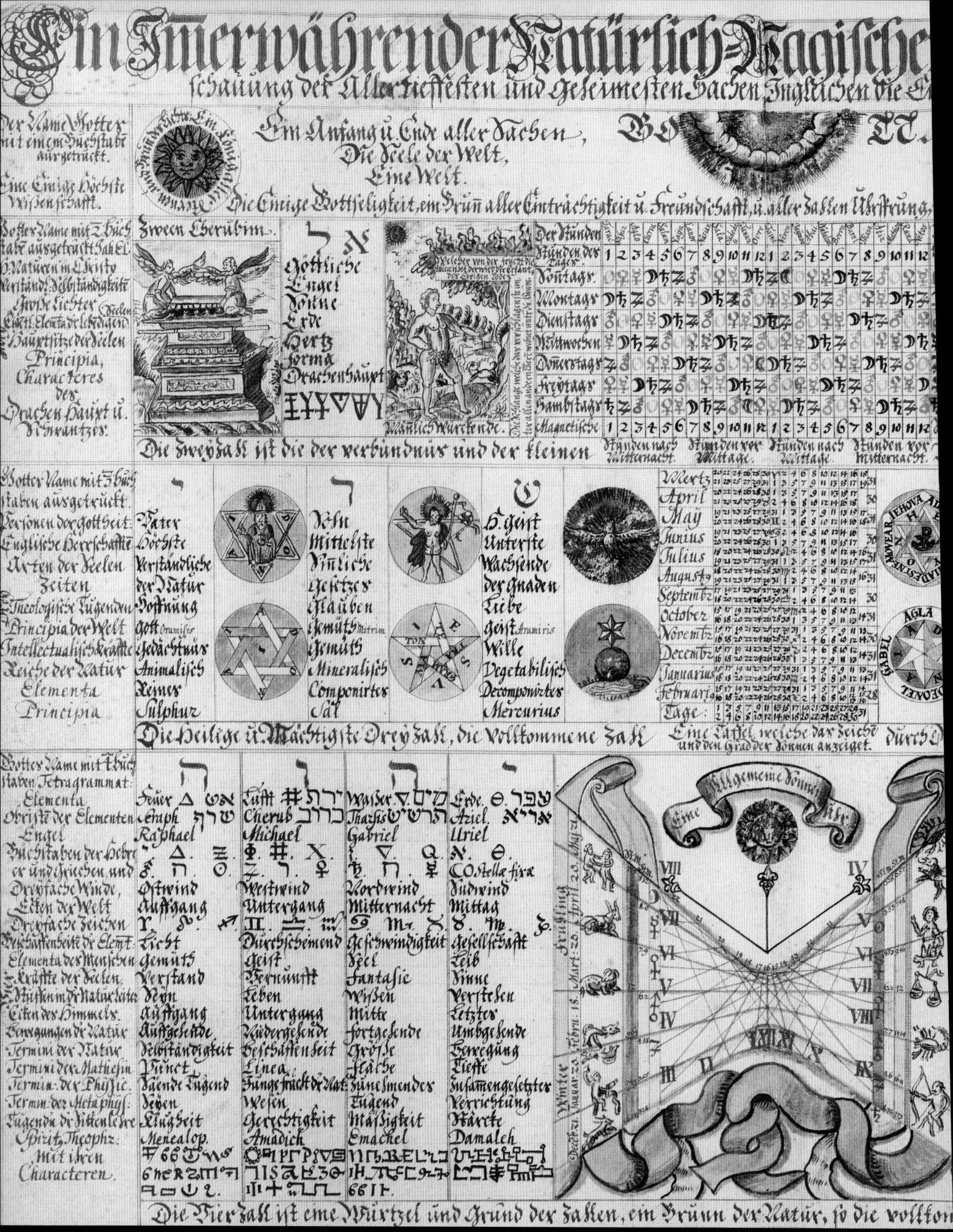

▲ 上图来自约翰内斯·西奥多罗斯·德·布里《魔法日历》（1620 年），图中展示的是魔法与宇宙学对照表。

一切知识的密钥

  魔法书有漫长的谱系，最早可追溯到古代美索不达米亚的预兆泥版（参见第 19 页）和希腊魔法莎草纸（参见第 32 页），并且在中世纪时期不断延续。它们的存在表明人们渴望以实物形式把神秘知识保存下来。在文艺复兴时期，印刷术的出现使此类知识得以更广泛地生产和传播，而其媒介就是魔法手册（即"魔典"，尽管这一术语直到 18 世纪才开始被普遍使用）。魔典有各种规格的外观，可以是巨大的皮面装订本，也可以是散乱的小册子，但其中的神秘知识赋予了书籍本身一种近乎神奇的性质。

  打着著名学者的名号（很大程度上是噱头）则进一步提高了那些畅销图书的名声。比如，《七日之书》被归在 13 世纪巴黎学者皮埃特罗·达巴诺名下，而实际上这本书是 1559 年才首次出版的。同样出版于 1559 年的《秘教哲学第四书》则假托神秘哲学家海因里希·科尼利厄斯·阿格里帕之名，而阿格里帕早在 24 年之前已去世了。传播最广的魔法书当数《所罗门的钥匙》，此书从 14 世纪就开始流传，其中包含了大量魔咒和咒语，据说是由《圣经》中的所罗门王亲自编写的。根据宗教裁判所的审判记录，此书在文艺复兴时期的西班牙和意大利似乎尤为常见。

> "这本书涉及……
> 如何召唤灵体……
> 以延长寿命 300 年。"

菲利普·欧马吉乌斯，1575 年，
引用于 1617 年版《阿巴太尔》

误读当地文化符号
殖民地奇遇

15世纪晚期，大量欧洲人涌入美洲、非洲和亚洲地区，而此前当地原住民信仰繁荣发展，于是两者之间出现了文化冲突。殖民者把当地传统宗教彻底贬称为魔法，把原住民仪式称为魔鬼崇拜，并迫害其实践者。

葡萄牙人在非洲

1483年，葡萄牙探险家迪奥戈·康进入刚果王国（位于现在安哥拉北部），发现当地的宗教信仰与基督教截然不同。迪奥戈·康与跟随他而来的基督教传教士将恩基西（见对页）斥为"巫术"（feitiço），而在非洲人眼中，恩基西是附着精神力量的物件。葡萄牙语中的feitiço进入英语后变成了fetish，于是这个词成了对各种非洲魔法物品的通用称呼。

这种对复杂宗教图景的过分简化是欧洲人对原住民灵性生活的典型反应。刚果的占卜治疗师被称为恩甘加，据说他们保护活着的人免受恶灵的侵害并负责治疗疾病。这一群体被欧洲人贴上了"巫师"的标签，而他们使用恩基西来驾驭巴基西（灵体）的实践则被指控为魔鬼崇拜。

西班牙视角

在中南美洲，西班牙人遭遇的当地宗教体系则包含国家管理的等级制度和一座座公共神庙。1524年抵达墨西哥的方济各会传教士在听说当地用活人祭祀时感到异常惊骇，尽管他们的基督教中也有上帝之子自我牺牲的观念。而中部美洲的民众认为众神自我牺牲以确保人类的福祉，所以现在需要人类献出鲜血作为回报。西班牙人把此类公共祭祀斥为邪神崇拜，把对占卜和鬼魂的私人信仰称为"巫术"（brujería）。

传教士们最关心的是当地的魔法实践者，比如纳瓦利（变形巫师），据说他们能变形为美洲狮或美洲豹；还有特拉维波钦，据说他们是死灵法师，有口吐火焰的能力。1562年，方济各会修士迭戈·德·兰达将158名被怀疑为玛雅魔法师的原住民折磨致死。尽管暴力迫害和屠杀不时爆发，但原住民的宗教实

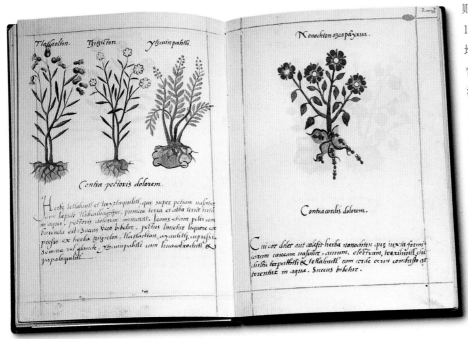

▼草药疗法
下图复制自某阿兹特克医生的1552年药典，画面右侧展示了一种草药诺诺奇顿。该植物可用于治疗心脏疼痛——把花瓣连同其他成分一起加水研磨，然后饮用。殖民者往往对当地医学持怀疑态度。

> "纳瓦利是……一种巫师，夜间出现恐吓百姓，吸食儿童的血液。"

贝尔纳迪诺·德·萨阿贡，《新西班牙事物通史》，1545年—1590年

▲狂热之火

上面这幅插图来自《特拉斯卡拉史》，画面展示了西班牙修士焚烧一座阿兹特克神庙的场面。其中出现了两个逃离火海的恶魔模样的角色，这越发突出了西班牙人的视角，即当地神庙是魔鬼崇拜的中心场所。

践依旧存在。当地民众继续咨询预言师，后者则根据某人的出生日期（使用周期为 260 天的神圣历）来判断其未来命运。此外还有通过致幻剂进入属灵世界的祭司以及民间治疗师。随着时间的推移，基督教圣徒的形象与传统神明杂糅起来，这种混合形式的民间崇拜一直延续到了今天。

北美原住民的实践

北美地区也出现了类似的误读。比如，欧洲人不分青红皂白地给一切贴上"黑魔法"的标签，甚至把当地巫医、治疗师与纳瓦霍皮行者混为一谈，后者指的是一种掌握了深刻的神秘知识，却选择化为动物形态作恶的巫师。在美洲原住民眼中，世界乃灵性的统一体，每种动植物都有自己的灵魂。这种观念也被欧洲人误解了，他们以为当地人真的是在向树木、岩石和动物祈祷。

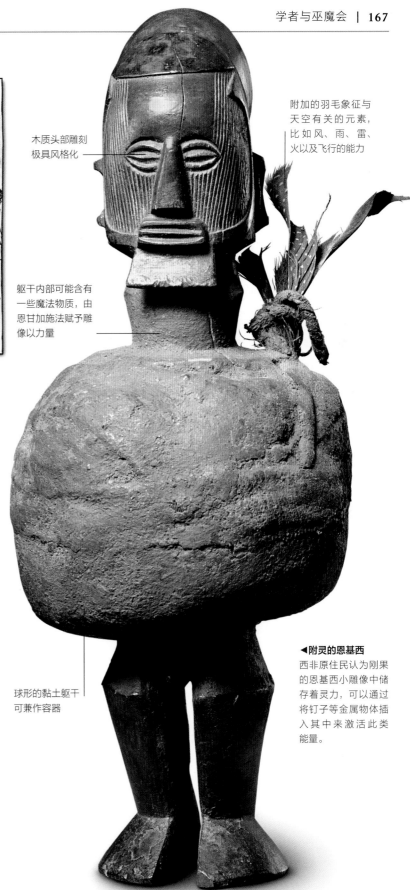

木质头部雕刻极具风格化 ——

躯干内部可能含有一些魔法物质，由恩甘加施法赋予雕像以力量

附加的羽毛象征与天空有关的元素，比如风、雨、雷、火以及飞行的能力

◀附灵的恩基西

西非原住民认为刚果的恩基西小雕像中储存着灵力，可以通过将钉子等金属物体插入其中来激活此类能量。

球形的黏土躯干可兼作容器

The flyer.

▶来自新大陆的场景
这幅"印第安魔法师"的水彩画由约翰·怀特绘制,他是 1587 年在罗阿诺克建立的最早的英属北美殖民地的总督。

对原住民的误读从接触之初就开始了：1607年，英国在弗吉尼亚的首个殖民地詹姆斯敦建立后不久，其领导人约翰·史密斯以为波瓦坦人的青春期庆祝仪式是在献祭自己的孩子。种种误读一直持续到今天。

北境之民

欧洲人第一次接触格陵兰和加拿大北极地区的因纽特人是在16世纪，当时旅行家们受命探索西北航道，他们相信这条水路连接了太平洋和大西洋。严酷的生存环境培养了因纽特人的合作精神和对因努阿（掌控严寒环境的灵体）的信仰。

因纽特人的安格科克（灵疗师）类似于西伯利亚地区的萨满，该群体负责与属灵世界进行沟通，并在必要的仪式上引导社群民众，以确保因努阿庇佑他们。因纽特人认为安抚海中老妪是一件尤其重要的事情，在格陵兰传说中，这一神祇名为阿娜奎塞格，是她创造了海豹等海洋生物，它们是因纽特人赖以维持生存的食物来源。据说如果老妪被激怒，她会让海洋生物远离人类，导致饥饿和灾厄。

基督教传教士在19世纪90年代开始向因纽特人传福音时，并不完全理解他们的世界观。因纽特人相信种种向人类复仇的造物，比如图皮拉克，这是一种由巫师用动物甚至儿童的身体部件创造出来的怪物；而在传教士眼中，这是一种巫术。

◀残酷的相遇

左图描绘了1577年发生在巴芬岛"血腥点"的一场残酷战斗。冲突的一方是因纽特原住民，而另一方是马丁·弗罗比舍带领的英国探险队的水手。暴力冲突加深了欧洲人对原住民信仰的误解，并导致了彼此间的不信任。

英属殖民地的民间魔法

欧洲魔法和当地魔法也发生了融合。在英属北美殖民地，某些美洲原住民信仰、非洲奴隶的宗教信仰以及英国民间魔法（参见第202页—203页）融合在了一起。而天主教对圣水、蜡烛及圣物的使用在新英格兰地区的清教徒传说中也能找到对应。比如，在1692年—1693年的塞勒姆女巫审判中，牧师塞缪尔·帕里斯的非洲女奴隶蒂图芭据说在做蛋糕时使用了尿液，而这是一种古老的英国民间魔法配方。在康涅狄格，一位美洲原住民向一位愿意接受新事物的定居者提供了"两件比白昼更光明的事物……印第安人的神明"，此事表明原住民的宗教仍然充满活力，并能为心态开放的殖民者提供魔法帮助。

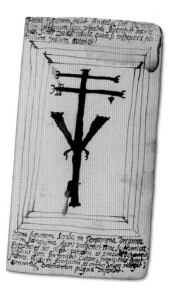

> ## "对人们来说，用咒语治愈伤痛是一件常见的事情。"

科顿·马瑟，《不可见世界的奇观》，1693年

▶魔咒之书

这本17世纪的书中画有一个宗主教十字，旨在保护读者免受暴力、疾病和恶魔的伤害。此书及其内容是在新英格兰殖民地流传的宗教热情与魔法信仰的典型混合体。

舞台上的巫术
文艺复兴时期戏剧中的魔法

▲ 与魔鬼对话
这幅17世纪的木版画来自某版本《浮士德博士的悲剧》。马洛讲述了一个苦口良药般的故事：一位渴求神秘知识的学者变成了死灵法师，把自己的灵魂卖给了魔鬼。

在文艺复兴时期的戏剧中，魔法是一种娱乐手段。它提供了方便的情节设置，并把观众所属文化的重要组成部分重新反映给他们。剧作家们探索戏剧中的幻觉是如何与现实生活相呼应的，以及戏剧本身是不是一种魔法。

喜剧中的魔法

1499年，西班牙作家费尔南多·德·罗哈斯的对话体小说《塞莱斯蒂娜》出版。小说的关键人物塞莱斯蒂娜是一位女巫，这一设定有些冒险且容易引发话题，因为当时西班牙的宗教裁判所正在积极地查禁巫术。然而这部作品通过了裁判官的审查，他们只删除了一些不利于神职人员声誉的台词。

集占星师、死灵法师与招摇撞骗者于一体的形象是喜剧中一个颇受欢迎的程式化角色。一个典型的例子是1513年的喜剧《卡兰德利亚》中的魔法师鲁弗，该剧作者为意大利红衣主教比别纳。幻觉与变形既是鲁弗戏份的中心内容，也造成了其他角色错综复杂又幽默的误解。

到17世纪中期，与古典传统相悖的魔法常常是法国悲喜剧和巴洛克戏剧的标志。在皮埃尔·高乃依的戏剧《可笑的幻觉》中，魔法师阿尔康德尔的出场与巧妙的"戏中戏"设置密切相关，并且开创性地探索了人物外观的流畅转换。

> **"法师在夜间勤奋地工作，**
> **所以每个白昼都有新的奇迹出现。"**

多兰特评论阿尔康德尔，高乃依《可笑的幻觉》，1635年—1636年

光明与黑暗

在文艺复兴时期的英国戏剧中，魔法应用于喜剧、巧妙的发明和轻松的娱乐，但也同样用来表现较阴暗的主题。不过剧作家们通常还是与在位君主的正确立场保持一致。在詹姆斯一世的统治下，这意味着迎合他的反巫术热情。1604年，这位国王颁布了严厉的《巫术法案》。同年，马洛的剧本《浮士德博士的悲剧》出版，该剧演出时对神秘法术的表现吓坏了观众，让他们以为自己在舞台上看到了真的魔鬼。

莎士比亚也部分赞同詹姆斯一世的反巫术观念，他在戏剧《麦克白》中塑造了刻板的女巫形象。但莎士比亚对巫术的描绘往往是微妙的，比如在《仲夏夜之梦》及《暴风雨》中。《暴风雨》中沉迷魔法的普洛斯彼罗可能是以神秘学家约翰·迪伊为原型塑造的。

魔法实践

以爱之名

文艺复兴时期的戏剧在处理浪漫的主题时经常使用一些魔法或超自然的点缀，比如帮助恋爱对象达成目标，或是使有缘无分的恋人终成眷属。此类情节反映了这样一个事实，即大众魔法中一直充斥着可用来俘虏恋人心的民间咒语和魔法药剂。莎士比亚《仲夏夜之梦》（参见第173页）中的花汁就是模仿了现实世界中用蓝花马鞭草调制的药剂。

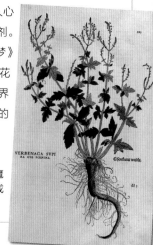

蓝花马鞭草被用于调制魔药以重燃将熄的爱火，或编织成新娘佩戴的花环。

图例

1 飞在空中的有翼人物吹响小号，昭示高乃依是悲剧、喜剧双重大师。

2 桂冠是希腊神阿波罗的象征，表明高乃依是其领域中的佼佼者。

3 代表喜剧（右）和悲剧（左）的人物站在剧作家的两侧，高乃依用魔法将两者融于《可笑的幻觉》中。

4 面具是代表戏剧的经典符号，也有助于演员进行装扮。在《可笑的幻觉》中，魔法与误认身份的情节交织在一起。

◀幻觉大师

左图为 1664 年版高乃依全集的卷首版画插图，剧作家的半身像位于画面中心。书中收录了《可笑的幻觉》，这是一部使用魔法召唤出其戏剧宇宙的作品。

▲ **提泰妮娅与波顿**出现在 J. A. 菲茨杰拉德的画作《仲夏夜之梦》之中。菲茨杰拉德是 19 世纪著名的童话题材画家。

莎翁笔下的
顽皮精灵

　　魔法为威廉·莎士比亚提供了一种既具娱乐性又发人深省的思想交流方式。在创作于1595年—1596年间的浪漫喜剧《仲夏夜之梦》中，他利用魔法来探讨浪漫爱情这一主题（就和许多早前的中世纪浪漫故事一样）：爱情是随机的疯狂还是一种魔法？爱情会受到超凡之力的掌控吗？超自然人物会比凡夫俗子更能控制爱情吗？

　　两条坎坷的寻找幸福之路在剧中平行展开，一边是两对人类爱侣，另一边则是仙王奥伯龙与仙后提泰妮娅。而中心角色则是恶作剧的始作俑者小精灵帕克以及一朵魔法花。把花朵的汁液挤在熟睡者的眼睑上，人类或小仙子都会爱上他们醒来时看到的第一个人。有趣的混乱接踵而至，比如提泰妮娅迷上了一位名唤波顿的织工（见左图），而波顿的脑袋被施法变成了驴头。

　　大部分情节都在住满了小仙子的森林中展开，生动地反映了当时民间魔法、自然魔法以及自然世界的天然奇迹。好魔法与坏魔法的界限是不断变化的，这一点在帕克这一角色的身上显而易见——他有时是毫无恶意的淘气，有时则略有些邪恶。在中世纪，人们往往把精灵与恶魔联系在一起，帕克一角也是如此。他把自己与夜间"被诅咒的鬼魂"相提并论，与属于白昼的小仙子形成了鲜明对比。

"但我们是另一种精灵。"

奥伯龙，莎士比亚《仲夏夜之梦》

恶魔与现代女巫的诞生
欧洲文艺复兴时期的恶魔学

在文艺复兴时期受过教育的欧洲人看来，巫术的核心就是恶魔。恶魔被认为是邪恶的灵体，它们能够获取神秘力量，但无法超越上帝创造的自然世界的范围。恶魔学（对恶魔的研究）借鉴了各种早期文化，比如美索不达米亚对恶魔和邪神的信仰（参见第 18 页—21 页），早期的伊斯兰文化中的镇尼（参见第 78 页—81 页），以及古希腊文化中的守护神（daimon 是表示此类神灵的词语之一）。早期基督教思想家对上述思想加以扩展，比如奥古斯丁曾断言恶魔是存在的，而且它们可以进入人的身体。

◀进入地狱之口
这幅 16 世纪的木版画展示了地狱之口的路西法与众恶魔。基督教传统认为路西法是一位堕落天使，后来演变成了上帝的死敌撒旦。

为魔鬼工作

在基督徒的观念中，魔鬼——被认为是撒旦、路西法、巴力或别西卜——是众恶魔的王子，恶魔们辅佐在侧。魔鬼作为恶魔之首是文艺复兴时期恶魔学的核心角色，这一事实既是基督教信仰中恶魔研究的根基，也鼓励了对所谓恶魔魔法实践者的异端指控。在 16 世纪 80 年代《巫师的恶魔狂热》一书的序言中，法国哲学家、法学家让·博丹引用了一段更早的文本，强调人们不应与恶魔签订协议。文中说："……恶魔是上帝及人类的无畏且无情的敌人。"

人们还认为恶魔屈服于《圣经》中的所罗门王——因此所罗门仪式非常重要，此类仪式能够调用圣力，在仪式魔法中控制恶魔（参见第 143 页）。

知晓其名

受基督教天使等级制度的影响，文艺复兴时期的神秘学文本通常按重要性顺序列出恶魔的名字，并附有召唤每个恶魔所需执行的特定巫术的细节。这些等级系统的不同版本在民间流传，特别是 17 世纪中期《所罗门的小钥匙》的"召魔术"部分，列出了 72 位恶魔。研究者认为这份所罗门式的名单是根据《恶魔的伪国》编写的，而后者构成了阿格里帕的学生、荷兰医生兼神秘学家约翰·维耶尔所著《论恶魔的伎俩》（1563 年）的一部分。

◀邪恶之箭
英国布道家约翰·班扬在 1678 年的寓言诗《天路历程》中将别西卜及其恶魔助手描述为致命的弓箭手，正如这幅 19 世纪插画中所描绘的。

▲驱魔
这幅 17 世纪的法国版画描绘了圣加大肋纳从一个女人身上驱赶恶魔，而其他恶魔挥舞翅膀逃离。被附身者的身体摆成了十字架的形状。

◀ 倒骑羊
山羊是魔鬼淫邪的象征，而女巫骑山羊是这一时期的常见意象。上图由阿尔布雷希特·丢勒创作于16世纪早期，画面中的女巫倒骑在羊背上，代表对自然秩序的悖逆。

> **"'女巫'是指有意通过恶魔的手段完成某事的人。"**
>
> 让·博丹，《巫师的恶魔狂热》，16世纪80年代

魔鬼代言人

文艺复兴时期的神职人员和哲学家经常描绘女巫如何与众恶魔以及魔鬼本人合作；许多人撰写了关于女巫本质及其与恶魔互动的详细指南。关于女巫与恶魔的关系，众说纷纭，一些人认为恶魔必然受到女巫的控制，而另一些人认为恶魔也可能是女巫的帮手。

颇具影响力的英国清教神职人员威廉·珀金斯则认为，与魔鬼结盟是定义女巫的条件之一。在他看来，不存在所谓的"好"女巫，因为所有的女巫都与魔鬼为伍。他的主要著作《论永受诅咒的巫术技艺》（1608年）把这一流行于欧洲大陆的思想介绍到了英国和北美。

恶魔的影响

许多书中详细描述了涉及恶魔的巫术，其作者经常使用"邪术"一词来描述这种恶意魔法，比如德国教士海因里希·克雷默所著的《女巫之锤》（1484年）以及意大利神父弗朗切斯科·玛利亚·瓜佐的《邪术概略》（1608年）。这两部作品以及让·博丹的作品都在猎巫运动（参见第178页—181页）中发挥了重要作用。让·博丹同样坚信恶魔的存在，他坚决反对巫术，并参与了对女

▶ 酝酿灾祸
这幅文艺复兴时期的德国木版画展示了两个女巫用一条蛇和一只鸡烹制魔咒。使用火和坩埚的女巫成为这一时期屡见不鲜的图像主题。

巫的迫害。荷兰医生约翰·维耶尔在《论恶魔的伎俩》（1563年）中采取了反对迫害的立场，然而这与传统的反巫术教条是相悖的。他认为巫术源于妄想或精神不稳定。

现代女巫的出现

在现代欧洲的语境中，巫师是指与恶魔有牵连的女人，这一概念在文艺复兴时期得到巩固，大多数巫术审判案都是针对女性的。民众在为自己的不幸寻求超自然解释时，往往会把矛头指向邻里中的贫困女性，尤其是单身的贫困女性。人们也认为女性更容易受到魔鬼的影响。珀金斯在《论永受诅咒的巫术技艺》中宣称："女性是孱弱的性别，她们比男性更早被魔鬼幻想缠住。"此类观念与"邪恶巫婆"形象一样，延续了数个世纪。

巫魔会▶
佛兰德艺术家小弗兰斯·弗兰肯的《巫魔会》（1606年）描绘了女巫们的夜间集会。当时民间流传着耸人听闻的巫魔会故事，据说有成千上万的女巫参加。

▶**德伦堡焚巫**
1555 年萨克森州德伦堡的女巫审判案是德意志地区最臭名昭著的审判之一，很大程度上是因为右图这张广泛传播的印刷宣传画——4 名被定罪的女性中有 3 名被公开烧死。

恐怖的惩罚
女巫审判

　　从 14 世纪到 18 世纪，欧洲和北美约有 5 万人因巫术被处决，其中约 4/5 是女性。几场最极端的清洗运动发生在 16 世纪末和 17 世纪初的欧洲。

　　在 1436 年—1438 年，也就是神学教授约翰内斯·尼德生命的最后几年里，他又写下了《蚁丘》，该书的第 5 卷是关于巫术的论述。"许多男女巫师都非常憎恨人类，并以各种野兽的形象出现，尤其是那些吞食儿童的野兽"，接着他对杀害儿童的逸事进行了描述。此书在 1486 年作为《女巫之锤》的一部分出版，法庭将之视为有力论证，便于在女巫审判中采取更强硬的路线。宗教改革运动从 16 世纪 40 年代开始席卷欧洲北部部分地区，此前一直被容忍的习俗沾上了巫术的污名，这进一步激发了裁判官的热情。

迫害模式

　　从 16 世纪下半叶开始，各国通过了一系列反巫术的法律，包括英国 1562 年和 1604 年的相关法案，一连串的女巫审判案件就此出现。在德意志西部地区，特里尔教区狂热的大主教着手清除他那一小块领土上的包括女巫在内的不信教者。仅他一人就在 16 世纪 80—90 年代处决了 300 人。在

◀**袭击国王的暴风雨**
这幅木版画表现了 1590 年苏格兰北贝里克的女巫审判案：阿格尼丝·桑普森在酷刑下承认，自己使用魔法制造了一场暴风雨，试图袭击国王詹姆斯六世所乘坐的船只，当时国王与新王后"丹麦的安妮"正从丹麦返回英国。

1560 年—1660 年，苏格兰处决了至少 200 名被指控的女巫，而英格兰和法兰西各处决了约 500 名。在斯堪的纳维亚、荷兰和波兰也有大量的案例，但在主要信奉天主教的欧洲南部，因巫术而被处决的情况很少。接着，就在欧洲地区审巫势头减弱的时候，这股热潮蔓延到了美洲。女巫审判通常遵循一种模式：审讯阶段会产生更多的嫌疑人，因为被指控者试图通过揭发他人如何诱导自己来自救。因此，大部分审巫案是成批进行的，比如 1581 年—1593 年的特里尔教区审判，1612 年兰开夏郡的彭德尔审判，以及 1675 年瑞典的托索克尔审判——曾有 71 人在一天内被烧死。为了逼供，有的审讯

▲ 浸水考验

浸水刑凳是一种用来鉴别女巫的刑具。因为人们认为女巫怕水，无辜的女人会沉下去（甚至可能被淹死），但有罪的女人会浮起来（并活着接受审判）。

"他们好几次在她身上找'女巫乳头';
他们把她扔进水里进行试验；之后她被逐出教会……"

罗伯特·卡里夫谈 1693 年康涅狄格的某次女巫审判，《不可见世界的更多奇观》，1700 年

◄行刑方法

在英国，被判有罪的女巫通常被绞死而不是烧死。左页插画展示了 1589 年在切尔姆斯福德被绞死的 3 名女性，其中包括琼·卡尼，她因 10 岁大的孙子的证词被定罪。画面中的第 4 名女性和她们的动物亲随坐在一起。

人员使用女巫笼头（有 4 个铁质尖齿压在被指控者的脸上），或碾压受审者脚趾，或使用吊刑（用吊索将双臂向上拉起，同时将重达 200 千克的重物坠在脚下）。

英国的游泳考验

在英国，受到青睐的是另一种评判罪责的方法。"游泳"即将被指控者的手脚捆绑在一起，然后扔进水中——如果此人（通常是女性）沉了下去，则被认为是无辜的；如果此人漂浮在水面上，则被认定为女巫。英国最臭名昭著的"寻巫将军"马修·霍普金斯就经常使用这种手段。在 1642 年—1644 年，霍普金斯带着随从在英格兰东部巡回猎巫。队伍中包括一名擅长发现"女巫乳头"（第三个乳头或身上的肿块）的专家——据说这是勾结魔鬼的明确迹象。霍普金斯团伙处决了多达 200 名女巫，几乎占了英国 17 世纪猎巫运动中被处死人数的一半。

西班牙的信仰审判

女巫审判能摧毁整个社群。1609 年，在西班牙的巴斯克地区，有人请裁判官胡安·瓦莱·阿尔瓦拉多调查一个据说在苏加拉穆尔迪镇附近某山洞里活动的巫术团体。最终，40 人被带到洛格罗尼奥接受讯问，29 人被判有罪，5 人死于狱中。次年，在一次信仰审判中，3 万余人观看了 18 名已悔罪者（因此被原谅）和 6 名未认罪者的游行。这 6 个人身穿黑衣，走向木桩，然后被活活烧死。

法国的男巫审判

审判通常针对女性，但在诺曼底，因涉巫受审的大多是牧羊人，民众认为他们用蟾蜍毒液毒死了受害者。逮捕往往发生在教堂有圣餐饼被盗之后。1577 年首次有两位牧羊人被处决，之后总共约有 100 人因涉巫被处决。最后一次大审判发生在 1627 年。法国和其他地区的情况一样，为社会对巫术的敌视付出代价的大部分是穷人或边缘人群。

▲戈雅的巫师

西班牙艺术家戈雅以苏加拉穆尔迪审判为灵感创作了一系列绘画，上图便是其中一幅。画面中一位被指控者坐在宗教裁判所法庭前，头上的大尖帽子说明了他的身份。

背景故事

当代猎巫

女巫审判在 17 世纪逐渐减少，欧洲最后一次相关处决发生在 1782 年的瑞士。但是，在传统信仰流行而中央权威薄弱的地区，猎巫运动一直持续到当代。在非洲部分地区，比如坦桑尼亚，成千上万的女性被指控为女巫而受到迫害。而在加纳，数千名女性住在被控涉巫者的专门营地里，她们往往是寡妇或老人，被视为家中负担。在巴布亚新几内亚和印度农村的部分地区，猎巫活动也有所增加。在充满纷争的村庄社群中，一些人把巫术指控作为借口来报复仇人。

加纳的**库阔女巫营**是被控涉巫女性的强制生活营地，其中许多人是被社群排斥的弱势寡妇。

▲这件美洲原住民的**玉米皮人偶**是一件维多利亚时代的复制品，人偶由玉米棒的外皮制成，被认为可以保护家园和牲畜。

▲**非洲魔法人偶**由一位圣人赋予魔力，被用来保护社群。这件刚果的尼孔蒂人偶被钉满了钉子来惩罚罪人。

▲**古埃及的伊缪特圣物**是填充猫皮或公牛皮制成的魔法物件。它们被系在一根杆子上，然后插入底座。这些人偶最初被放置在王座附近，用来保护法老。

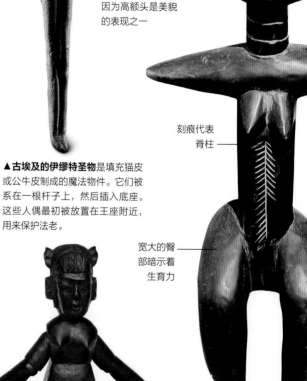

比例夸张的头部，因为高额头是美貌的表现之一

刻痕代表脊柱

宽大的臀部暗示着生育力

▲**日本的嵯峨人形**是好运的象征。这件男孩抱犬的人偶制作于 1800 年左右。人偶的头部是分开雕刻的，可以做出点头的动作。男孩的脑袋一动，舌头就会吐出来。

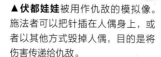

▲**伏都娃娃**被用作仇敌的模拟像。施法者可以把针插在人偶身上，或者以其他方式毁掉人偶，目的是将伤害传递给仇敌。

▲**中国俑像**长期被用于或正面或负面的魔法目的，可以是唤起彼此的爱或欲望，也可以是复仇。

▲**加纳的阿夸巴求子娃娃**被希望受孕的女性背在身后。加纳的主要民族阿散蒂人制作的这些人偶都有一个巨大的碟形脑袋，反映了他们风格化的审美理想。

魔法人偶

　　魔法中使用的人偶有两类，一类是具备某人外貌特征的模拟像；另一类则是被认为有灵魂附于其中，因而具有防护或惩罚力量的物体。魔法实践者在人偶身上执行某些操作，比如刺入钉子或针，以期望对人偶所模拟的对象造成伤害。还有一些人偶的作用是保护社群而不是针对个人。

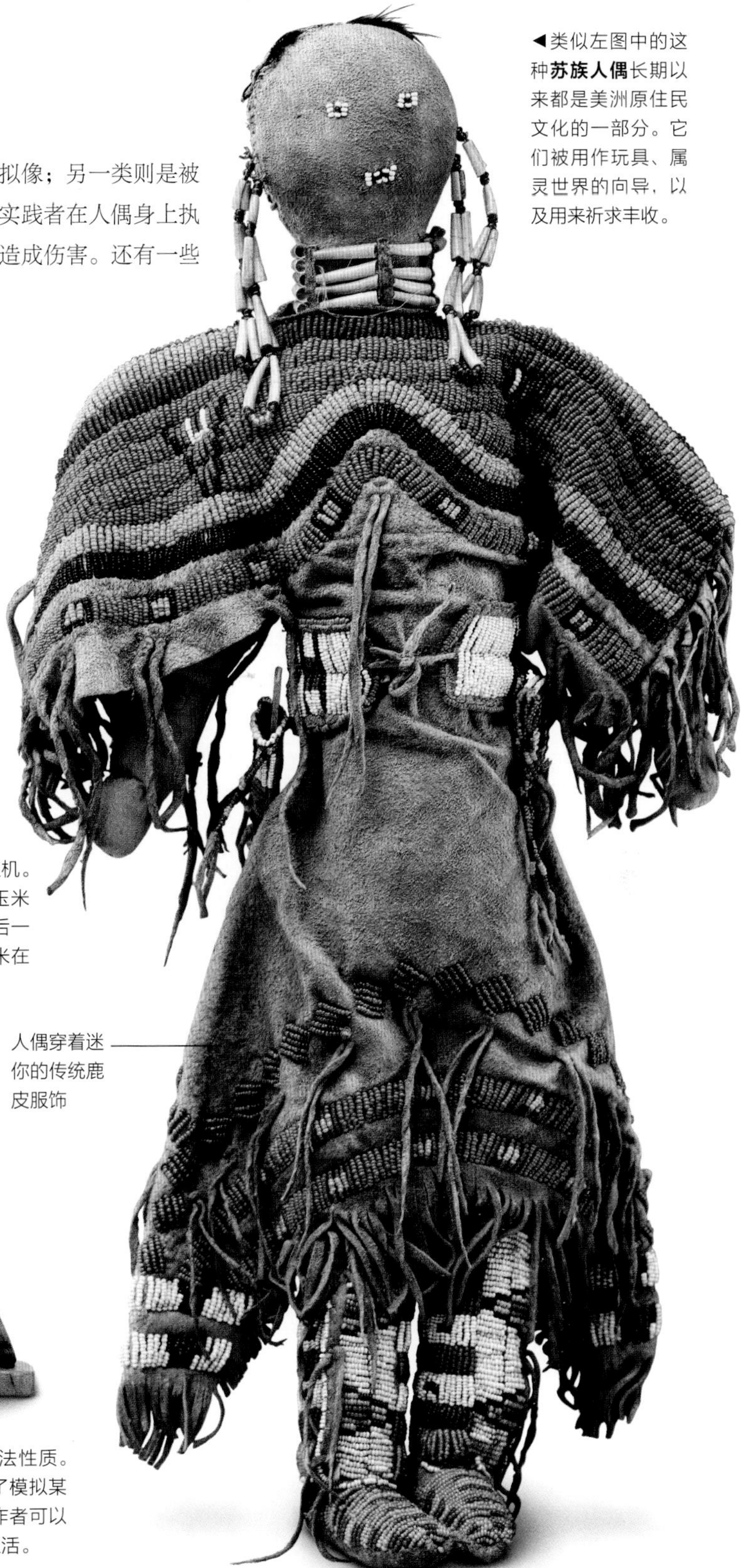

◀类似于左图中的这种**苏族人偶**长期以来都是美洲原住民文化的一部分。它们被用作玩具、属灵世界的向导，以及用来祈求丰收。

▲**现代玉米人偶**让秸秆编织艺术重焕生机。几个世纪以来，欧洲人一直认为收获玉米会使其灵魂无家可归，所以收割的最后一段叶鞘会被编织成一个人偶，好让玉米在冬季有栖身之所。

人偶穿着迷你的传统鹿皮服饰

人偶穿着因纽特人的服饰

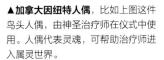

▲**加拿大因纽特人偶**，比如上图这件鸟头人偶，由神圣治疗师在仪式中使用。人偶代表灵魂，可帮助治疗师进入属灵世界。

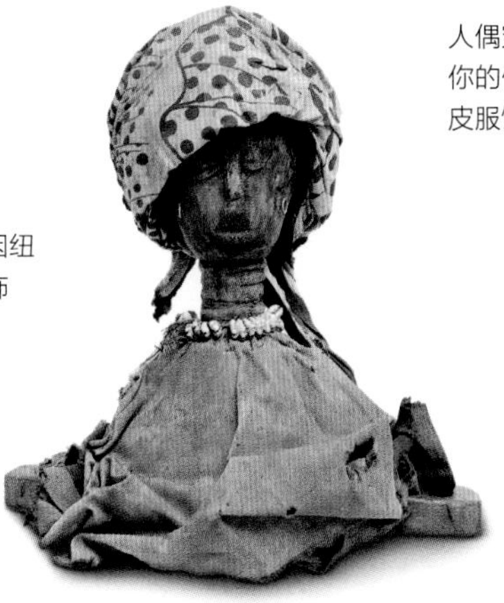

▲**女巫的模拟像**被认为具有魔法性质。其作用与伏都娃娃类似，是为了模拟某特定个体而被制作出来的。制作者可以利用模拟像来影响目标对象的生活。

妄想与诡计

揭穿巫术

随着文艺复兴运动在 16 世纪蔓延到整个欧洲，越来越多的人开始怀疑巫术的存在，批评女巫审判及其行事方式。这种声音逐渐加强，到了启蒙运动时期，巫术被视为一种欺诈而不是魔法。

日益增长的怀疑

在教会和中世纪作家之中，向来存在一种怀疑巫术的传统。到了 16 世纪，文艺复兴时期的学者对自然和科学的研究兴趣为这种怀疑提供了新的理由。1520 年，意大利学者彼得罗·蓬波纳齐发表了《论自然效应的奇妙原因》。他在其中指出，传统上归因于巫术的现象具有完全可解释的科学原因。这种怀疑情绪蔓延开来，批评家们把矛头指向了对所谓女巫的狂热迫害。1566 年，时任德意志于利希-克莱沃-贝格联合公国宫廷医生的约翰·维耶尔出版了《论恶魔的伎俩》。他指出，被控使用巫术的女性多为老年人、被嫉妒的对象，或者正如其供词所证明的那样，饱受忧郁的折磨。然而维耶尔的怀疑并不彻底，他依旧相信魔法是可能的，且男性

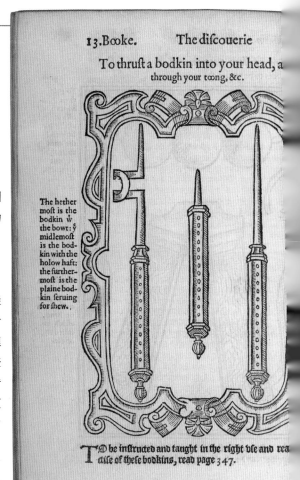

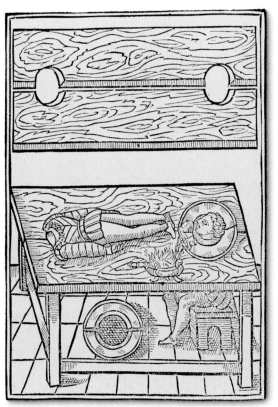

▼斩首把戏
在《巫术揭秘》中，雷金纳德·斯科特解释了"施洗约翰断头术"，这是一种看似可以把人斩首的把戏。其实这一过程有两人参与，其中一人仅有头部露在桌面上，看起来就像是被斩下的头颅。

巫师可召唤恶魔。英国议员雷金纳德·斯科特在 1584 年《巫术揭秘》一书中把对巫术的抨击又推进了一个阶段，并分门别类地精心揭穿了各种各样的魔法技巧。他总结说，大多数魔法都是针对容易上当受骗之人实施的诡计，而大多数涉巫指控都是针对那些无力自卫的贫穷女性。与维耶尔一样，他相信被指控者中的许多人患有妄想症。

> **"任何一个老妇人，只要她满脸皱纹……嘴唇上汗毛过多、犬齿突出、眼睛斜视……就不仅会被怀疑是女巫，而且会被认定为女巫。"**

约翰·高勒，《触动良心的审巫案例选》，1646 年

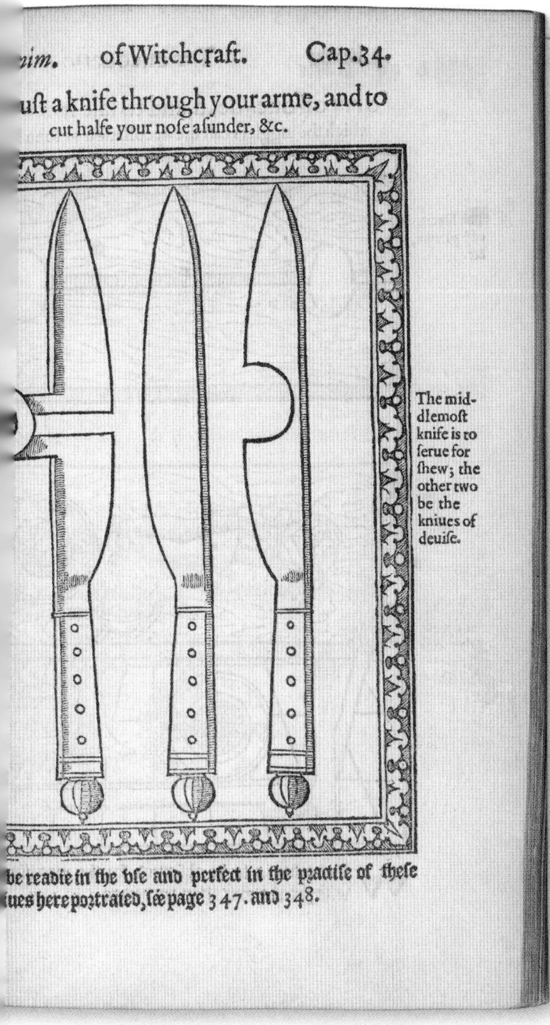

rim. of Witchcraft. Cap.34.

ust a knife through your arme, and to
cut halfe your nofe afunder, &c.

The mid-
dlemoft
knife is to
ferue for
fhew; the
other two
be the
kniues of
deuife.

be readie in the vfe and perfect in the practife of thefe
kniues here poztraited, fee page 347. and 348.

◀ **尖锥与利刃的把戏**

左图为《巫术揭秘》中的插图,斯科特向读者展示了如何给刀子更换特制的刀刃或是使用去掉了尖端的锥子,以便使观众认为利器造成了真实的伤口。

法律视角

尽管支持审巫的人进行了激烈的反击,比如英国国王詹姆斯一世在其《鬼神学》(1597年)中所写的那样,但舆论的重心还是逐渐转向,大多数人都不再认为巫术是真实的。1682年,法国国王路易十四颁布的一部法律将巫术归类为一种欺诈形式,而不是与恶魔签订的契约。半个世纪后,1735年的英国《巫术法案》不再把施行巫术视为一种犯罪,并代以较轻的罪名和刑罚——诱使他人相信算命或其他神秘学实践是一种欺骗罪,被定罪者将判处一年监禁。但女巫审判运动仍在小规模地开展,直到1866年,丹麦的法典中才删除了施行巫术的罪名。欧洲最后一名被控涉巫且被判处死刑的女性于1782年以巫术及异端罪受审,但实际上她是以投毒罪被处死的。

▼ **历史上的女巫**

这幅木版画来自《霍林斯赫德编年史》,画面描绘了麦克白和班柯在荒地上遇到三个女巫的场景,莎士比亚在剧作中借鉴了这一情节。这位版画家把几位人物塑造成贵族和淑女的形象,而并未根据刻板印象把女巫画成熬制魔药的丑陋老妪。

对审判过程的批评

另一些不相信巫术的人更坚定地把矛头对准了审判过程,他们坚称用以识别女巫的程序是错误的。1631年,德国耶稣会修士弗里德里希·施佩在关于女巫审判的著述《女巫审判的法律问题》中谴责了过分的宗教狂热和总是有利于有罪判决的夸张的程序。还有一些人对酷刑的有效性、寻找女巫印记和游泳考验(参见第181页)等表示怀疑,而所有这些做法都被用作定罪的关键证据。

▶伪装中的恶魔

对于马修·霍普金斯这样的猎巫者来说，某人家里出现小动物可能就是指控此人涉及巫术的理由。尽管卷宗里记录了这些人给动物亲随起的昵称，比如"醋汤姆"或者"灰小馋"，但它们被视为恶魔，而非真的小动物。

"伊丽莎白首先想要的是那只猫，
她可能会因此富裕起来，拥有财产……"

伊丽莎白·弗朗西斯的供词，切尔姆斯福德女巫审判，1566 年

超自然帮手
女巫的亲随

从古埃及的兽首神到玛雅人的瓦伊同伴，魔法帮手和神明一直以来都与动物世界相关。伴随着 16 世纪和 17 世纪欧洲的猎巫热潮，女巫亲随的概念也出现了。亲随通常是小型家养动物，比如猫、青蛙和蟾蜍，偶尔甚至是人类。当时的人们相信动物亲随可赋予其人类同伴超自然之力，女巫可以通过亲随的眼睛观察外界环境，或把自己变成动物，从而进入人类不便进入的地方。

动物亲随并不一定是邪恶的。当与民间智者或好女巫联系在一起时，它们往往被认为是善良的，甚至是小仙子的动物化身。然而，更普遍的观念则认为撒旦以动物亲随的形态出现，因此所谓的伙伴关系成为女巫审判中定罪的关键证据。

巫术的迹象

英国一系列审判的供词表明，动物亲随的到来往往是女巫受诱惑进入邪恶魔法世界的标志；动物亲随总是不请自来，或是在人急需帮助时出现。据说这些女巫与其动物亲随签订了一项协议，亲随会保证一定的服务期限，有的可能长达几十年。而在英国以外的地区，更常见的说法是女巫直接与撒旦签订协议。作为回报，女巫需要哺育动物亲随，而"女巫乳头"（第三个乳头或身上的肿块）经常被认为是邪恶魔法的标志。在塞勒姆女巫审判（参见第 189 页）中，据说被告之一莎拉·古德的手指之间就有一只黄色的鸟在吮吸。

意料之外的伙伴

据说动物亲随能够以不甚寻常的形式出现。1593 年，"塞缪尔老妈"因涉巫被绞死，她养了一只鸡。此外，北欧地区曾有记录说恶魔苍蝇在女巫们的脑袋周围嗡嗡乱飞。拥有动物亲随的指控通常针对弱势人群，但也可能针对政治对手：据说莱茵河的鲁珀特亲王——英国内战中的保皇党人——就有一个家犬形态的动物亲随，名叫"男孩"。这条狗陪着他征战沙场，直到 1644 年死于马斯顿荒原战役。

▲化身为兽

德国法学家乌尔里希·莫利托主张杀死女巫。这幅插画来自他 1489 年的著作《论女巫和女预言师》，画面展示了女巫变身为动物的场景。

魔法实践

猫与魔法

这只**名叫撒旦的猫**出现在诡异怪诞的证词中，推助了对伊丽莎白·弗朗西斯的定罪和处决。

猫是最常见的女巫亲随——中世纪甚至有传说认为这种生物是撒旦不慎创造出来的。伊丽莎白一世统治期间的首次重大的女巫审判发生在 1566 年的切尔姆斯福德。被告伊丽莎白·弗朗西斯说自己从祖母那里继承了动物亲随——一只长有斑点的白猫，名叫撒旦——后来又把它给了该案的共同被告沃特豪斯老妈。猫咪亲随在很长时间里都是涉巫指控的一大特征。1662 年，苏格兰妇女伊泽贝尔·高迪承认撒旦曾赐予她变身成猫的力量。

▲ 马萨诸塞州的**塞勒姆女巫审判**中，被告之一与法官对质。这幅 19 世纪石版画再现了这一场景。

塞勒姆女巫审判

　　17世纪的新英格兰保守封闭，涉巫指控往往针对那些不遵守清教徒教义的人。马萨诸塞州的塞勒姆村地处偏僻，家庭之间容易出现派系纷争。1692年，在新来的清教徒牧师塞缪尔·帕里斯的家中，9岁的女儿贝蒂及其表姐阿比盖尔开始出现奇怪的抽搐，人们立即怀疑这是黑魔法作祟。医生未发现任何生理原因，所以这家人请来了地方法官。在审讯中，贝蒂和阿比盖尔认定牧师的女奴隶蒂图芭和另外两个女人造成了她们的痛苦。很快这张指控之网就蔓延开来，蒂图芭承认自己结交撒旦的亲随，并签署了"魔鬼簿"，其中还出现了其他当地妇女的名字。

　　接着，其他小女孩开始出现症状，恐慌笼罩了这个村庄。审判在同年5月举行，但法官采纳了"幽灵证据"——证人的证词说被告的鬼魂在梦或幻觉中折磨她们——使得被告很难为自己辩护。到同年10月，已有19人被以绞刑处死，其中包括一些颇受尊敬的社群成员。当涉巫指控触及州长菲普斯的妻子时，政府介入了。"幽灵证据"被排除在审判之外，之后仅有3人被定罪，且均获缓刑。塞勒姆女巫审判给这片殖民地留下了难以痊愈的伤痕。1702年，马萨诸塞州总法院宣布这一系列审判非法。

"我就像未出世的婴儿一样无辜。"

布丽吉特·毕晓普，塞勒姆审判中被处决者，1692年

秘密与仪式

1700 年—1900 年

引言

到 18 世纪，随着启蒙运动的发展，迫害女巫的情况逐渐消失。法律依旧起诉进行神秘学实践的人，但罪名是欺诈，而不是作为撒旦的代理人施魔法。在启蒙运动所代表的理性时代，这种怀疑是必然会出现的，因为启蒙运动强调科学研究和各种思想的学科专业化。

但毫无疑问的是，作为对当时日益理性化和工业化的社会的一种反叛，各种形式的神秘学也都找到了立足点。推翻旧秩序的政治革命，比如法国大革命（18 世纪 80—90 年代）和美国独立战争（1775 年—1783 年），也助长了此类兴趣。革命培育了一种个人主义的创作表达自由，这种自由往往转向疯狂的超自然或令人恐惧的事物——例如作家埃德加·爱伦·坡的黑暗浪漫主义。在 19 世纪和 20 世纪初，神秘世界使人们心醉神迷，其中就包括神智学。它由个性张扬的俄裔神秘主义者海伦娜·布拉瓦茨基推动，以文艺复兴时期的神秘思想为基础，采用了 19 世纪更现代的形式，并吸收了西方神秘学、印度宗教智慧和现代科学。

神智学研究者的思想与玫瑰十字会的思想有共同基础，而玫瑰十字会则与共济会有关联。在 18 世纪、19 世纪和 20 世纪初，许多秘密的神秘学社团——包括 19 世纪的赫尔墨斯派黄金黎明协会等——相继成立，它们与此类传统联系在一起，并沉浸于仪式实践中。仪式也是加勒比地区伏都教的关键，这是一种以死者灵魂为中心的信仰混合体。

19 世纪还有另一些方兴未艾的潮流，它们似乎是对秩序和机械化进步的叛逆，并引发了普通民众对作

海地的伏都教仪式　参见第 205 页

羊头恶魔巴弗灭　参见第 213 页

塔罗牌中的太阳牌　参见第 218 页

为表演和奇观的魔法的狂热。其中最突出的形式是舞台魔术——专业表演巧妙的把戏和看似超自然的幻觉结合起来，吸引了一批又一批观众。另一股狂热潮流是通灵运动实践，即与死者交流沟通。无论是在客厅里还是在舞台上，降神会都成了时尚。有名的灵媒数量激增，就如同他们能凭空召唤鬼魂和异质体的传说一样。异质体是一种能让灵体显形的超自然物质。还有一种类似的灵性信仰是唯灵论（Spiritism）。西方世界的唯灵论由阿兰·卡戴克提出，其追随者们相信转世轮回。唯灵论（西班牙语称作 Espiritismo）也在拉丁美洲和加勒比地区蓬勃发展，并融合了原住民信仰和外来信仰。

一些著名的科学家相信通灵运动实践的真实性，尽管也有人展开了对其欺骗性的调查。正如文艺复兴时期的人们将炼金术士视为魔法师、实验者或江湖骗子一样，这一时期的许多人认为，如果科学家能制造出类似于电流之类的非凡之物，那么灵媒就有可能召唤出异质体和鬼魂，并允许生者与已故的亲友交流。

> "秘传哲学的传统必然是正确的……
> 它们是最合乎逻辑的，可以调和每一种困难。"
>
> 海伦娜·布拉瓦茨基，《秘密教义》，1888 年

哥特式恐怖　参见第 222 页

降神会与"桌灵转"　参见第 228 页

赫尔墨斯派黄金黎明协会　参见第 243 页

图例

1 共济会会员形象的头部是一颗炽热的恒星或者太阳。

2 双臂是直角曲尺，右手举着一把圆规。

3 左手下方有一根铅垂线。

4 左侧边框上悬着一把直角尺，这是一种用于绘制直角的工具。

5 腰间系有一条白色皮围裙，它原本用来装石匠的工具。

6 古典圆柱构成了双腿。

▶**行业工具**

这幅来自 1754 年英国的图画展示了一个风格化的共济会会员形象，其身体各部分都是由石匠行业的工具构成的。人物被包围在华丽的巴洛克风格边框中，与黑白方格地板形成了强烈的对比。

所罗门的智慧
共济会与神秘主义

现代共济会（Freemasonry）诞生于17世纪末的英国。其最清晰的起源是中世纪的石匠组织，名为Freemasons，字面意思是"自由石匠"。此处的"自由"有两重含义：首先，中世纪的石匠是自由民；其次，他们加工一种易切的石灰岩，这种石头名字的字面意思是"自由石"（free-stone）。

专业知识

石匠是受过教育和严格训练的工匠，在中世纪时期负责建造大教堂和城堡。因此，他们积累了大量的技术和理论知识，尤其是几何学知识。石匠们通过紧密联系的行会或工艺协会小心翼翼地守护这些知识。逐渐地，自由石匠们的知识沾染了一些神秘色彩：诺斯替主义、赫尔墨斯主义、卡巴拉（参见第134页—139页）、炼金术（把贱金属变成黄金），甚至招魂术（召唤恶魔）。种种秘密仪式反映了他们对神秘知识的热爱。

复杂的仪式

到了17世纪后期，起初讲究实际的石匠组织开始接纳那些从未当过石匠的人入会，这些人成了"荣誉石匠"或是"思辨石匠"。发生这一变化的原因目前仍然不清楚。然而，新一代的共济会产生了

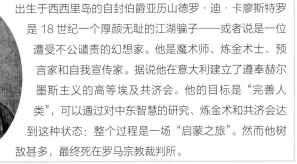

亚历山德罗·迪·卡廖斯特罗（1743年—1795年）

自封的共济会元老

出生于西西里岛的自封伯爵亚历山德罗·迪·卡廖斯特罗是18世纪一个厚颜无耻的江湖骗子——或者说是一位遭受不公谴责的幻想家。他是魔术师、炼金术士、预言家和自我宣传家。据说他在意大利建立了遵奉赫尔墨斯主义的高等埃及共济会。他的目标是"完善人类"，可以通过对中东智慧的研究、炼金术和共济会达到这种状态：整个过程是一场"启蒙之旅"。然而他树敌甚多，最终死在罗马宗教裁判所。

戏剧性且持久的影响。这些新成员大大提高了共济会的社会地位，而且他们热情地采用了许多早期的做法。席位授予仪式包括授予中世纪石匠的三个级别：工徒、工员、工师。晋升到每个级别都有复杂而神秘的仪式。共济会的聚会场所名为lodge（中文通常译为"会馆"），该词指建筑工地旁临时搭建的小屋，工师在其中指挥、监督建筑工程。

1717年，英格兰联合大会馆（简称UGLE）在伦敦成立，巩固了现代共济会运动的地位。原先自由石匠们的仪式仍是现代共济会的核心内容，整个组织中都充满了据说沿用古代先例的象征符号。

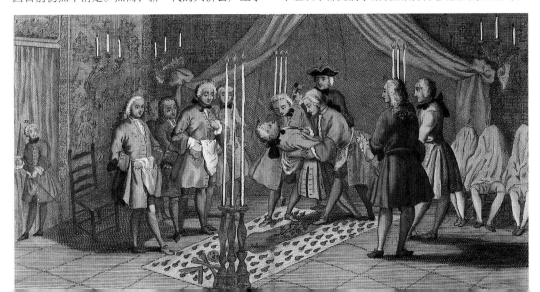

◀入会仪式
左图是一幅18世纪中期的法国绘画，画面中央的新入会者被木槌击中，倒在指定的位置。画面右侧坐着几个被蒙住脑袋的人，他们不能观看这场秘密仪式。左侧入口处有一名举着剑的成员守卫。整个场景由三根一组的蜡烛照亮。

> ## "他们的目标是〔卡巴拉〕魔法：这种神秘的智慧……始于世界的开端，成熟于基督。"

托马斯·德·昆西论共济会，《深处的叹息》，约 1824 年

普遍真理与符号

共济会的信条综合了具有神秘特质的魔法智慧和各类信仰。其会员崇拜一个至高无上的存在，即"宇宙的伟大建筑师"，但共济会并不是一种宗教。与炼金术、赫尔墨斯主义以及玫瑰十字会相似，共济会关注的是对普遍真理的探索，符号和仪式都是揭示真理的手段。共济会最重要的符号是据说约在公元前 960 年建于耶路撒冷的所罗门圣殿，因为其建筑师海姆勒·阿比夫被认为是第一位石匠。

共济会还推崇另两个符号：上帝的全视之眼以及闪耀之星，后者也被宣称为太阳、金星或伯利恒之星。秘法师赫尔墨斯·特里斯墨吉斯忒斯（参见第 134 页—135 页）也备受尊崇，因为据说他保存了完整的几何学秘密。中世纪石匠的工具——角尺、圆规和围裙——代表严格的几何要求，是共济会的一贯象征。

传奇往事

共济会喜欢建立自己独有的传统，以便赋予该运动庄严感。例如，他们宣称 10 世纪的盎格鲁-撒克逊国王埃塞尔斯坦将许多重要理论引入了英国，其中包括摩西和挪亚的圣经教义以及公元前 4 世纪欧几里得的几何学知识；而圣殿骑士团（12 世纪的十字军，参见第 118 页—119 页）是共济会的捍卫者。这种杜撰与讳莫如深的混合带来了一种近于神秘的光晕——对于那些升入最高级别的成员来说，沉思真理据说能产生一种超越性的奇迹感。

◀共济会追述板
这块追述板展示了共济会的种种纹章和符号，以及它们在不同等级的晋升仪式上如何被用来指导新成员。左图是一幅 1819 年的程式化追述板图案，上帝的全视之眼下方是所罗门圣殿，圣殿入口外两侧各有一根柱子，即《圣经》中的雅斤和波阿斯。

秘密兄弟会

共济会的每一间会馆和每一个分支都是独立的——没有更高的协调机构。共济会的吸引力正来自这种灵活性及其历史渊源。美国的第一间共济会会馆创立于1730年，它在很大程度上是英语世界的产物，本杰明·富兰克林是创始成员之一。

如今欧洲大部分地区都有共济会，尤其是在法国；拉丁美洲的许多地方也有共济会。公众对英国及美国共济会的关注焦点是他们的善行，但在拉美地区，人们对共济会显然带有"神秘性和秘传性"的偏见，因为这些地方的共济会强调炼金术及其转化力量，尽管这种转化是精神上的，而不是物理上的。

共济会一直受到来自批评家的怀疑，他们认为该组织是一个有着神秘莫测影响力的封闭小圈子，致力于创造一种新的世界秩序。它与另一个秘密兄弟会组织——18世纪晚期的光照会——有许多共同之处，光照会也致力于探索普遍真理。还有一些批评者称，共济会强调"兄弟情谊、救济（慈善）和真理"只是为了分散注意力，掩盖其维护绝大多数白人男性会员利益的事实（几乎所有会馆都不接受女性）。共济会也并未拓展到穆斯林群体中，它在伊斯兰世界的大多数地区是非法的。不过该组织以神秘主义和隐秘仪式为核心，使所谓的古代神秘知识和习俗在现代幸存了下来。

丑闻和愤怒

1826年，记者威廉·摩根在纽约失踪，该事件被认为是共济会邪恶力量的明确证据。威廉·摩根本人就曾是共济会成员，据推断，他是因为泄露了共济会的秘密而被谋杀的。并没有证据证明他死于共济会成员之手，但证据的缺乏只引起了民众越发狂热的猜测。许多人认为共济会是始作俑者。摩根的失踪迅速在美国引发了反共济会热潮，使该组织陷入衰落。直到南北战争（1861年—1865年）期间，共济会才突然复兴，这要归功于会众们种种彰显同情心的行为。

这幅1826年的版画展示了**共济会谋杀摩根**的假想场景——因为他泄露了身为成员时了解到的秘密。

Den kloka Gumman.

▲智慧妇人

在这幅19世纪早期的瑞典版画中，打扮入时的年轻女性正在询问一位年老佝偻的"智慧妇人"。这幅画反映出民间智者对上流社会成员有着越来越大的吸引力。

科学还是魔咒？
欧洲民间魔法

　　随着启蒙运动理性信仰的传播和科学方法的发展，18世纪的人们对巫术的态度发生了决定性的转变。从本质上说，在一个已经启蒙的世界里，任何种类的魔法都是不存在的，所以女巫也不存在。这种态度与16世纪和17世纪导致女巫审判浪潮（参见第178页—181页）的狂热和怀疑形成了鲜明的对比。

　　例如在英国，根据1735年的《巫术法案》，若有任何人声称存在超自然力量，无论是出于善意还是恶意，这都是不证自明的诈骗行为，且此人将因此受到起诉。此外，因为这些行为被判有罪的人不再被施以死刑，而代之以监禁或罚款。在该法案颁布之前，英国最后一个因涉巫被处决的人是苏格兰妇女珍妮特·霍恩，她于1727年被处死。

民间圣手

　　这种新的理性态度产生了另一种后果，在欧洲许多地方，民间医学的从业者——"民间智者"——

因涉及各种迷信行为而受到调查。但民间智者大多是治疗师，而不是黑暗技艺的实践者，无论他们声称自己掌握了多少古老的知识。

作为治疗师，民间智者受到民众极大的重视，尤其是在无法接触其他医疗手段的偏远地区。他们经常扮演的角色之一是产婆，智者们为产妇提供咒语、草药和实际操作中的帮助。事实上，这些智者越是引起官方特别是教会的反对，被起诉的次数越多，他们的名声就越大。少数人享誉全国，咨询民间智者甚至成为社会各界的时尚。

认可与传扬

在欧洲地区，尤其是斯堪的纳维亚，民间智者的许多古代知识都保存在所谓"黑书"和魔法咒语集之中。这些文本后来被称为魔典。一些魔咒书收录的仅仅是极简单的治疗方法，却宣称包治百病；

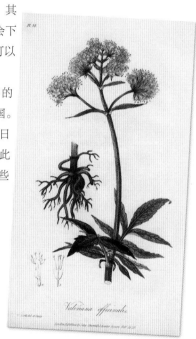

◀《黑母鸡》圣符

魔咒书《黑母鸡》中介绍了 22 个丝质圣符和青铜指环。据说一位土耳其圣人曾向拿破仑的一个士兵透露了这些秘密。左图展示的是其中第 10 个，它"能让你在所有人眼前隐身"。

而另一些魔咒书则承诺了各种令人眼花缭乱的法力，比如一部教人制作魔法圣符指环的手册《黑母鸡》。该书宣称这些指环能带来巨大的力量，其中最非凡的一项是创造黑色小母鸡——一只会下金蛋的母鸡。据说任何掌握这种能力的人都可以获得无限的财富。

进入 19 世纪以后，像《黑母鸡》这样的魔咒书产生了越来越大的影响，尤其是在法国。其部分原因是人们对民间传说的学术兴趣在日益增长。事实上，许多童话和魔法故事都以此为主题——掌握一种能一夜暴富的力量。这些故事一直流行到了 20 世纪和 21 世纪。

> "每个社群都有自己的专家……
> 民众对他们充满信心。"

安妮·玛丽·朱普达伦论 19 世纪挪威民间治疗师

▲草药疗法

缬草（学名 *Valeriana officinalis*）是一种弛缓剂，可用于治疗失眠，它是民间智者最喜欢的草药之一。缬草也经常被挂在谷仓里，因为人们相信它辛辣的气味能保护动物免受恶灵伤害。

莫尔·塞瑟尔（1793 年—1851 年）

奇迹妇人

在所有民间智者中，没有谁比挪威的"奇迹妇人"莫尔·塞瑟尔（也被称为塞瑟尔老妈）更著名、更受尊敬。她渴望帮助他人，并对草药有一种本能而广博的认识，因此治疗成了她的使命。她曾 3 次以江湖郎中行骗的罪名入狱——分别在 1836 年、1841 年和 1844 年。最终，民众对她被监禁的抗议是如此强烈，以至于挪威最高法院释放了她。挪威爱国者、诗人亨利克·韦尔格兰是她最著名的病人之一。她的风湿药膏直到 20 世纪 80 年代仍在销售。

▲ **女巫见到汉塞尔与格莱特**，亚瑟·拉克姆 1909 年为《格林童话》中的《汉塞尔与格莱特》所绘的插画。

童话故事

到了 19 世纪，童话故事已经成为欧洲儿童文化和成人文化中一个突出组成部分。魔法是童话的主要成分之一，某些童话故事也带有一种阴暗诡异的神秘色彩。小仙子、女巫、会变形的角色、咒语、诅咒、魔药，童话中比比皆是。许多童话故事是已有的民间魔法传说的延伸，比如在 18 世纪广为流传的《福尔图纳图斯》，故事的主人公得到了一个魔法钱包，里面的钱永远也花不完。

浪漫主义强调解放想象力，在受其影响的时代中，魔法传奇得到了蓬勃的发展，比如刘易斯·卡罗尔的《爱丽丝梦游仙境》，故事中充满了魔药、获得了生命的纸牌等各种元素。此类作品为读者提供了一个逃离工业革命肮脏现实的机会，反映了维多利亚时代对童话艺术的热爱，在更广泛的各类称颂童心的小说中占有一席之地。

德意志地区的奇幻写作往往源于该地区的民间历史，并产生了巨大的影响。格林兄弟是著名的民间传说收集者，他们重述了《汉塞尔与格莱特》（以女巫为主角）、《侏儒妖》（描述了一种将稻草纺成黄金的魔法技艺）等故事。这些童话故事于 1812 年首次结集出版，即我们熟悉的《格林童话》。亚瑟·拉克姆于 20 世纪为这部作品集绘制的插画广为流传。另一些在 18 世纪至 20 世纪初之间流行的魔法传奇有来自中东地区的《一千零一夜》和美国作家弗兰克·鲍姆的《绿野仙踪》，鲍姆的故事中出现了好女巫、坏女巫、长翅膀的猴子和魔法鞋等元素。

> **"但那老妪是个邪恶的女巫，她躺在那里等孩子们到来。"**

《汉塞尔与格莱特》，收录于《格林童话》

埋藏的物品与借来的符号
北美民间魔法

▲萨托方块护身符

这一早期的基督教魔法工具叫作萨托方块，方块中的拉丁语单词都是回文词，文本可以从上到下、从下到上、从左到右或从右到左阅读。约翰·乔治·霍曼在其关于帕瓦的书中说，萨托方块具有灭火的属性，并能保护母牛免受女巫的伤害。

从 17 世纪晚期开始，随着一批又一批移民来到北美，民间魔法传遍了整片大陆。其实践有三种不同的形式：英语定居者中民间智者的魔法实践；非洲裔美国人中所谓"巫医"的魔法实践；以及德裔宾夕法尼亚人群体中的日耳曼民间魔法实践。

就和在英国一样，北美民间智者的实践往往出于好意——他们关心的是定居者同胞们的福祉。因此，他们混合使用咒语、草药和各种珍贵物品以求招福辟邪，特别是护身符和书面符咒，许多被埋入地下以获得额外的效力。

从民间智者到巫医

即便不是虔诚的基督徒，民间智者仍然呼唤基督之名以求庇护。仍有一种广为流行的迷信观念认为需要警惕邪灵，且邪灵不仅仅存在于生来自由的英国定居者中间。非洲裔美国人中同样有对应于民间智者的角色，相似地，这些巫医被认为具有魔法天赋。他们也相信把魔法物品埋起来的做法。比如，在弗吉尼亚的费里农场（乔治·华盛顿童年时代曾在此生活），牡蛎被仪式性地放入新建筑物的地基中，人们希望它能保护房子和居住其中之人。

然而，这些非洲裔巫医和说英语的民间智者之间有一个关键的区别：前者是被奴役之人，他们与成千上万的其他黑人奴隶一样，被强行带到了新大陆。巫医们的责任是帮助身边被奴役的兄弟姐妹，他们身上带有一种令人心酸的迫切使命感。

▶奇迹与魔法符号

右图是 18 世纪《摩西六书与七书》中的插画，画面中一位男性握着一把剑，身边有各种希伯来魔法符号。这本书是霍曼撰写《帕瓦，或久违之友》的灵感来源之一，其中混合了来自希伯来文化、罗马文化和基督教文化的魔法和宗教内容，并涉及《圣经》中摩西施展的奇迹，比如他如何将自己的杖变成一条蛇，以及如何变出了火柱。

▶谷仓上的星形图案
德裔宾夕法尼亚人在谷仓上绘制了一颗颗生动的星星，这可能是代表永恒天堂的程式化图像。

德裔宾夕法尼亚人

从 18 世纪早期开始，说德语的定居者在宾夕法尼亚找到了新家，并大胆地留下了属于他们的星形印记。这些星形图案出现在谷仓等建筑上，也被绘制在他们生产的被子、黄油托盘等几乎每一件物品上。

尽管有些人说这些星星是对抗邪恶力量的魔法符号，但真正的解释平淡而普适。德裔宾夕法尼亚人都是农民，他们对季节流逝的感知格外敏锐。没有比天体秩序更明显的自然循环标志了，它代表着一个使人类所有努力相形见绌的浩瀚宇宙。

帕瓦

1820 年，德裔治疗师、神秘主义者约翰·乔治·霍曼出版了《帕瓦，或久违之友》一书，引入了一种新的魔法实践变体。这本书是他对大量先前文本的无耻剽窃。其中一部分内容是实用建议，例如如何治疗风湿病、酿造啤酒、医治生病的母牛；另一部分则故作神秘姿态。霍曼还强调，仅仅是拥有这本书就能给读者带来防护作用。

书中还引入了"帕瓦"（pow-wow）一词指代这种半魔法状态，其倡导者被称为"帕瓦人"。该词可能是对当地纳拉干西特原住民用来指称灵性集会的术语的误用，也可能仅是对英语中"力量"（power）一词的篡改。

> **"野火和巨龙，飞跃过马车，火势减弱，巨龙滑行。"**

约翰·乔治·霍曼，《帕瓦，或久违之友》，1820 年

万物皆灵
伏都与胡都

虽然伏都（Voodoo，更准确的写法是Voudon，意为"灵魂"）与胡都（Hoodoo）存在联系，但它们之间的区别是十分显著的。两者都源自非洲，18世纪由黑人奴隶穿越大西洋带到了法国的加勒比海殖民地和密西西比河沿岸。两者都受到了新环境的影响：伏都受天主教影响，而胡都则受其他欧洲及北美原住民信仰体系的影响。然而关键事实在于：伏都是一种宗教，而胡都是一种民间魔法形式。

海地的伏都教源头

伏都教的根源是西非丰族人的宗教，在加勒比海的圣多明各岛（现在的海地）逐渐演化成形。此处是法国最富饶的殖民地，出口由奴隶生产的咖啡和糖。与奴隶制的联系是伏都教的一个决定性特

◀ 伏都娃娃
作为富饶世界的象征，伏都娃娃在热情的自然崇拜中至关重要。右图中展示的是一个长有兽首的女性伏都娃娃。它们强调的是对现实世界和繁衍生息的喜悦。

◀ 纬纬
伏都教仪式以绘制纬纬符号为开端，图案通常用玉米淀粉在地面上撒出。接下来是动物祭祀。这两个步骤在召唤洛阿时都很关键。纬纬的起源已无从知晓，但据说它们代表星体力量。

征。100多万西非人被运送到该岛，他们受到法国《黑人法典》的约束，该法典宣布除天主教之外的所有其他宗教均为非法，并坚持被奴役者应当皈依天主教。

神秘世界

其结果是产生了一种名为"融合宗教"的非凡混合体——不同系统的信仰、实践和世界观的混合。伏都教把被奴役者原始的灵魂及祖先崇拜与天主教融合在了一起。虽然伏都教徒相信有一个创造万物、支配一切的神，他被称为本爹（Bondye，法语中意为"好天主"的Bon Dieu的变体），但他毕竟太过邈远，无法直接被崇拜，也没有单一的礼拜仪式。于是教徒们通过崇拜成千上万个名为洛阿的灵魂来敬奉神。洛阿代表了这个世界及其方方面面。正是通过灵魂崇拜，伏都教揭示了自己真实的神秘本质。

附体与启示

伏都教徒相信两个世界：可见世界与不可见世

> "……在我主人的卧室里……[撒烧焦的牛粪]以及红辣椒和白人的头发，以阻止他虐待我。"

《美洲奴隶亨利·比布的生活与冒险》，1849年

界，亦即生者与死者的领地。死者的灵魂永远留存在生者中间，但他们只能通过洛阿来显现。

伏都教仪式需要在场每个人的积极参与。仪式由巫干（男祭司）或蛮波（女祭司）主持，目标是通过动物祭祀和用玉米淀粉绘制的纬纬符号来召唤灵魂，直到一个或多个参与者被洛阿附体。这并不是基督教意义上的恶魔附体，而是对生者与死者、

物质世界与属灵世界之间的重要联系的积极认同。即便如此，在无限多样的伏都教世界中，也存在着较黑暗的方面。除了祭司，该信仰中还有巫师，男性巫师被称为波克尔，女性巫师则被称为卡普拉塔，他们能召唤出更邪恶的鬼魂，甚至能召唤活死人——僵尸。此类魔法生物可被看作对海地被奴役人民的隐喻，他们已陷入非人的生存境地。

▲伏都教实践

伏都仪式中充斥着喧闹、音乐和舞蹈，每个人都参与其中。这种无拘无束的庆祝活动让早期的欧洲观察者感到震惊。

海地革命

1791 年，海地的奴隶发动了革命。经过混乱而血腥的斗争，海地于 1804 年独立，随后建立了世界上第一个黑人共和国。这是历史上唯一的黑奴起义成功建国的例子。乍看之下，一场民众广泛参与的反抗运动似乎与魔法世界没有明显的联系。然而伏都教是这场反抗运动的核心，是发动和维持革命的催化剂。伏都教的神秘超凡元素在新国家的建立过程中起到了至关重要的作用。无论海地经历了多少苦难，对神性的渴望仍然是伏都教的核心。历史证明，它在对抗英、法、西、美联合力量时产生了惊人的效果，这些国家都急于维护奴隶制。

新奥尔良伏都

海地革命之后，大量曾受奴役者及其后代移居国外。自 1803 年起，许多人选择定居在美国的新奥尔良。在这里，一种独特的新奥尔良伏都教发展起来，它的信仰和实践更加明显地具有魔法属

▶伏都祭坛
伏都教有着丰富多彩的属灵世界，各种各样的符号都被运用其中。伏都娃娃一直以来都受到青睐——娃娃的颜色越鲜艳越好。右图中，几条蛇缠绕在瓦蒂妈妈（一种水之灵）的手臂上，它们是生育和再生的象征。

性。19 世纪最著名的实践者之一是玛丽·拉沃，她原先是一名理发师，后来成了一名伏都专家。在生命的最后阶段，玛丽·拉沃已是公认的"新奥尔良伏都女王"，她是一位治疗师、巫婆和算命人，这座城市中最高贵和最卑微的人都来向她请教。而她的遗产如今只遗留在面向游客销售的伏都娃娃之中。

胡都的力量

胡都从来都不同于伏都。伏都起源于西非，尤其是达荷美王国（今天的贝宁），而胡都则来自中非，特别是刚果。如今美国各地都能找到胡都的实践者，即便它的根仍留在南方腹地，与奴隶制和受压迫的记忆相伴。

胡都广泛地吸收了民间魔法源泉。它不仅保留了自身的非洲源头，也同样借鉴了约翰·乔治·霍曼的《帕瓦，或久违之友》以及神秘的《摩西六书与七书》（参见第 202 页—203 页）。胡都魔法实践会用到自然界中的草药和植物根部（其实践者往往被称为"根工"）、动物身体部位以及矿物，特别是

▲ 幸运根
这种番薯属植物的根部被称为"征服者约翰"，特别受到胡都实践者的重视。据说它能带来神奇的性能力，并有助于提升赌博的运气。

磁石。此外还需要各种各样的蜡烛、油、香料和粉末。胡都实践承诺给每个人带去爱、财富或其他东西。它提供治疗与诅咒、好运与厄运。其实践者预测未来，用动物骨头占卜，也解梦。谚语、故事以及古代知识和智慧的丰富融合仍在不断给胡都实践增添养分。这是一份古老的民间魔法遗产，提炼自不同时代和不同大陆。

背景故事

西非伏都

提起伏都教，最容易令人想到海地，但它在西非也同样活跃，特别是在贝宁。伏都起源于此处的丰族宗教，据信目前这里有 400 万伏都教信徒（参见第 292 页—293 页）。左图是一件颇有代表性的护身符雕像——被称为波希奥的魔法人偶。它一方面是整体性的自然治疗来源，另一方面也可以保护主人免受外部邪恶力量的伤害。虽然信徒可以直接使用波希奥，无须祭司作为中介，但依旧需要进行某种血祭才能释放它的力量，通常是宰杀鸡或山羊。波希奥可以是用骨头、石头或木头雕刻而成的。有些很轻，便于携带。

这件**丰族波希奥雕像**中装有法力强大的物件以保护其主人。

有害植物

一些植物过去和现在都被用于治疗和善意的魔法，而另一些植物则始终令人想到邪恶的罪孽，尤其是那些致命的剧毒植物。某些植物含有致幻剂，用于诱导出恍惚状态，使人产生灵视，或者抵御恶灵。曼德拉草等植物则被用于黑魔法仪式。过去有些植物被冠以恶名，尤其是反季节开花的植物，人们认为如果它们生长在家宅附近就会招来恶魔。

叶中含有与根中相同的化学物质，但含量较低

根部含有可致幻的化学物质

▲ **曼德拉草**是最令人恐惧的植物，这一恶名归功于其人形根部。据说当它的根部被从地下拔出时，它会发出致命的尖叫。还有一种说法是，吸吮一片曼德拉草的叶子一个月，可以赋予巫师变身为动物的能力。

▲ **乌头**会引发幻觉，让人觉得自己变身成了动物。据说北欧狂战士会服用乌头，把自己变成狼人进入战斗。

▲ **接骨木**有强大的治疗力量，但也是"死亡树"，因为它们似乎可以从枯死状态中重生。据说砍倒一棵接骨木就会释放一个恶灵。

▲ **颠茄**有毒，可致幻。据说女巫在大腿上揉搓这种植物，使自己能够骑扫帚飞翔。

▲ **黑刺李**被认为是一种代表不祥预兆的植物。然而在魔法中，它被用来抵御邪恶，驱散负面力量和毒素，帮助人们对抗内心的恶魔。

▲**天仙子（莨菪）** 具有高度致幻性。古希腊德尔斐神庙里的神谕祭司利用它来与众神交流。据说女巫也利用它来飞行。

▲根据古希腊神话，**翠雀花** 是从倒下的战士大埃阿斯的鲜血中绽放出来的，因而被认为可以治愈伤口，并扩展到提供一般保护。

▲据说**苦艾** 是沿着蛇离开《旧约》中伊甸园的踪迹最先长出来的植物。它总是与苦涩联系在一起。在魔法中，苦艾被用于复仇的咒语。

这种植物的魔法属性主要来自其花朵部分

▲**铁筷子** 是一类有毒植物，干燥或研磨成粉末后用于隐身魔咒。根据民间传说，铁筷子应该只能在没有月亮的夜晚被采摘。

叶片有毒，不可触摸

▲**曼陀罗** 具有高度致幻性和潜在致命毒性。长期以来，一些美洲原住民族群在为属灵世界之旅做准备时，都会在仪式中用到曼陀罗。

▲**铁杉** 含有剧毒，用来处决古希腊哲学家苏格拉底的毒药就是铁杉。只要很少的剂量就会导致麻痹和呼吸衰竭。

驾驭生命力
梅斯默学说与催眠术

"梅斯默学说"得名于18世纪的德国医生弗朗茨·梅斯默。他秉持这样一种信念，即包括动物和植物在内的所有生命形式都具有一种"磁能"或者说"磁流"。这种能量受到行星的影响，很像潮汐。他相信疾病是由磁能的正常流动受阻导致的，因此，具有强大磁能的个人——比如梅斯默本人——通过巧妙地使用磁铁就可以治愈疾病。他把这种能量的转移称为"动物磁力学"，随后无生命的物体也被纳入其中。

恍惚与氛围

梅斯默的理论诞生于维也纳，而他把这套学说阐述得淋漓尽致，并获得极高声誉，则是在1778年之后的巴黎。梅斯默学说的核心是一种半神秘的恍惚状态。梅斯默用极具穿透力的目光盯着他的病人，同时操纵、挤压他们的身体部位，尝试诱导出这种状态。如果成功，随之到来的是一系列歇斯底里的抽搐。这是一种"危象"，是疾病将被治愈、自然平衡得以恢复的时刻。

梅斯默的受欢迎程度非常高，他的几乎所有客户都来自社会高级阶层，他并不会因繁忙而谢客，而是同时接待20人甚至更多人。治疗过程中的戏剧性和医学性一样强。病人一组组围在磁桶（见对页）周围，灯光暗淡，只有空灵缥缈的音乐打破了寂静。

梅斯默通常披一件淡紫色长袍，走过病人中间，抚摸、指点、引导、凝视。不时有病人进入僵直状态，像是被冻住了一般，或是剧烈地抽搐、哭泣，无法控制地大笑，甚至呕吐。一位同时代的英国医生指出，这一幕不仅充满了"神秘的灵氛"，

▼ **被定住的眼神交流**
梅斯默痴迷于磁能这一概念，下图就把这种能量画了出来。我们可以看到，磁能在他与积极配合的病人之间传递，将病人置于他仁慈的力量之下。

> "该体系对火与光的性质以及吸引力理论
> 提供了新的启示……"

弗朗茨·梅斯默论动物磁力学，1779年

◀群体治疗
18世纪80年代，巴黎的显要人物涌向梅斯默所举行的治疗仪式，就连法国王后玛丽·安托瓦内特也曾出席。画面最左侧的女士当场晕倒，而其他贵客则围坐在磁桶旁边。

而且"现场充满了奇迹"。

江湖郎中还是真正信徒？

　　这种实质上属于催眠的治疗方式后来在正统医学和替代疗法中产生了巨大的影响力。梅斯默学说也促进了通灵运动的发展（参见第224页—227页），并促使催眠成了一种公共奇观。而在当时，梅斯默不断敦促官方承认他所谓的生命能量是真实存在的，却始终没有如愿。梅斯默的治疗似乎更接近神秘学而不是医学，因为他显然试图控制病人的心智。1785年某皇家委员会裁定，并无证据能证明所谓磁能的存在，梅斯默就此名誉扫地。

魔法实践

梅斯默的魔法大桶

梅斯默所说的磁桶是一种装满水的木质容器，这是他治疗活动的关键元素，也是聚会的焦点。铁棒从磁桶内延伸至外部，而在桶内，这些铁棒各自插在一个圆柱体中；每个圆柱体内都置放有一块磁铁，用来使水磁化。铁棒露出桶外的部分是弯曲的，梅斯默把铁棒的末端放在病人需要治疗的身体部位上。磁桶上还挂着绳子，用以连接坐在周围的病人，便于磁能流动。病人也会彼此牵手以传播磁力。

L'Arbre de Buzancy

▶磁树

普伊塞居尔侯爵的方法是用
绳子把病人同一棵榆树联系
起来，这棵树已经被他磁化
了。然后，他用一块磁铁在
病人周身移动，诱导出某种
催眠状态。

艾利法斯·列维（1810 年—1875 年）

非凡的法国神秘学家

艾利法斯·列维本名为阿尔封斯·康斯坦，尽管他从未获得担任天主教神父的资格，但接受过相关训练。他成了一名社会主义者，并在梅斯默的启发下成为一名魔法爱好者。列维推崇一种建立在天主教、社会主义和魔法基础上的普遍秩序。他在著作《高等魔法的教条与仪式》中描述了巴弗灭——由中世纪十字军首次记载的偶像魔神，并给出了画像。列维称该生物为他的"巫魔会山羊"，并声称它拥有一切知识。巴弗灭具有许多魔法意义，它代表男与女、善与恶、繁育与生命。如今的魔法师仍在研究列维的作品。

巴弗灭是一个羊头女人身的怪物，它背后长有翅膀，额头有五芒星，手臂上有炼金术箴言。

睡眠的力量

梅斯默被打上了江湖骗子的烙印，于 1815 年死于流亡瑞士途中。然而他的遗产依旧存在，其学说直到 19 世纪仍有人实践。其中最具影响力的支持者是普伊塞居尔侯爵，此人是梅斯默的狂热信徒，但在 18 世纪 80 年代，他开创了一种新的催眠诱导形式，称为"人工梦游"。参与者不仅意识不到自己的处境，而且容易受到催眠暗示的影响，他们后来会执行催眠师要求的任何行为。

认识潜意识

人类具有与意识同样强大的潜意识，这一认识对心理学、神秘学和超自然研究的发展都产生了巨大的影响。这也为灵媒（沟通属灵世界与物质世界的中间人）的出现铺平了道路。

1841 年，苏格兰医生、苏格兰医疗界的支柱人物詹姆斯·布雷德在观看了法国梅斯默学说实践者夏尔·拉方丹的表演后，一下子就相信这套实践方法有作为合法医疗工具的潜力。令他震惊的不是拉方丹戏剧性的滑稽表演，而是这样一个事实：参与者确定无疑地陷入了恍惚状态，甚至无法睁开眼睛。经过进一步研究，他不仅证明了人的潜意识确实能够受到控制，也证明了这一过程的医学应用价值，尤其是用于麻醉，因为进入恍惚状态的参与者可以感受不到疼痛。布雷德创造了一个新的术语——催眠（hypnosis），该词来源于希腊神话中的睡眠之神希普诺斯（Hypnos）。

进入神秘学领域

布雷德与另一些催眠师延续并发展了梅斯默的工作，其中尤其值得注意的是两位法国人，一位是伊波利特·伯恩海姆；另一位是让-马丁·沙可——精神分析学创始人西格蒙德·弗洛伊德正是他的学生。他们明确了催眠作为人类心智研究工具的可能性，但催眠对神秘学的吸引力同样明显，正如法国仪式魔法师、作家艾利法斯·列维（见本页专栏）所记录的那样。

▼磁力学之夜

根据这张宣传单的介绍，1857 年 5 月，一位名叫 E. 阿利克斯的"磁力学教授"将在瑞士进行展示。许多资历可疑的表演者加入了梅斯默开创的行业。

> **"拿魔法的奥秘开玩笑是极其危险的。"**

艾利法斯·列维，《高等魔法的教条与仪式》，1854 年—1856 年

La Papesse

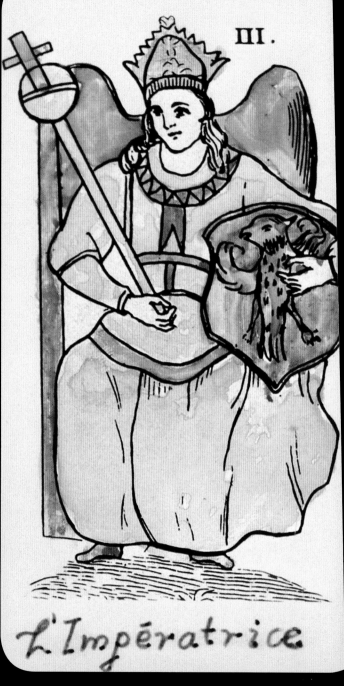

III.

L'Impératrice

▲法国塔罗

上图中的两张塔罗牌"女祭司"和"皇后"来自安托

"大家都别玩［手里的牌］了，来看这张奇妙的牌，

解读卡牌

塔罗牌

如今作为一种算命工具而广为人知的塔罗牌起源于15世纪早期的欧洲。一般认为普通扑克牌是更早一个世纪之前从埃及马穆鲁克王朝传到欧洲的，而塔罗牌只是其一种变体。这些早期的塔罗牌纯粹用于娱乐，"塔罗"一词来自一种类似桥牌的游戏，意大利人称之为"塔罗奇"（意为愚人或小丑）。

早期塔罗牌中的4种花色是棍（后演变为权杖）、钱币（后演变为星币）、宝剑和圣杯。大约在1440年，一些带有寓言插图的特殊卡片被添加到塔罗牌组中，这些卡片被称为王牌。起初这些卡片是手绘的，很少见，但印刷术发明后，塔罗牌得以大规模生产。

古埃及神秘学源头

1773年，法国学者安托万·库尔·德·杰博朗开始撰写一部关于语言谱系的重要著作《原始世界》。杰博朗认为塔罗牌符号来源于神秘的古埃及文本《托特之书》。他还暗示，天主教会试图压制这种知识，但它通过吉卜赛人广泛传播。几乎没有证据支持他的理论，《托特之书》翻译完成后也未发现其中有任何类似塔罗牌符号的东西。然而，杰博朗的作品引发了一些人对塔罗牌神秘可能性的痴迷。

用于占卜

10年后，另一个法国人让-巴蒂斯特·阿利埃特写了一本关于如何使用塔罗牌占卜的书，并发行了一套卡牌。他把书名定为《埃特伊拉，或解读卡牌的艺术》——"埃特伊拉"是他姓氏的倒序拼写。阿利埃特是首个将塔罗牌占卜推广为大众活动的人。他用于占卜的牌组仅有32张牌，外加他自己特殊的埃特伊拉牌，名为"指示牌"，这张牌通常代表问卜者。

▲**尽在牌中**
19世纪的让-巴蒂斯特·阿利埃特的埃特伊拉牌是第一套专门为占卜设计的塔罗牌。每张牌都有若干不同的意义，可根据牌的方向选择如何解读。

询问星辰

在解读塔罗牌及各张牌在牌阵中的位置时，占星学起到了重要作用。这种联系来自19世纪晚期一个名为"赫尔墨斯派黄金黎明协会"的英国神秘主义秘密团体（参见第242页—243页）。该协会把塔罗牌的小牌、12星座和4种经典元素关联了起来。火元素对应白羊座、狮子座、射手座以及塔罗牌中的权杖牌组；土元素对应金牛座、处女座、摩羯座以及星币牌组；风元素对应双子座、天秤座、水瓶座以及宝剑牌组；水元素对应巨蟹座、天蝎座、双鱼座以及圣杯牌组。

右图这张15世纪的**月亮牌**（对应双鱼座）由意大利画家安东尼奥·奇科尼亚拉绘制，这是塔罗牌组中最原始的卡牌之一。

◀塔罗牌来到美洲
第一套在北美大受欢迎的塔罗牌是 1890 年法国神秘学家勒内·法尔科尼耶和莫里斯·奥托·韦格纳根据让-巴蒂斯特·皮托瓦的想法设计绘制的埃及风格塔罗牌。

卡巴拉塔罗牌

19 世纪民众对神秘学的迷恋不断增加，塔罗牌被越来越多地用于占卜，而不是游戏。每张牌都有一套固定的意义，如果这张牌在牌阵中方向颠倒，其意义就会改变。

塔罗牌占卜的领军人物之一是艾利法斯·列维（参见第 213 页），他是法国波希米亚人、社会主义者。19 世纪 60 年代，列维撰写了一系列书籍，在魔法界变得家喻户晓。列维相信魔法是人类神性的科学基础。他观察到塔罗牌和卡巴拉神秘传统（参见第 136 页—139 页）之间的明显联系，并指出塔罗牌的 22 张王牌与希伯来字母表的 22 个字母相对应。列维在两者之间建立了更多的对应关系，并认为塔罗牌可以被用作攀爬卡巴拉生命之树的路线图，使人通往启蒙和天堂。塔罗牌成为如此受欢迎的占卜工具正是归功于列维的这些工作。1870 年，法国神秘学家让-巴蒂斯特·皮托瓦在《魔法的历史和实践》一书中解释说，塔罗牌的符号源于法师进入胡夫金字塔下秘密墓室的资格考验。值得注意的是，皮托瓦还在描述中把塔罗牌组分为两个阿卡纳（组）。

阿卡纳

大阿卡纳（大秘仪）包括 22 张王牌，如魔法师、星星、倒吊人等；它们不属于任何一个花色，但具有特定的意义。小阿卡纳（小秘仪）由 56 张牌组成，分为 4 个花色，每组 14 张。基于皮托瓦体系的 78 张牌的塔罗牌也被称为马赛塔罗牌，因为塔罗牌游戏在意大利消亡很久之后仍在法国继续流行。

1889 年，瑞士神秘学家奥斯瓦尔德·沃斯根据卡巴拉符号设计了一套仅有 22 张王牌的占卜专用塔罗牌。每一张王牌都有对应的意义，例如魔法师是沟通人间与天堂之间的桥梁；女祭司牌原来称为女教宗，可能是指传说中的女性教宗琼安。从那以后，许多其他版本的塔罗牌都被设计成可用于占卜算命的形式，尽管法国和意大利民众仍用塔罗牌来玩纸牌游戏。

这张**魔法师**来自 1910 年的第一套英语塔罗牌。

这张**恶魔**来自 19 世纪的一套受列维影响的法国塔罗牌。

这张**女祭司**来自 1910 年莱德·韦特的英语塔罗牌。

这张**高塔**来自 1926 年沃斯设计的塔罗牌，其中呈现了卡巴拉符号。

THE EMPRESS.

▲**皇后**象征着创造生命、思想、艺术、浪漫和商业。

THE DEVIL.

▲**恶魔**代表物欲、情欲、恐惧和束缚感。

THE HANGED MAN.

▲**倒吊人**的含义较模糊：既暗示了自我牺牲，上下颠倒的状态也意味着一种新的视角。

WHEEL of FORTUNE.

▲**命运之轮**表示运势的变化，如由富变穷或由穷变富。

THE CHARIOT.

▲**战车**代表力量、专注，以及执掌缰绳的意愿；拉着战车的一黑一白两座狮身人面像代表两股相反的力量在同时起作用。

THE HIGH PRIESTESS

▲**女祭司**或称女教宗，代表直觉和隐秘的知识。

STRENGTH.

▲**力量**代表控制以及很好地处理痛苦与危险。

THE HERMIT.

▲**隐士**代表着孤立、退缩和自我反省。

JUDGEMENT.

▲**审判**意味着内心的召唤、重生或自我怀疑。

JUSTICE.

▲**正义**意味着公平和平衡的决定，如果此牌颠倒则代表不公平的待遇。

THE SUN.

▲**太阳**代表活力、信心和成功；如果此牌颠倒则代表相反的意义。

▲ **愚人**或称小丑，这是一张没有编号且非常重要的牌。画面中的人欣然站在悬崖边，准备迎接激动人心的新旅程，或者是鲁莽地踏入未知地带。

▲ **教宗**象征灵性智慧、传统、稳定或循规蹈矩。

▲ **星星**代表希望和信仰，如果此牌颠倒则代表绝望、不信任。

▲ **世界**代表汇聚、完成或者旅行。

▲ **魔法师**代表灵感、天赋、远见，如果此牌颠倒则代表相反的意义。

▲ **月亮**代表潜意识、幻觉、被压抑的恐惧，或者焦虑。

▲ **皇帝**代表权威，一个父亲般的人物，或者负面的支配。

▲ **恋人**意味着对一段关系做出决定，选择伴侣或内心的诱惑，通常需要做出牺牲。

▲ **高塔**意味着危机、剧变或启示，这座建筑看起来很坚固，但它建在高处不稳定的地面上。

▲ **死神**代表人生某个阶段的结束，一种灵性上的转变。

▲ **节制**代表平衡、适度、耐心和方向。

大阿卡纳

塔罗牌中 22 张绘有图片的王牌被称为大阿卡纳，即大秘仪。每张王牌都有特定的意义，当牌被倒置时，其意义也就颠倒过来。用塔罗牌算命有许多方法，由三张牌构成的牌阵是其中最简单的：洗牌后任意抽取三张从左到右排开，这三张牌分别代表过去、现在、未来，结合起来解读便可回答一个特定的问题。

浪漫主义艺术
浪漫主义与叛逆

18世纪到19世纪早期是一个革命和浪漫主义的时代，超自然及神秘学思想启迪了许多重要创作。浪漫主义歌颂个体的情感和表达，它经常打破公认的规则，重视直觉和超验体验（超出正常、超出物理层面的经验）。浪漫主义时代的艺术表达受到了政治革命的影响。从法国到北美，这些革命推翻了世界各地的旧秩序，是对启蒙理性的一种回应。

戈雅的神秘女巫

西班牙艺术家戈雅对巫师和超自然现象有着浓厚的兴趣。他用黑暗奇幻的意象来探索社会和政治现实主义，创作了一些扣人心弦的、散发着不祥气息的画作。《女巫的飞行》（见左页）大约绘于1798年，奇诡的画面中三个腾空的女巫抬着另一个四仰八叉的人。该画作的意义有争议：它可能是一种反巫术声明，也可能是对宗教建制的批评。

▲ 鬼魅的布景
上图展示了德国浪漫主义作曲家卡尔·马利亚·冯·韦伯的歌剧《魔弹射手》（1821年）中"狼谷"的早期布景。景观中充满了灵体和古怪生物。

自然与恐怖

文学和音乐也探索了尘世之外的主题。美国诗人、哲学家拉尔夫·沃尔多·爱默生和亨利·戴维·梭罗开创了超验主义写作，强调直觉、在自然中看到上帝、个人自由等浪漫主义理想。以威廉·华兹华斯和塞缪尔·泰勒·柯勒律治为代表的英国浪漫主义诗人以超自然为特色，在作品中探索自然的神圣魔力，比如两人合著的《抒情歌谣集》。

完全不同于欣赏自然的魔力，美国的黑暗浪漫主义者，尤其是埃德加·爱伦·坡，创作出了结合招魂术、神秘主义、轮回转世、仪式魔法和梅斯默学说（参见第210页—213页）等元素的文学作品。爱伦·坡的两个短篇小说囊括了此类主题，一篇是《莫蕾拉》，一则短短4页的关于婚姻、哥特式恐怖和神秘主义的病态故事；另一篇是《丽姬亚》，其中出现了法阵和鸦片诱导出的尸体复活的幻象。在歌剧领域，卡尔·马利亚·冯·韦伯的作品《魔弹射手》以其令人不安的超自然主义著称。故事以善恶之间的战斗为主题，涉及古怪的鬼魂、魔鬼的契约和魔力子弹。

◀ 神秘主义寓言
戈雅画作中的女巫戴着高帽子，可能呼应了那些在西班牙宗教裁判所被起诉之人所戴的帽子，而下方的人正在做一个抵御邪眼的手势。

◀ 超自然的厄运之信
左图是古斯塔夫·多雷为埃德加·爱伦·坡的诗歌《乌鸦》所绘的插图。诗中的主人公渴望在天堂与逝去的爱人重逢，而所有的希望都被一只会说话的乌鸦信使打破了。

▲ **哥特式恐怖**在这一版《恐怖故事》(1801 年)的卷首插画中展露无遗。这部作品被认为出自马修·G. 刘易斯之手。

哥特魔法

18世纪90年代，欧洲涌现出了一批惊心动魄的哥特黑暗文学，这些作品的焦点是超自然、神秘主义和令人毛骨悚然的东西。这一主要趋势始于18世纪中期，与浪漫主义运动结合在一起，并延续到19世纪，反映在美国的黑暗浪漫主义流派之中。

古老的建筑是此类小说的常见背景，如中世纪城堡废墟或哥特式建筑风格的修道院，"哥特文学"一词便由此而来。地下通道、活板门和秘密墙板是故事中的常用装置，鬼魂、恶魔和不虔诚的修士等角色也频繁出现。主人公与这些角色的相遇，离奇地进入不寻常的心理状态，并从中获得不安或恐怖的神秘体验。

哥特文学的奠基作之一是贺拉斯·瓦尔浦尔的《奥特朗托城堡》，这是一则关于某古老预言的超自然神秘故事，以一座诡异的城堡为背景。约30年后，马修·G.刘易斯的《修士》被尊为英国文学中的第一部恐怖长篇小说，作品中包含了黑魔法和撒旦主义等元素。哥特式恐怖的其他代表杰作还有玛丽·雪莱的《弗兰肯斯坦》，以及埃德加·爱伦·坡的《厄舍府的倒塌》。前者讲述了一位科学家用尸块创造了一个怪物，而后者则是一段关于徘徊不去的幽灵、疯狂和死亡的故事。19世纪的许多作家，从艾米莉·勃朗特、纳撒尼尔·霍桑到帕斯夸尔·佩雷斯·罗德里格斯，都在某种程度上采用了哥特风格，他们的经典小说至今仍然很受欢迎。

"我们召唤内心世界隐藏的邪恶灵魂。"

莱蒂茨亚·伊丽莎白·兰登，《林道夫的新娘》，1836年

与死者交谈
通灵运动

从 19 世纪中叶开始，通灵运动实践在欧洲和美洲成为一股热潮。其核心思想基于基督教关于来世的主流信仰，认为死去的人居住于属灵世界，活着的人可以通过灵媒与他们交流。通灵运动受欢迎的一个主要原因是它为人们提供了一个与已故亲友交流的机会，对于生者来说这是一种慰藉。

▲ 美丽新世界?

上图中展示的是约翰·默里·斯皮尔 1854 年的发明——新动力机器。这是 19 世纪中期的通灵运动实践之一。这台通电机器的结构包含一张桌子和一些磁化球，它计划由一灵体驱动，旨在联通人类与上帝。

隐多珥的女巫

许多思想促使通灵运动兴起，其一是《圣经》中关于隐多珥的女巫的故事——她为扫罗王召唤出了先知撒母耳的灵魂。"隐多珥的女巫"成了沟通死者灵魂的代名词。许多颇具影响力的启蒙思想以及后来的浪漫主义思想也融入通灵运动之中。在 1758 年出版的《天堂与地狱》一书中，瑞典神秘主义者、科学家伊曼纽尔·斯威登堡谈到了人死后的生活以及与属灵世界的交流。而德国医生弗朗茨·梅斯默（参见第 210 页—213 页）则大力推广可用于通灵及传递强大力量的恍惚状态。

轰动一时的开端

据说现代通灵运动始于 1848 年纽约上州的玛姬·福克斯和凯特·福克斯两姐妹，她们可以与死者交流。鬼魂似乎发出了怪异的急速敲打声来回答两姐妹在陋室中提出的问题。在大姐莉亚的帮助下，福克斯姐妹很快获得了巨大的声誉，使人们相信她们能力的真实性，从而成为现代通灵运动的第一批重要灵媒。在美国、英国和法国的中产阶级客厅里，她们被许多人竞相模仿。

然而有些人对福克斯姐妹持怀疑态度，玛姬

安德鲁·杰克逊·戴维斯（1826 年—1910 年）

波基普西的先知

对约翰·默里·斯皮尔产生了特别影响的
人物之一是安德鲁·杰克逊·戴维斯，美
国一位超感知者、通灵师、催眠治疗师。
戴维斯是通灵运动的早期实践者，他在小
镇波基普西发现了自己的真正使命之后，
得到了"波基普西的先知"这一绰号。戴
维斯在很大程度上借鉴了斯威登堡的思想，
并可能对埃德加·爱伦·坡等作家产生了
影响。他声称在诸如《自然的原则，其神
圣启示以及给人类的声音》等书中传递了
特殊的智慧，这部作品是他在恍惚状态下
口述的。

◀姐妹降神会
成名之后，福克斯姐妹的降神会上又增添了移动物体和桌子
悬浮等奇迹。这幅 19 世纪的版画描绘了 1850 年她们在纽约
罗切斯特举行的一次降神会。

曾说她们的事业只是骗局（但后来又收回了这一说
法）。现在普遍认为，她们是通过摆弄关节来发出
敲击声的，两姐妹的确是江湖骗子。

弥赛亚机器

通灵运动的另一段插曲发生在 19 世纪 40 年
代：美国普救派牧师、人权活动家约翰·默里·斯
皮尔在体验奇怪的灵视之后开始探索通灵。基督新
教普救派是美国启蒙运动的产物，该教派认为人人
都可得救。据说斯皮尔听见了鬼魂说话的声音，其
中甚至包括本杰明·富兰克林的声音。在这些死者
的指导下，斯皮尔建造了一台乌托邦式的机器，按
计划它将为所有人带来永恒的救赎。1854 年，支
持通灵运动的报纸《新时代》宣布"新动力"机器
完工，建造成本约为 2000 美元，这在当时是天文
数字。斯皮尔的计划遭到怀疑并最终失败，但其背
后的通灵思想已经在历史上留下了印记。

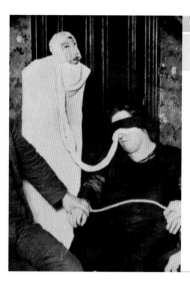

背景故事

巫术的新面孔

在 20 世纪 40 年代，一则战时丑闻凸显了现代通灵运动如何激起人们对巫术的古老恐惧。海伦·邓肯是苏格兰的一个灵媒，据说她能从口中或鼻中产生异质体（一种代表死者鬼魂的黏糊糊的物质）。她因宣称自己具有超自然力量而被控犯有欺诈罪，而所谓异质体据说是用粗棉布、纸张、化学品以及从杂志上剪下的脸制成的。她是依据英国 1735 年《巫术法案》被监禁的最后一名女性。然而一些人认为该法案并不适用，她的案件或许加快了该法案在 1951 年被废除的进程。

海伦·邓肯似乎与她的灵体向导"佩吉"连在一起。

接触死者

在美国内战（1861 年—1865 年）期间，公众对联系已故亲友的兴趣急剧上升。儿童早夭在这个时代仍然很常见，这也助长了通灵运动的日益流行。例如，亚伯拉罕·林肯的妻子玛丽·托德在丧子之后就从通灵活动中得到了慰藉。

到 19 世纪晚期，通灵运动有了数百万追随者，但他们的动机千差万别。有些人把通灵运动本身视为一种宗教，热衷于宣扬它严肃而切实地证明了死后生活的存在。某种涉及通灵的治疗方法也发展起来了，安德鲁·杰克逊·戴维斯对梅斯默学说的兴趣就是例证。然而，通灵运动也有另一面，此类实践通常体现为有组织的降神会。在灵媒的主持下，降神会的目的显然是促使参与者与死者的灵魂沟通（参见第 228—229 页）。

欧洲和美国出现了大量由著名灵媒组织的私人或公共降神会。例如，出生于苏格兰的丹尼尔·邓格拉斯·霍姆就很受欧洲上层阶级甚至皇室的青睐。他的才能之一是悬浮，据说曾有人看到他从楼上的一扇窗户中飘出来，又飞进另一扇窗户里。通灵运动也受到名人的追捧，苏格兰作家阿瑟·柯南·道尔就是一名狂热爱好者。包括英国化学家、皇家学会会长威廉·克鲁克斯在内的一些科学家也是通灵运动的支持者。克鲁克斯曾为英国灵媒弗罗伦丝·库克担保。据说库克曾在降神会中成功使灵体"凯蒂·金"显形，有时"凯蒂·金"的整个身体都完整出现，有时仅出现一个没有躯体的头颅。

▲机器中的幽灵
摄影师威廉·穆勒以"鬼魂"与人物的合照而闻名。看到已故亲人奇迹般地出现在照片中，许多客户备感安慰。

▶离奇的转变
这张 1874 年的照片使科学家威廉·克鲁克斯相信，灵媒弗罗伦丝·库克已经变成了"凯蒂·金"。当人们指出弗罗伦丝与凯蒂的相貌有相似之处时，克鲁克斯颜面扫地。

欺诈、异端和改革

金钱和名誉的诱惑导致了无数令人发指的欺诈事件，一些通灵运动实践者被起诉。1869 年，美国"鬼魂摄影师"威廉·穆勒接受了轰动一时的诈骗案审判。他因控方缺乏证据而被无罪释放，但他的通灵事业显然已走到了穷途末路。7 年后在英国，美国灵媒亨利·斯莱德也因欺诈而受审，并被判有罪。他所谓的"灵体传讯"似乎会在石板上显现出来，但后来人们发现那是他在桌面下用脚趾握住粉笔书写的。

1887 年，宾夕法尼亚大学调查现代通灵运动的塞伯特委员会发表了一份报告，整体上对通灵运动持否定态度。而基督教组织，包括新教和天主教在内的，很大程度上也持负面态度。1898 年的一份天主教敕令谴责了通灵运动，教会内许多人员将其等同于巫术和招魂术。

然而，不遵奉圣公会的新教教徒和贵格会教徒与通灵运动之间存在较牢固的联系，他们也同样关注争取妇女选举权及废除奴隶制的改革运动。帕斯卡尔·贝弗利·伦道夫——美国一位通灵运动实践者、玫瑰十字会成员——就是一位废奴主义者。而美国另一位通灵运动实践者阿克萨·W. 斯普拉格同时主张废奴和女性权利。通灵运动实践者重视直觉、感知等特征，在 19 世纪，这被认为是属于女性的特质。但是，声称能够与灵体沟通使得女性实践者有机会表达自己的观点，而在平时，此类言论会被认为是不合适的，也无法引起重视。许多女性从事灵媒这一行可能是希望得到旅行、冒险和成名的机会。

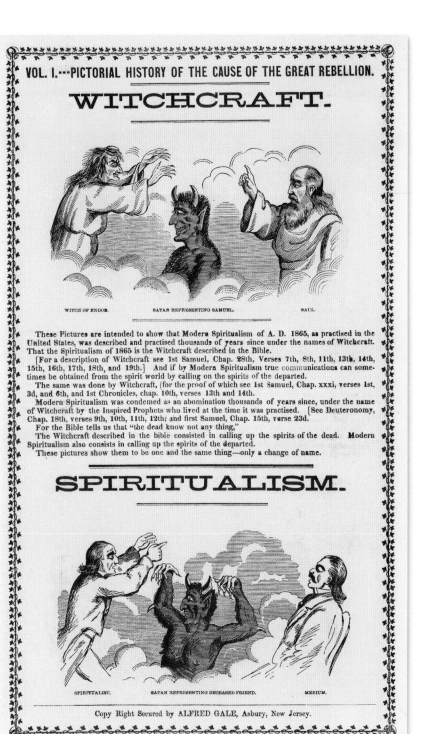

"哦，通往隐多珥的路是最古老的路，
也是最疯狂的路！"

鲁德亚德·吉卜林谈通灵，引自其诗《隐多珥》，1919 年

N° 1. — 10 janvier 1909. — Publication bi-mensuelle paraissant le 10 et le 25. — PRIX EXCEPTIONNEL : 10ᶜ

LA VIE MYSTERIEUSE

DIRECTEUR : **Professeur DONATO**

MAGNÉTISME

SPIRITISME
MAGIE — ASTROLOGIE — CHIROMANCIE — GRAPHOLOGIE

CARTOMANCIE

Les Tables parlantes

Lire, à la page 3, l'article : Comment je devins spirite.

与灵体沟通
灵媒与降神会

到 19 世纪与 20 世纪之交，灵媒主导的降神会在大众文化中站稳了脚跟。在降神会上，灵媒能够与灵体沟通，充当灵体与参与者之间的中介。在这些以戏剧性的速度日益增长的活动中，桌子转动、悬浮是一大特色，同时通灵板（参见第 230 页—231 页）也出现了。灵媒在代表灵体说话或书写之前通常会进入恍惚状态。此类表演充满张力、惊心动魄，迎合了 19 世纪人们对舞台魔术的热爱。

恍惚之言

许多灵媒宣称自己在精神恍惚状态下能够替灵体发言。在美国，灵媒莉奥诺拉·派珀形容自己的恍惚状态"就像有什么东西掠过我的大脑，让它麻木"。在这种状态下，她的声音和面貌都发生了变化，使旁观者相信她的身体被另一个人格占据了。这些人格通常被认为是由灵体控制的，它们是莉奥诺拉和其他死者灵魂之间的中介。另一位备受瞩目的美国灵媒是 19 世纪后期的寇拉·L. V. 斯科特。她是一个容貌姣美、鼓舞人心的演讲者，涉猎的话题十分广泛，而且她显然是在受灵体触动的恍惚状态下发言的。

显形

法国灵媒艾娃·卡里埃似乎能够召唤鬼魂显形，并从她赤裸的身体中产生异质体。有人对这种把戏持怀疑态度，经过调查，卡里埃的真面目得以揭穿：她所谓的灵体是用硬纸板剪出来的，异质体只是咀嚼过的纸。

灵体传讯

"桌灵转"风靡一时。人们把双手放在桌子上，作为与死者灵魂交流的一种手段，桌面似乎会倾斜、上升或旋转。比如，灵媒可以这样传达灵体的信息：大声读出字母表中的字母，念到某个字母时桌子会移动，把这些产生反应的字母记录下来便可形成语句。这种现象可以用"心理暗示效应"来解释，只是简单地思考一种动作会导致非自愿的身体反应，最终使该动作发生，即便你并未有意识地移动身体。

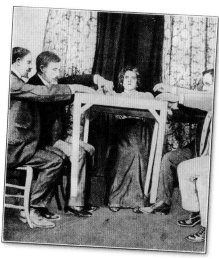

▲**灵体悬浮**
意大利著名灵媒尤萨皮娅·帕拉迪诺的天赋之一是让桌子悬浮起来。这张照片拍摄于 1892 年，当时对她的通灵实践进行了一次重大调查，得出结论认为桌子悬浮只是她的聪明把戏，而不是超自然现象。

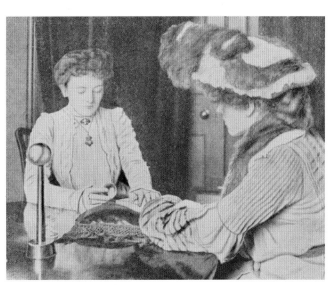

◀**会说话的桌子**
作为当时流通的许多关于通灵的出版物之一，1909 年的这份《神秘人生》推出了一期关于桌灵转的专题。

▶**看见未来**
凝视水晶是大众通灵运动实践的重要内容之一。在精心清洁水晶球后，实践者能在其中窥视到未来，或看到失去的亲人。

通灵板

早在 1500 年前，中国人就以扶乩之法请鬼神书写信息：Y 形的木笔在神明或鬼魂的引导下，在沙盘中写出汉字。如今请灵体写字主要借助通灵板，这种工具甚至在美国获得了专利。美国内战后，许多人渴望与已故的亲友联系，通灵运动（参见第 224 页—227 页）变得非常流行。为了抓住这一商机，肯纳德新奇公司于 1891 年推出了新产品通灵板。通灵板上写有字母和数字，并附有一个供参与者触摸的小三角板（指针）。据说灵体会引导指针在通灵板上移动，拼写出词语。

一些人相信死者的灵魂真的能通过通灵板说话，其他持怀疑态度的人也认为使用通灵板只是无害的游戏。不管怎样，通灵板成了流行的家庭娱乐。直到 1973 年，大众对通灵板的态度陡然改变，因为在该年上映的恐怖电影《驱魔人》中，一个小女孩玩通灵板导致恶魔附体。一夜之间，通灵板成了大众眼中撒旦的可怕工具。

科学家们则有另一种观点——早在 1852 年，他们就已能够解释灵体书写的现象。在他们看来，指针移动的"超自然"现象并不是由于灵体的引导，而是一种心理暗示：活生生的参与者下意识地做出微小的肌肉运动。

"通灵板，会说话的木板，能够回答关于过去、现在和未来的问题，准确性惊人。"

匹兹堡新奇玩具店广告，1891 年

▲ **玩通灵板**是一种流行的消遣。这张照片摄于 1936 年电影《人贩》的拍摄现场，两位演员正趁着拍摄间隙玩通灵板。

纹理之间

手相术

手相术即研究手的形态纹理，是一种古老的占卜形式，被用来判断一个人的个性特征以及未来运势。

手相术的起源

关于手相术的最早记录可追溯到2500年前的印度，目前认为看手相这一活动就起源于此处。手相术从印度传播到亚洲各地，并传入欧洲。中世纪时期的神职人员收集了许多关于该主题的文本。在数个世纪的时间里，看手相主要由四处旅行的流动算命者进行，直到1839年法国人卡西米尔·达尔彭提尼出版了《手相术》一书，第一次系统地对手型进行分类，该活动才得以复兴。19世纪晚期，手相术在爱尔兰占星师"切罗"（见右页专栏）的推动下人气飙升；1900年，神学家威廉·贝纳姆试图用著作《科学读手相之法》为手相术提供科学基础。

尽在掌中

通常，手相师会根据土、水、火、风四个基本元素将手分为四种类型。手掌的形状和手指的相对长度决定了哪个元素占主导地位，比如，方形掌、短手指意味着土元素主导此人的性格（讲究实际和脚踏实地）。

手掌上的每一条纹路都与性格的某个方面相关联，可以根据纹路的长度、深度或弧度来解读。主要纹路有三条："心纹"（手指下方的第一条横纹）与感情、人际关系等有关；"脑纹"（穿过手掌的斜纹）代表智慧和对知识的渴求；"命纹"（向手腕处延伸的弧纹）预示着健康和生命力。

手掌上各处肌肉形成的隆起被认为与占星学中的行星等天体有对应关系，它们的形状提供了关于某人性格的进一步信息。通过研究纹路和隆起的模式，手相师希望能预言一个人的未来。

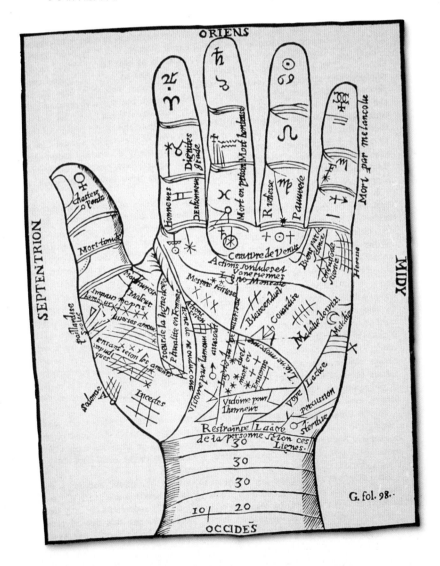

> **"切罗向我揭示出我的性格，准得叫人觉得受了羞辱。"**
>
> **马克·吐温的笔记，约1896年**

路易斯·哈蒙伯爵("切罗",1866年—1936年)

解读星辰

出生于爱尔兰的手相师、占星师威廉·约翰·华纳化名为路易斯·哈蒙伯爵,但广为人知的是他的昵称"切罗"。在印度跟随一些上师学习了手相术后,他开始在伦敦从事这一行。他的昵称"切罗"(Cheiro)就来自英语中手相术的另一种拼写 cheiromancy。他的客户中有许多名人,比如以风趣著称的作家马克·吐温、奥斯卡·王尔德,政治家威廉·格莱斯顿,女演员莎拉·伯恩哈特以及威尔士亲王。还有另一桩逸闻,切罗曾为威廉·皮里看过手相,而皮里的造船厂建造了著名的泰坦尼克号。据说切罗曾对皮里说"你会在一场与你生命息息相关的战斗中寻找到本真的自我",一些人将其解释为对泰坦尼克号灾难的预言。

建立轮回体系

唯灵论的诞生

与通灵运动（参见第224页—227页）一样，唯灵论思想的基础观念认为人的灵魂可以在死后延续，并可以通过灵媒与在世的人联系。两者之间的主要区别是，唯灵论还相信轮回转世。如今唯灵论经常被视为通灵运动的一个分支。

探寻灵魂的律法

19世纪法国教育家伊珀利特·列昂·德尼萨尔·利瓦耶（更广为人知的是其笔名阿兰·卡戴克）分析了来自世界各地的通灵思想，并将它们组织成了一个信仰体系。该体系结合了来自宗教、哲学、科学、自然的各种元素，后来被称为唯灵论。他以与鬼魂对话的形式编写了一套"唯灵法典"，其中包括《魂灵之书》（1857年）等关键作品。

与基督教一样，卡戴克也相信道德提升的概念。然而他也相信轮回转世。他认为灵魂有善有

恶，而所有生命都是不朽的，他们反复轮回转世，在此过程中逐渐通向终极的完善。卡戴克的目标是通过严格的科学调查，以观察和实验而不是理论为基础，来为通灵现象建立规则体系。在他看来，灵体只是自然世界的一部分，也遵从自然规律，因此就与自然界的任何方面一样，灵体可以被研究。

加勒比地区的唯灵论

唯灵论在世界各地传播，尤其于19世纪最后十年到20世纪最初十年在加勒比地区和拉丁美洲受到欢迎。这些地区出现了许多唯灵论的变体，比如圣泰里阿/欧恰之规，Espiritismo（唯灵论的西班牙语形式）以及马库巴。被葡萄牙人奴役的非洲人到达巴西后，把他们原来的万物有灵论与唯灵论融合在一起，形成了马库巴信仰。美洲普通民众（往往是农村人口）的唯灵论实践被其诋毁者斥为巫术或神秘主义活动，并且经常受到基督教会的谴责。

在巴西，唯灵论思想发展出了各种形式，比如巫班达和城镇钦班达，唯灵论还与传统民间宗教及天主教元素融合在一起。巴西灵媒瑟里欧·费南蒂诺·德·莫拉伊斯是唯灵论的重要人物，被视为巫班达的创始人。他于1939年正式为巫班达信仰建立了巫班达唯灵论者联盟，并管理该组织直到1975年去世。

◄ 卡戴克的创造
卡戴克于1858年创办了《唯灵评论》，这份季刊成了法国关于唯灵论和通灵问题研究的主要阵地。左图是该刊物1931年的某一期，封面上印着卡戴克的照片。

▼ 艺术魔法
下面这幅插画来自19世纪70年代威廉·布里顿所著的《艺术魔法，或世俗、次世俗和超世俗唯灵论》。这是一部关于通灵运动、唯灵论和神智学的著作，其中汇集了来自世界各地的通灵实践，比如图中托钵僧的旋转仪式。

"一个灵魂的连续肉体存在总是在进步，
永远不会倒退……"

阿兰·卡戴克，《魂灵之书》，1857 年

▲**神眼**

上图是高台教的一个主要符号，代表主神全知全能的左眼。高台教于 20 世纪 20 年代起源于越南，融合了唯灵论以及亚洲和欧洲的文化源流。

La Guirlande de Roses.

La Corne d'abondance.

变！变！变！
早期舞台魔术

19世纪舞台魔术的发展具有两大特征。首先，几个世纪以来巡回魔术师在集市和街头市场上表演的那种大众魔术先是转变为精致的客厅娱乐，然后又越来越多地转化为吸引大量观众的奢华剧场表演。其次，传统魔术中又增添了大量的新戏法。它们壮观、惊人、不可思议，在很大程度上归功于表演手段的发展——甚至更多地归功于科学的进步。

现代魔术之父

这些发展特征淋漓尽致地体现在法国魔术师让·欧仁·罗贝尔-胡丹的表演之中，他无疑是19世纪最有影响力的魔术师。后来的另一位魔术大师给自己取艺名为胡迪尼（Houdini，参见第259页）正是为了向胡丹（Houdin）致敬。如今被誉为"现代魔术之父"的罗贝尔-胡丹在表演中结合了精湛的技术和天生的戏剧本能。他为世界各地的观众呈现眼花缭乱的节目，并定期在皇室面前表演。罗贝尔-胡丹曾是一名钟表匠，因而在魔术道具的制作中融入了非凡的匠心，比如神奇的开花橘子树，以及一个只有孩子才能举起来的盒子（最近研究者才发现盒子是通过电磁效应被"定"住的）。他还是一位杰出的自我宣传家，同时代的许多魔术师也是如此：艾赛亚·修斯，"阿瓦的托钵僧"；苏

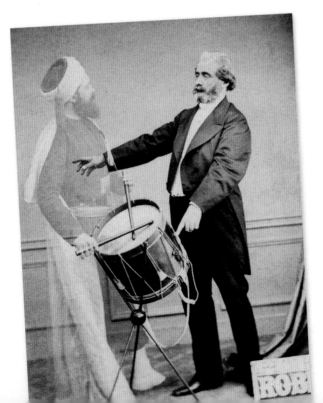

◀因克曼的灵媒
法国魔术师亨利·罗宾生动地体现了科学与魔法的碰撞，他从19世纪50年代开始用合成的图像来创造幽灵般的人物，比如左图中的鼓手。

Le Voltigeur au trapèze.

Le Coffre de cristal.

格兰的约翰·亨利·安德森，"伟大的北方巫师"；约翰·内维尔·马斯科莱，他设计了第一个悬浮表演，并连续31年在伦敦的埃及厅表演；以及法国的亚历山大·赫尔曼，"伟大的赫尔曼"，他留着两撇巨大卷曲的髭须，下颌还有山羊胡子，以表演徒手抓子弹著称（迄今至少已有12位魔术师在进行此种表演时丧生）。

科学与幻觉

1862年，英国科学家约翰·亨利·佩珀在伦敦皇家理工学院造出鬼魂，震惊了观众。三年后，他为自己的"普路提斯之柜"申请了专利，从此这成为舞台魔术的保留节目：人如同鬼魅一般消失，又惊人地从木箱中重现——一个巧妙利用镜子实现的把戏。同年，"斯芬克斯召唤者"斯托达尔上校使用了同样的技术，神奇地使一个活生生的人脑袋出现在一个小盒子里。同样神奇的是，法国魔术师布阿蒂尔·德·科尔塔于1866年首次表演了"消失的女人"戏法，他在舞台上使用了活板门。这些魔术都不是超自然意义上的魔法，但它们融合了科学制造的幻觉和全新的表演技巧，让观众们欲罢不能。

> **"魔术师就是扮演魔法师角色的演员。"**
>
> 罗贝尔-胡丹，《魔术的秘密》，1868年

幻影魔术

在18世纪中期，骗术大师约翰·施罗普夫在降神会上使用一盏魔术灯将灵体投影到烟雾上。施罗普夫的名声十分响亮，以至于魔术师保罗·菲利多在1790年首次公开表演这一戏法时，将这一幻觉场面称为"施罗普夫式的幽灵出现"。不过到1792年，他将这一戏法正式命名为幻影魔术。几年后，比利时魔术师艾蒂安-加斯帕尔·罗贝尔完善了这一戏法，随后幻影魔术成为19世纪舞台魔术的一个流行节目。

这盏1872年的**德国魔术灯**制造了光学的奇迹。

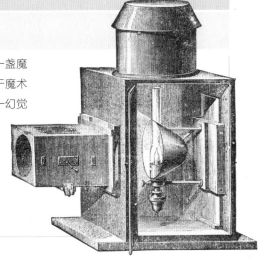

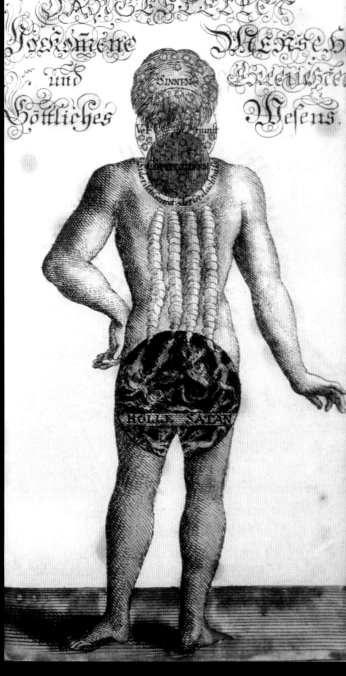

▲神奇的能量点

布拉瓦茨基从更早的著作中获得了创立神智学的灵感，比如《神智实践》（1696 年）。书中的这张插图展示了人体的脉轮——佛教和印度教中描述的能量点。

"错误顺着斜面往下走，而真理必须费力地往上爬。"

海伦娜·布拉瓦茨基，《秘密教义》，1888 年

神圣智慧

神智学

虽然神智学的内容包罗万象，但其基本思想则相对简单——存在唯一的精神现实，只有通过深入冥想才能触及，而这种能力蕴藏在所有人身上。19世纪晚期的神智学与其他对魔法感兴趣的当代宗教社团有许多共同之处，但神智学还吸纳了佛教信仰。它是那个时代神秘学狂热的缩影，并产生了巨大的影响力。神智学将东方思想带到了西方，并引发了数以百计的相似的灵性运动。

对普遍性的核心信念

神智学会于 1875 年由一位俄罗斯移民海伦娜·布拉瓦茨基在纽约创立。1879 年，布拉瓦茨基去了印度，三年后她把这个新兴组织的总部转移了过去。与此同时，一家分会在伦敦成立，随后在欧洲和美国出现了更多分会。东西方思想的丰富融合强化了神智学的统一性信条——有一种普遍性将所有人类联系在一起，并为"什么是人"这一问题

▼ 印度总部
约在 1882 年，海伦娜·布拉瓦茨基在印度东南部的阿迪亚尔建立了神智学会总部，这座城市很适合进行宗教比较和研究。

◄ 精神符号
布拉瓦茨基胸针图案的中央是她姓名的首字母缩写，字母外围是一个六芒星（代表精神与物质的交织），六芒星上方是一个卐字符号，最外圈是一条代表无限的衔尾蛇。

带来更为深刻的理解。神智学探索一种绝对真理，这种真理既是永恒的，又是无限的，或者用布拉瓦茨基的话说，即"感知到（自身）作为万有的部分而存在"。

1885 年，伦敦心灵研究学会指责布拉瓦茨基是骗子，该指控轰动一时，并结束了她与神智学运动的联系。然而，神智学继续蓬勃发展，它的新任领导者是女权主义者、印度民族主义捍卫者安妮·贝赞特。进入 21 世纪后，神智学仍在不断繁荣，尤其是在欧洲和美国。其核心信念保持不变：所有生命都是普遍联系的，并且生生不息；只有通过对神秘学及其仪式实践的深入研究，通达了更高层次的意识状态，才能真正理解人类的存在；各种神秘学的真理都会将修行者引向唯一的终极目标，即达到一种整一状态。修行和实践的道路并不是唯一的，但终极目标总是唯一且绝对的。

▲ 海伦娜·布拉瓦茨基
布拉瓦茨基是出生在俄国的美籍神智学研究者，她有着非凡的人格魅力，被奉为精神领袖，尽管批评者谴责她是江湖骗子。她晚年虽然生活在伦敦，却过着隐士般的生活，在沉思与孤独中度过了生命的最后时光。

▲ 在罗伯特·韦尔 1837 年的这幅画作中，胖乎乎的顽皮**圣诞老人**正站在烟囱旁。

圣诞精灵

圣诞老人是圣诞魔法的化身，代表了现代商业主义和基督教信仰的融合。起源于中世纪欧洲，3 世纪的圣尼古拉（St. Nicholas，主教、礼物馈送者、儿童的主保圣人）逐渐演变为一个与圣诞节有关的神话人物。人们相信圣尼古拉具有奇迹般的能力，包括在空中飞行，可以同时在不同地点给孩子们送礼物等。

在 16 世纪的新教改革期间的北欧，出现了不同于经典圣徒的圣尼古拉形象，比如英国的圣诞老人和德国的基督小孩。这些角色往往都有超自然帮手（最著名的是各类精灵），而且他们知道每一个孩子的品性是好是坏。

现代圣诞老人，或者说从荷兰语来的圣克劳斯（Sinter Klauss，圣尼古拉的简称），诞生于 19 世纪的美国。在 1823 年的诗歌《圣诞节前夜》中，"圣尼克"有 8 头会飞的驯鹿，可以神奇地在烟囱里进出。商业广告，尤其是 20 世纪可口可乐的广告，巩固了流行文化中这个版本的圣诞老人形象。如今他在世界各地以不同的形式出现，仍然让渴望相信魔法的孩子们雀跃不已。

"……他把手指放在鼻子旁，
点点头，
沿着烟囱爬了上去……"

克莱门特·C.摩尔，《圣诞节前夜》，1823 年

赫尔墨斯派黄金黎明协会
隐秘科学、奥秘与仪式魔法

▲官方章程
由莫伊娜·马瑟斯（娘家姓伯格森）于 1888 年 12 月起草的这份章程标志着赫尔墨斯派黄金黎明协会正式建立。文件由三位创始人签署：马瑟斯，威斯克和伍德曼。

没有哪一场灵性运动比赫尔墨斯派黄金黎明协会的发展壮大更准确地概括了 19 世纪末西方世界对神秘学、魔法和仪式的迷恋。该协会成立于 1888 年，为参与者提供了复杂的学术性课程，包括入会、研习和灵性成长，但其早期形式仅持续了 15 年便被激烈的争端撕裂。

追求灵性

赫尔墨斯派黄金黎明协会由英国人威廉·伍德曼、塞缪尔·马瑟斯和威廉·威斯克共同创立。这三人都是共济会（参见第 194 页—197 页）会员，浸淫于西方神秘传统和古代魔法的方方面面。该协会的目的是将这些支流汇聚成统一的形式，并通过规章化的仪式魔法实践达到新的灵性感知层次。对成员来说，通往神秘觉醒的道路类似于炼金术的净化：基础物质被转化为新的灵性黄金。

入会与仪式

黄金黎明协会的成员们希望通过两种途径来实现灵性觉醒，其一是召唤众天使及大天使、男性神祇、女性神祇和众元素之灵；其二是参与各类繁复的仪式，这些仪式受古埃及文化影响，被赋予魔法意义，并配有奇异的服装、布景和道具。这场运动的戏剧性层面在入会仪式上表现得尤为明显：入会者们被绑在十字架上，宣誓效忠协会，而穿着长袍的人在他们周围进行秘密仪式。作为一个秘密社团，协会小心翼翼地守护其仪式实践的具体细节，入会只能通过内部邀请。在通往更高灵性层级的旅程中，成员需要通过意识不断跃升三个层级——这种层级结构是对卡巴拉生命之树（参见第 136 页—139 页）的一种模仿。第一个层级是被称为"金色黎明"的通灵世界；实践魔法始于第二个层级"红玫瑰与黄金十字架"；第三个层级是神性世界"奥秘首领"。

▼仪式盛装
塞缪尔·马瑟斯穿着进行魔法仪式的盛装，这幅画出自其妻莫伊娜之手。马瑟斯是黄金黎明协会的主力推动者，然而他脾性太过古怪，在 1900 年被协会开除。

> **"谨慎从不走回头路。"**

索萝尔·V. N. R. 的座右铭，索萝尔·V. N. R. 为莫伊娜·马瑟斯笔名

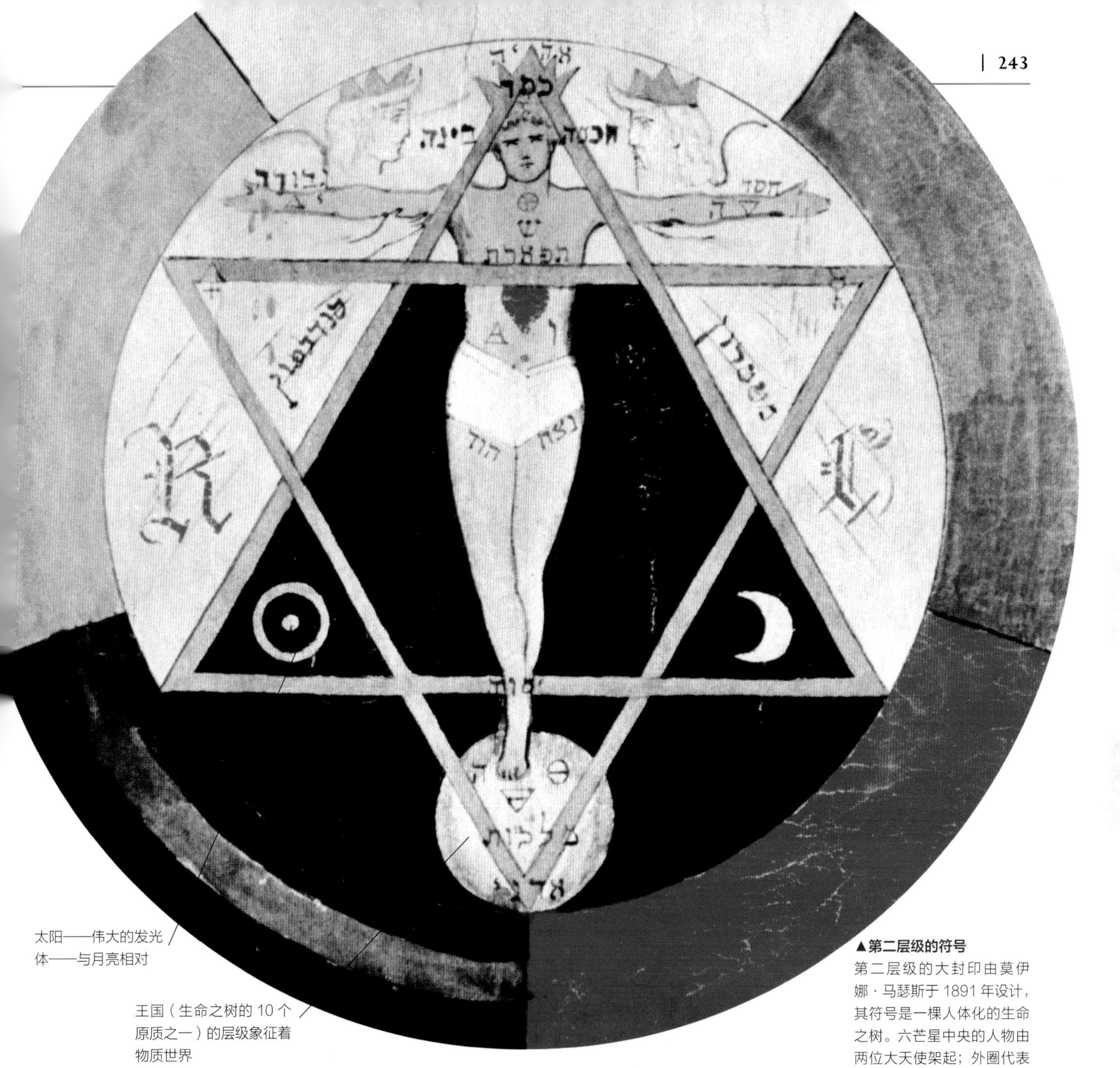

太阳——伟大的发光
体——与月亮相对

王国（生命之树的 10 个
原质之一）的层级象征着
物质世界

第二层级的大封印由莫伊
娜·马瑟斯于 1891 年设计，
其符号是一棵人体化的生命
之树。六芒星中央的人物由
两位大天使架起；外圈代表
五大基本元素：水、火、土、
风和灵。

女性成员

　　黄金黎明协会吸引了不少上层阶级及文艺界人
士。在当时不同寻常的是，黄金黎明协会认为男女
是平等的；其女性成员对这个高等魔法的新世界产
生了重大影响。男性成员中的著名人物有作家布拉
姆·斯托克、阿瑟·柯南·道尔以及诗人 W. B. 叶
芝。而著名的女性成员有剧院赞助人安妮·霍尼

曼，她是英国保留剧目运动的先驱；爱尔兰革命家
莫德·冈；女演员弗洛伦丝·法尔；以及画家莫伊
娜·伯格森，她在 1890 年与创始人塞缪尔·马瑟
斯成婚，后来成为协会的高级女祭司。由于成员影
响力非凡，该协会的活动一直持续到了 20 世纪 70
年代。

象征主义与神秘主义
魔法在世纪之交的法国

▲巴黎式决斗

这幅 1875 年的版画描绘了一场关于愤怒与荣誉的决斗。记者、"臭名昭著的撒旦主义者"亨利-安托万·儒勒-布瓦与斯坦尼斯拉斯·德·瓜伊塔在进行决斗。起因是儒勒-布瓦写了一篇谴责德·瓜伊塔的文章。由于手枪哑火，两人都未受伤；在儒勒-布瓦与帕普斯的第二场决斗中，两人都受了轻微的刀伤。

1880 年后席卷西欧的神秘学复兴始于巴黎，当时这座法国城市正在成为世界艺术之都。巴黎是一座文化熔炉，这里充斥着画家、音乐家、诗人、作家、魔术师和通灵运动实践者。这是一群富有创造力但爱争论的人，他们之间摩擦出的火花既能使其协同作用，也会由于思想上的竞争而引起冲突。一

众巴黎人物领导了神秘学复兴，他们吸收了已有的信仰，如玫瑰十字会、卡巴拉和共济会，以及美国当时盛行的神智学（参见第 238 页—239 页）。法国神秘学者、作家艾利法斯·列维也是其中一股重要影响力。

"玫瑰十字王子"

出生于意大利的诗人斯坦尼斯拉斯·德·瓜伊塔因具备深厚且广博的神秘学知识而被誉为"玫瑰十字王子"，他是这场运动的中坚力量。他在巴黎的住处成了志同道合者讨论秘传思想的聚会点。德·瓜伊塔于 1888 年发起了神秘学会"玫瑰十字卡巴拉教团"，同年，赫尔墨斯派黄金黎明协会在伦敦成立（参见第 242 页—243 页）。两位友人支持德·瓜伊塔的倡议：杰拉尔·昂高斯（参见第 257 页）与约瑟芬·佩拉丹。昂高斯是一位医生、神秘主义者，进行相关活动时化名帕普斯，他创立了马丁主义教派（基督教神秘主义的一种形式）；作家佩拉丹也是一位马丁主义者，但后来变得越发自负，引起争议。

背景故事

陷入撒旦主义

J. K. 于斯曼的小说《在那儿》（"那儿"指地狱）的故事原型是现实生活中斯坦尼斯拉斯·德·瓜伊塔与被解职神父约瑟夫·布兰之间的不和，这两人都指责对方对自己施了有害的魔法。小说主人公对炼金术的钻研，渐渐将其引向了 19 世纪法国的撒旦主义的幽暗领域。有传言说，布兰在一场黑弥撒中献祭了自己的孩子，小说血淋淋地描绘了这一情节。《在那儿》中的一个角色曾说："从崇高的神秘主义到愤怒的撒旦主义只有一步之遥。"

于斯曼备受争议的小说《在那儿》（1891 年）探讨了撒旦主义。

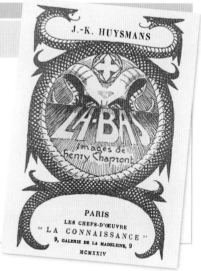

不同于被非西方信仰如佛教和印度教所吸引的神智学研究者，德·瓜伊塔教团的焦点是通过对基督信仰的重新理解来进行灵性启蒙。

象征主义与魔法

德·瓜伊塔教团持续的时间很短。正如黄金黎明协会在争端中分裂一样，仅仅两年后，德·瓜伊塔的新教团也一分为二。1890 年，虔诚的天主教徒佩拉丹不仅脱离了马丁主义，也脱离了德·瓜伊塔。他建立了一个与两者竞争的组织——玫瑰十字圣殿教团，以恢复逝去的魔法艺术为己任。佩拉丹的古怪性格使许多人疏远他，但他善于团结象征主义运动中的人物，这些人在作品中融合了灵性和对现代世界的绝望，他们的艺术观点与佩拉丹的一致。佩拉丹既被讽刺为善于表演的骗子，又被尊为19 世纪末法国神秘主义的真正核心。他自诩"超级魔法师"和"最高统治者"，并在一次演讲中这样开场："尼姆斯的百姓们，我只需念出一句话，就能让大地裂开，吞噬你们所有人。"1892 年，他发起了一系列象征主义作品展览，使自己的名望达到顶峰。象征主义诗人斯特凡·马拉美和保罗·魏尔伦，作曲家克劳德·德彪西和埃里克·萨蒂，以及画家费尔南德·克诺普夫和阿诺德·勃克林等都曾借佩拉丹之势开展宣传。

▶玫瑰十字沙龙，1892 年

右图海报中的人物正在迎接新的曙光。这件展品来自约瑟芬·佩拉丹组织的首次年度艺术展（共 6 次）。该沙龙不仅涉及他的玫瑰十字圣殿教团，也涉及参与象征主义运动者的创作。

现代魔法

1900 年以后

引言

20世纪和21世纪的魔法展现出了多种形式。随着许多地区主流宗教组织的权威逐渐减弱，较小规模的信仰在新的魔法实践及信念的发展中发挥了作用。科学与魔法的关系继续吸引着人们的兴趣，魔法成为社会学、人类学和心理学的研究主题。随着获取信息、结识志同道合者变得越来越简单，无论是个人还是团体，如今都可以轻松地开展魔法实践。

20世纪早期的魔法主要展现出两个发展趋势。首先是仪式魔法在德国、英国和法国的传播，这一运动延续自19世纪晚期。此类西方魔法借鉴了古老的知识，并与精心设计的仪式结合在一起，显得尤其深奥且注重灵性。实践者的目标是通过理解某个神圣的、

统一的原则来实现开悟的，但他们采用的方法并不总是正统的。最臭名昭著的魔法师阿莱斯特·克劳利就以狂欢、堕落和邪恶为手段。

其次是大众媒体的影响越来越大。甚至在第一次世界大战爆发之前，20世纪最著名的魔术表演者"逃脱大师"哈里·胡迪尼就吸引了大量观众，这既要归功于他的精彩表演，同时也是媒体铺天盖地报道的结果。各种形式的魔术成了电影、电视节目的重要内容，赢得了大量的新观众。无论是虚构的故事情节，还是突出幻觉、幽默或生理忍耐力的表演，屏幕上的魔术都拓宽了大众娱乐的吸引力。

现代魔法既回顾遥远的过去，也着眼于未来。对

纳尼亚的世界　参见第262页—263页

威卡五芒星　参见第265页

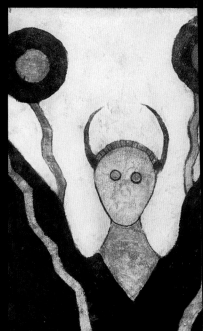

医药师的手鼓　参见第281页

异教魔法形式的重新发现和称颂被称为新异教运动。

其中最广为人知的形式是威卡教——这一现代巫术松散地对前基督教时代进行了借鉴。从 20 世纪 50 年代开始，威卡教的发展激发了人们对古老信仰及实践的兴趣，这些信仰和实践又催生了新萨满主义和斯特雷盖里亚等运动。所有新异教运动流派都支持与自然世界的合一，绝大多数都是主张和平的（少数鼓吹极右翼主义的团体除外）。一些现代魔法派别坦然承认其自我中心的理念，特别是现代撒旦教和混沌魔法，两者都致力于个体的自我实现。

面向未来的运动总称为新纪元运动或身心灵运动，其实践者通过瑜伽、冥想、水晶治疗、色彩治疗等各种整体性的手段来追求精神和身体的和谐。一种更新的民间魔法形式由此产生，其目标是治愈实践者眼中 21 世纪种种违背自然的过分行为。与新纪元运动对应的是一种新型的千禧女巫群体——一个由社交媒体赋权的、自诩技术异教徒的活跃分子姐妹会。

> **"语言和魔法在一开始就是一回事，甚至在今天，语言还保留着许多神奇的力量。"**
>
> **西格蒙德·弗洛伊德**，《心理分析导论》，1922 年

秘鲁治疗师描绘的幻象　参见第 283 页

撒旦圣殿教派的巴弗灭雕像　参见第 288 页

非洲伏都舞者　参见第 293 页

▶狂热崇拜的魔法师
克劳利追求的就是臭名昭著，1923 年一家英国报纸称他为"世界上最邪恶的人"。右图中的克劳利戴着他的"荷鲁斯头饰"，其式样模仿了古埃及神荷鲁斯。

野兽的魔法
克劳利与泰勒玛

备受争议的英国术士阿莱斯特·克劳利在20世纪初发展了自己的信仰体系泰勒玛（希腊语中的"意志"），并完全拒绝基督教。泰勒玛借鉴了许多灵性与秘教传统，比如卡巴拉（参见第136页—139页）、玫瑰十字会（参见第154页—157页）以及恶魔召唤（参见第142页）。克劳利以纵情酒色、自我放纵闻名，他鼓励泰勒玛信徒参与仪式魔法，有时甚至是色情仪式魔法。克劳利还使用"魔法"的拼写变体 magick 来称呼他自己的魔法。

通往天堂之路

1898年，克劳利加入了赫尔墨斯派黄金黎明协会（参见第242页—243页）。他原本希望该组织的仪式和秘传魔法能揭示一个居住着恶魔及有着以太存在（一种普遍真理的表现形式）的世界，他的希望破灭了，但他寻求的启示很快就将到来。

1904年在开罗，克劳利宣称一位神圣的守护天使艾华斯拜访了他。艾华斯是一个古埃及灵体，其传授的文本即后来的《律法之书》——新宗教泰勒玛的基石。克劳利将自己视为泰勒玛先知，负责引导人类进入荷鲁斯纪元（泰勒玛历史观中的第三个纪元，人类将在这一阶段掌握自己的命运）。

克劳利通过 A∴A∴ 来宣扬泰勒玛。A∴A∴ 全称 Astrum Argenteum，"白银之星教团"，既是他创建的组织，也是对赫尔墨斯派黄金黎明协会的延续。1910年，克劳利加入了东方圣殿教团（参见第253页），该教团将泰勒玛奉为信仰，并将克劳利的泰勒玛诺斯替弥撒用作核心仪式。

泰勒玛的未来

1920年，克劳利在西西里岛建立了总部——泰勒玛修道院。在那里，他组织起一个专注于仪式魔法、个人意志和性的灵修者社群。克劳利认为性能量是一种魔法力量的源泉，可以在泰勒玛仪式中使用，使参与者直面他们的真实意志。克劳利长期以来一直乐于看到自己亢奋的性欲在虔诚的维多利亚时代激起种种丑闻，但这导致他在1923年被驱逐出西西里岛。然而，无论是此事件还是1947年他的去世，都没有终结泰勒玛，这一信仰如今仍然有人在实践。

▲白银之星封印
上图中的七芒星是克劳利 A∴A∴组织的封印图案，它同时代表了男性与女性。这个灵修组织是由克劳利于1907年创立的。

◀仪式魔法
左图中的克劳利正在举行仪式。他深知复杂的仪式对魔法灵性发展的影响。诺斯替弥撒（参见第253页）至少需要5名身着仪式服装的参与者。

> "行其所欲，便是全部的律法。爱是律法，爱在意志之下。"

阿莱斯特·克劳利，《律法之书》，1904年

▲异教之门

卡农图姆（位于现今奥地利境内）的海登托尔凯旋门。在吉多·冯·李斯特看来，它象征着罗马的统治。1875年，为了纪念古罗马在此处的一场战败，他把8个酒瓶摆成卐字形状，埋在了拱门下面。李斯特将卐字作为所谓"雅利安人"的象征符号，这为后来纳粹使用卐字符号铺平了道路。

人与神是统一的
德国神秘主义复兴

　　民族主义情绪在19世纪欧洲的大部分地区蔓延。其首要结果是政治性的：德国在1871年统一为一个正式的帝国，意大利也在1870年前后成为一个王国。而作为其另一层影响，民族主义在德语世界引发了人们对一种据说已失落的日耳曼文化维度的新兴趣——神秘的、前基督教的异教，其崇拜者认为此传统才是真正的日耳曼美德的表现。与此

同时，强调古代灵性和魔法学习的神秘主义实践也开始复兴，这一运动在日耳曼国家及欧洲其他地区吸引了众多信徒。

异教与神秘主义

　　宣扬日耳曼异教遗产的中心人物是奥地利诗人、术士吉多·冯·李斯特。作为北欧神话的捍卫

背景故事

浪漫主义背景

包括李斯特在内的许多人对复兴日耳曼神话产生了浓厚的兴趣。音乐天才理查德·瓦格纳把日耳曼神话与歌剧相融合，创造了其最持久的艺术表达《尼伯龙根的指环》。这部由四出歌剧组成的史诗曾被希特勒视为德意志之伟大的最高证明。巴伐利亚国王路德维希二世也是瓦格纳的崇拜者，他在覆满森林的山坡上修建了一座童话般的中世纪风格城堡，重现了瓦格纳的歌剧世界。

新天鹅堡位于巴伐利亚，由路德维希二世下令修建，于1886年完工。其灵感来自理查德·瓦格纳的《尼伯龙根的指环》。

者，李斯特成了沃坦（即奥丁）的信徒，沃坦是北欧神话中战争与智慧之神，也是雷神托尔的父亲。

李斯特宣扬沃坦主义，他认为这场宗教运动复兴了前基督教时代日耳曼人的价值观。李斯特受到了民族主义大众运动信仰的驱动，他坚信存在过一个由纯种雅利安人组成的日耳曼社群，并称它受过基督教教义的压制。这套在史学意义上错误连篇的理论后来被纳粹采纳。

从1902年开始，神秘学尤其是神智学（参见第238页—239页）越来越多地影响了李斯特的日耳曼民族主义。他热忱地宣扬卢恩符文的力量（参见第68页—69页），并称通过对符文的直觉阅读，他能够获得关于日耳曼异教过去的隐藏知识。他还认为第一次世界大战预示着一个新的雅利安德意志帝国的出现。

灵性兄弟会

与李斯特对日耳曼异教信仰的关注相反，东方圣殿教团的目标是融合所有高等魔法知识并创建一个兄弟会来传播灵性和哲学知识。该教团于1902年由两个德国人卡尔·凯勒和西奥多·罗伊斯创建，其信仰涵盖了从共济会、卡巴拉到玫瑰十字会等各种形式的神秘学教义，目标是帮助人们获得对存在、宇宙和灵性的终极理解。从1910年起，东方圣殿教团由阿莱斯特·克劳利（参见第250页—251页）主导。克劳利把教团与自己的宗教泰勒玛融合，并创造了诺斯替弥撒，将泰勒玛仪式与天主教弥撒的一些结构结合在一起。这些仪式由诺斯替天主教堂的神职人员主持，该教堂是东方圣殿教团的一个分支。与几乎同时代的赫尔墨斯派黄金黎明协会不同（参见第242页—243页），东方圣殿教团今天仍然存在。

> **"我们的教团拥有打开共济会和赫尔墨斯奥秘的钥匙……"**
>
> 西奥多·罗伊斯，《奥里夫拉姆》，1912年

▼秘传的艺术

这幅1920年的水彩画由瑞士画家保罗·克利创作，题为《黑魔法》。评论家认为艺术家在画中把自己描绘成一位魔法师。德国的神秘学复兴启发了许多艺术家，一些评论家称克利的作品受到了通灵运动（参见第224页—227页）的影响。

卢恩符文占卜

▲为了进行一般性解读或回答特定问题，我们可以从袋中随机挑选一块符文石，也可以把几块符文石抛掷在布上。

卢恩符文是维京人和其他日耳曼民族曾经使用的书写符号。卢恩符文通常包含 24 个字母，每个字母都有自己的发音，同时每个符文还有与北欧神话相关的符号意义。符文系统可以作为通用的交流工具，但也可以被用于算命、施咒和提供防护。符文专家们通过抛掷符文石进行占卜，但这些石头还有更多的魔法用途，占卜只是第一步。维京人曾说：不要让任何人刻符文来施咒，除非他先学会读懂符文。

▲Fehu（F）意为牛，以及通过努力获得的财富与成功。如果符文颠倒，则意味着计划失败。

▲Uruz（U）意为原牛，一种现已灭绝的巨牛。它意味着蛮力、意志力和家宅安全。

▲Thurisaz（TH）代表北欧神话中的巨人。它意味着看到未来或发现真相。

▲Ansuz（A）代表奥丁。它通常意味着倾听自己内心的声音或接受他人的建议。

▲Raidho（R）意为漫长的旅行——可以是实际的旅行，也可以是隐喻的灵魂之旅、疗愈之旅。

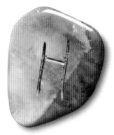

▲Hagalaz（H）意为冰雹或战斗中的投石风暴，以及大自然的破坏性力量，人类无法控制它们。

▲Nauthiz（N）意为需要或必需。它代表谨慎，或者意识到事情有多糟糕。

▲Isa（I）代表冰。它意味着时间暂停，或者搁置一切以进行一段时间的反思。

▲Jera（J）意为收获或一年的循环。它意味着最终在正确的时间收获劳动的回报。

▲Eihwaz（EI）意为红豆杉，即用来制作魔杖的神树。它代表做正确的事情或者耐心。

▲Tiwaz（T）代表战神提尔，这一符文常被刻在武器上。它意味着动力和超越。

▲Berkana（B）代表桦树，以及北欧神话中的春天和肥沃女神伊顿。它的意思是准备好土地。

▲Ehwaz（E）意为圣马。它代表使事情达到平衡或专注于进步所需的工具。

▲Mannaz（M）代表人类。它意味着某人在人类中的位置以及一种反思的心态。

▲Laguz（L）意为水或水体，象征着女性能量或精神净化。

▲抛掷符文石占卜不仅仅是在书中查阅符号的意义。符文石的方向和它们落下时形成的模式可以有各种不同的解读。

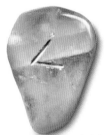

▲Kenaz（K）意为火炬或灯塔。它象征着黑暗中的希望，遭遇瓶颈后的豁然开朗。

▲Gebo（G）意为奉献给众神的祭品。它代表放弃自我以换得与周围的环境和谐相处。

▲Wunjo（W或V）意为安慰、喜悦、荣耀。它代表着不需要他人来获得幸福和宁静。

▲Perthro（P）含义未知，有观点认为它像凤凰一样代表放手、死亡和重生。

▲Algiz（Z）意为防御或保护。它代表在厘清思绪之后进行正确的联系。

▲Sowelo（S）代表太阳。它意味着完整、一个循环的完成，或者意识到自己的黑暗面。

▲Inguz（NG）最初写法为◇，可指北欧神话中的英雄英格，也可指丹麦人。它意味着人际联系的祝福。

▲Dagaz（D）意为白昼或日光。它代表着开始新的篇章，看到光明，或者尝试新的想法。

▲Othila（O）意为传承：传承知识、财富，或者故土。它代表着自由和独立。

阅读符文

为进行较宽泛的解读或者深入研究某个特定的问题，3个、4个、5个或更多的符文石可以提供更多细节。解读符文石有很多种方法，也有各种不同的解读顺序。

三石阵
1过去 某个行动或问题； **2现在** 面临的挑战以及如何行动最好； **3未来** 如果采取行动，将会得到的结果。

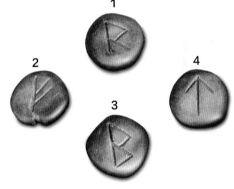

四石阵
1过去 问题、欲望或影响； **2现在** 情况或问题； **3可能性** 好与坏的选择； **4未来** 期望的结果。

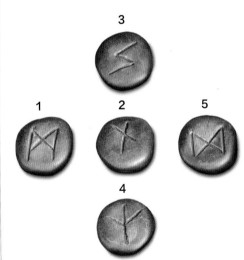

五石阵
1过去 造成现状的原因； **2现在** 或好或坏的问题； **3解决方案** 可从其他人处得到的指导和帮助； **4问题** 解决过程中遇到的障碍； **5未来** 预测结果。

富有灵性的术士们

20 世纪早期魔法社团

▲格拉斯顿伯里石山
英格兰西南部的格拉斯顿伯里是迪翁·福春进行神秘主义追求的中心。1924 年，她在这里开办了一所名为"圣杯果园"的灵性隐修会。

第一次世界大战期间，一位名叫维奥莱特·玛丽·弗思的年轻女子经历了惊人的转变。她是英国人，居于伦敦，成长过程中接受传统教育。然而，作为一名受训的心理学家，她发现了一个神秘的通灵世界，她的人生因此发生改变。弗思成为 19 世纪后期席卷西欧的神秘学信仰和秘传思想的支持者。她的转变是十分彻底的——她确信自己与一种半基督半通灵的古老智慧有关，且自己已经转世多次。

迪翁·福春

1919 年，维奥莱特·玛丽·弗思改用化名迪奥·侬·福图纳（拉丁语 Deo Non Fortuna，意为"神，而非幸运"），缩写为迪翁·福春（Dion Fortune）。同年，她成为神智学会（参见第 239 页）的成员。像其他成员一样，福春坚信自己与扬升大师（已开悟并转化为精神形态的存在）有联系。她甚至曾在一次灵视中看见其中一位"耶稣大师、慈悲之主"引导她通向自身更高的灵性层次。福春写了许多书，包括实用魔法指南、对卡巴拉（参见第 136 页—139 页）的阐释以及神秘主义小说。不过她最大的遗产是她于 1927 年在伦敦成立的内在之光协会。

魔法与神秘主义

迪翁·福春并不孤单。除了加入神智学会，她还受到了赫尔墨斯派黄金黎明协会（参见第 242 页—243 页）的启迪。19 世纪末，黄金黎明协会在激烈的内部争端中分解，之后塞缪尔·马瑟斯又建立了阿尔法与欧米茄玫瑰十字教团；他的妻子，艺术家兼术士莫伊娜·马瑟斯从 1918 年开始主导该教团。福春于 1919 年加入教团。阿尔法与欧米茄教团的成员认为魔法以及对神性的理解是通往灵性的道路，这一主张与 1926 年由尤金·葛洛施在德国发起的土星兄弟会相似。

还有另外两个主要的秘传运动组织，其一是 1889 年在法国建立的马丁主义教派（参见第 244 页—245 页），其二是 1915 年在英国创立的玫瑰十字密友社。两者对追求神性的源头和力量都怀有不小的兴趣。然而他们更重视宗教神秘主义而不是魔法。这两个运动组织都有明确的基督教背景，并相信灵性冥想是进入上帝内心的方式，两者都存续到了今天。

格里戈里·拉斯普京（1869 年—1916 年）

神秘治疗师还是江湖骗子？

在 19 世纪欧洲灵性运动蓬勃发展的同时，神秘学和神智学等俄罗斯东正教的替代品也激发了圣彼得堡贵族们的想象力。1903 年，出生于西伯利亚农民家庭、自称基督重生的格里戈里·拉斯普京进入了俄国首都的上流社会，并从 1905 年开始得到皇后的信任。皇后膝下的皇太子阿列克谢患有血友病，在她看来，声称有神秘治疗能力的拉斯普京似乎是儿子的唯一希望。拉斯普京性格怪异，受自己神圣信仰的驱使变成了一个性侵狂魔。他被谋杀死亡的经历与他的人生一样颇具争议——据说他先是被下毒，然后遭到了枪击，最终被溺死。

8ᵉ volume.　　　Nᵒ 410. — 10 c.　　　Un an : 6 fr.

LES HOMMES D'AUJOURD'HUI

DESSIN DE DELFOSSE

TEXTE DE M. HAVEN

Bureaux : Librairie Vanier, 19, quai Saint-Michel, Paris.

PAPUS

◀马丁主义者的会议室
19世纪末欧洲神秘学复兴的主要推动者之一是法国医生杰拉尔·昂高斯，他给自己取名帕普斯，意为"医生"。他创立了马丁主义教派，左图中描绘的就是帕普斯站在该教派的会议室里。

▶眼见为实
"悬浮的卡纳克公主"是哈利·凯勒最著名的魔术表演之一，"悬浮"的女演员身下隐藏着液压提升装置。凯勒作为表演者神气十足，这是演出成功的关键——观众必须信以为真。

神奇戏法
魔术占据舞台中心

19世纪中期，让·欧仁·罗贝尔-胡丹（参见第236页—237页）给魔术表演注入了巨大的推动力，并使这门艺术的繁荣一直持续到了20世纪。这是一个魔术的黄金时代：剧院里充斥着各种演出，主要从业者备受赞誉。魔法已经变成了一种奇观，无法解释之事以越来越戏剧化的方式在现实中发生。表演从来都是一连串精心设计的幻觉，而魔术师作为其中的关键，扮演着法力无边的巫师角色。

掌声与喝彩

美国魔术师哈利·凯勒是魔术史上的核心人物之一，在观众看来，他似乎能与属灵世界发生联系。19世纪后期，凯勒成为第一个获得国际声誉的舞台魔术师。中国幻术大师朱连魁（艺名"金陵福"）也赢得了极高的赞誉；他在表演中似乎能让被斩首的人起死回生，用刀刃穿过鼻子却不受伤，并从黑色斗篷下变出各种各样的动物，甚至是孩子。

至尊胡迪尼

渐渐地，许多表演的刺激之处不仅在于魔术师的技巧，还在于他们能奇迹般地与死神擦肩而过。没有哪位魔术师能比来自匈牙利的哈里·胡迪尼更好地体现这一点。胡迪尼是演艺之神的化身，是一位逃脱艺术家、技术大师，热衷于挑战不可能之事。他最著名的那些表演需要惊人的身体技巧，但仍然只是戏法。后来胡迪尼还坚定地反对那些故弄玄虚却宣称真实的灵媒。

袖里乾坤

徒手魔术是最古老的魔术表演形式之一，在20世纪初，该领域中出现了两位大师。出身英国威尔士的理查德·皮奇福德（艺名"卡迪尼"）似乎能徒手变出大量排列成完美扇形的扑克牌。稍晚成名的美国魔术师钱宁·波洛克则开创了从丝绸手帕中变出鸽子这一经典戏法。没有人会认为这些奇观是真正的魔法，但它们着实令人震惊。

▲ 正宗的中国魔术师
来自北京的金陵福所变的魔术大多源自中国传统戏法。这些表演创造出的神秘氛围在美国和欧洲吸引了大量观众。

▲ 戏弄死神
胡迪尼陶醉于这样一种想法，即他看似不可能完成的挑战确实可能致命：在纽约上演的这场著名特技中，他被倒挂在一台起重机上，同时要从束身衣中逃脱。

> "他所做之事似乎是不可能的。
> 他真的只是个变戏法的吗？"

鲁思·布兰登，《哈里·胡迪尼的生与死》，1993年

不只是迷信
殖民时代的人类学家

在 19 世纪晚期的人类学家看来，部落社会使用"仪式魔法"标志着他们不如西方社会发达——这种观点如今被认为是过时的、种族主义的。人类学在当时是一门相对较新的、尚未定型的学科，而关于部落仪式的观念在 20 世纪发生了根本性的变化。

田野调查

1915 年，波兰人类学家布罗尼斯劳·马林诺夫斯基开始进行田野调查，其研究成果极大地改变了人类学家对魔法实践的看法。马林诺夫斯基的研究在美拉尼西亚的特罗布里恩群岛（位于大洋洲）开展，他在岛民中生活了几年，说他们的语言，观察他们的习俗。岛民广泛地使用魔法，无论是建造独木舟、种植山药还是治疗，都需要背诵魔法语句，有时还需要结合一种仪式。马林诺夫斯基得出结论，这种魔法实践并不源于迷信，而是有其逻辑基础（帮助完成实际的日常任务），并且在创造共同身份认同方面起到了关键的作用。

▶祖先之琴

阿赞德人非常重视右图中的五弦昆迪竖琴。琴颈上雕刻的头像意味着音乐来自他们的祖先。

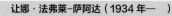

让娜·法弗莱-萨阿达（1934 年— ）

化解巫术

法国人类学家让娜·法弗莱-萨阿达在为其学术著作《致命话语》（1977 年）进行研究时将田野调查提高到了一个新的水平。这本书探讨了法国西北部马耶讷地区的巫术问题，同时对人类学研究方法进行探索。在法弗莱-萨阿达看来，关于巫术和"化解巫术"（抵消巫术的效果）的信仰只有内部人士才能完全理解，所以她自己也参与其中，以便解读并书写自己的经历。

他还指出，在技术更先进的社会中，魔法的作用与宗教和科学的作用也有平行之处。马林诺夫斯基的工作由英国人类学家 E. E. 埃文斯-普里查德继续进行，埃文斯-普里查德在 20 世纪 20 年代末研究了尼罗河上游的阿赞德人，研究重点是巫术——阿赞德人把所有的不幸都归咎于巫术。

魔法与结构主义

早期的人类学研究工作中浮现出一个问题："魔法"没有一致的人类学定义。在所有人类社会中，魔法是否存在共有的普遍要素？一个可能的答案出现于 20 世纪 30 年代，法国人类学家克洛德·列维-斯特劳斯提出了魔法是人类常量的想法。他指出，魔法的基本共同特征就是人们对魔法的信仰——这一点既适用于萨满信仰，也适用于现代医学。20 世纪 50 年代，英国人类学家维克多·特纳与伊迪丝·特纳夫妇提出了另一个特征。他们研究了北罗得西亚（现今的赞比亚）的恩登布人，将魔法仪式确定为加强社会凝聚力的一种手段，特别是在和平解决争端方面。

▶尼科巴守护神

亨塔科依（驱魔俑）是一种木俑，背上雕有龟壳，代表了一位神话中的角色。印度洋尼科巴群岛的岛民用亨塔科依来驱赶房子里的恶灵。19 世纪晚期有数位人类学家研究了尼科巴人的生活。

> **"魔法的作用是把人类的乐观主义仪式化。"**

布罗尼斯劳·马林诺夫斯基，《魔法、科学、宗教及其他》，1948 年

魔法与奇幻小说

最早的现代奇幻小说出现于19世纪，到了20世纪中期，随着一些重要作品的出版，该文学类型发展到了成熟阶段。这些文本如今已成为奇幻小说中最广为人知的作品，而它们都以魔法为核心。其中最著名的是J. R. R. 托尔金的《魔戒》。延续自托尔金的早期作品《霍比特人》，《魔戒》描绘了一个居住着人类、精灵、矮人、霍比特人、巫师和鬼怪的架空世界。

C. S. 刘易斯的7卷本《纳尼亚传奇》同样把故事设置在魔法世界。主人公们通过一个魔衣橱进入了一片居住着半羊人和邪恶白女巫的土地——纳尼亚——并经历了那里的种种魔法冒险和奇迹。然而不同于托尔金的作品，《纳尼亚》系列只是部分设置于幻想世界中，现实世界仍在故事中出现——这一特征与J. K. 罗琳著名的《哈利·波特》系列相同。C. S. 刘易斯选择了曾为托尔金的一些书籍绘制插图的宝琳·贝恩斯为《纳尼亚》系列提供插画。

奇幻小说中常见的异世界环境、魔法和魔法生物通常可以追溯到更早的神话、传说或童话故事。比如，T. H. 怀特1958年的4卷本《永恒之王》就基于亚瑟王与其城堡卡美洛特的神话。这段关于魔法、爱情、背叛和毁灭的生动传说最早成书于中世纪时期（参见第110页）。

> **"不要向我引用深奥的魔法，女巫。魔法被写下的时候我就在场。"**

C. S. 刘易斯，《纳尼亚》系列第一部《狮子、女巫和魔衣橱》，1950年

▲露西和半羊人在纳尼亚散步，这一场景来自 C. S. 刘易斯的《狮子、女巫和魔衣橱》，插画由宝琳·贝恩斯绘制。

威卡与巫术

现代女巫

"威卡"一词来源于古英语中的"女巫",所以威卡也被称为巫术或仅一个字"术"。这是新异教(参见第272页—275页)运动的一个分支,该运动旨在使古老的信仰适应当今时代。威卡从几乎每个时代的知识和魔法实践中都得到了启示,但作为一种宗教,它的历史还不足百年。威卡教于20世纪40年代诞生于英国,其创始人是一位性情古怪的前殖民地公务员,名叫杰拉德·加德纳(见本页专栏)。他宣称威卡教是基督教之前的异教信仰的直系后裔。然而事实上,威卡教的许多仪式和教义都是加德纳自己创造的。威卡教没有既定的宗教实践核心,因此随着在全球范围内的传播,它已经展现出多种多样的形式。这些实践通过一条共通的信仰联系在一起:仁慈的神性存在于整个自然之中,魔法概念以及核心信条"不伤害"意味着只行善事。不过有时实践会背离理论,这一点从对政治候选人施加的威卡互联网魔法(诅咒,参见第300页—301页)的数量上就可以看出来。

自然界中的良性魔法

威卡教整体上是二元论的(信仰两个平等的神)。男性神一般指有角神,其最常见的象征符号是太阳,意味着生命和行动。女性神是大母神,或称为盖亚女神,她是希腊神话中的大地女神,象征符号为月亮,意味着情感与直觉。推而广之,季节的流逝、二分二至以及月相的盈亏(象征着女性每月的生理周期)也都有对应的祭祀活动。

威卡教徒认同自然世界,相信每个人都是自然神性的一个层面。神性由自然中的神迹所定义,它

▲ 四季轮回
上图中的年之轮由季节变化的象征符号构成,比如春日的花朵、夏天的太阳和秋季的丰收,它反映了死亡和重生的持续循环。

> "我第一次称自己为'女巫'之时,是我一生中最神奇的时刻。"

威卡教女祭司玛戈特·阿德勒,《拉下月亮》,1979 年

杰拉德·加德纳(1884 年—1964 年)

威卡之父

加德纳是现代巫术的奠基人,他一生的大部分时间都在马来亚度过,当地人对魔法实践的崇敬给他留下了极深刻印象。在 20 世纪 30 年代末的英格兰多塞特郡,他称自己加入了当地的一个女巫会,随后他将自己的一生奉献给了巫术的推广。加德纳天生擅长宣传造势,他写了一系列颇具大众吸引力的书籍。到 20 世纪 60 年代初,他已经实现了看似不可能的目标——把巫术打造为一种有吸引力的信仰,人们选择巫术是因为它对于心理、社会和社群等各方面都有好处。

存在于我们每一个个体生命中，正如同它存在于每一条河、每一座山、每一棵树和每一只动物之中。世界和宇宙本质上具有魔力，在这个意义上，魔法仍然是威卡教的基本信仰。随着最初的加德纳威卡教逐渐为人所知，它有了一套入教仪式，但后来的威卡教对魔法的理解更加灵活随性。正如一位21世纪的威卡教徒所说："旭日在每日清晨东升，而我们都存在于此，见证这一事实，这就是魔法。"除了"不伤害"的信条和对自然世界魔法的称颂之外，一个又一个亚威卡群体已经脱离了加德纳最初的愿景。在20世纪50年代，首个挑战加德纳的人正是他的弟子多琳·瓦伦特。瓦伦特的目的并不是质疑加德纳的愿景，而是使之更加纯净。其他与之竞争的教派也紧随其后。

▲ 神秘的五芒星

五芒星也叫五角星，它的5个尖端代表土、水、气、火和灵。圆环意味着自然世界的整体性与统一性。

随着威卡教的发展，加德纳的大部分指示已不再被遵循——比如他断言"要施魔法，必须赤裸身体"，但另一些实践仍然沿用下来。首先要创造一个圆环，可以泼洒经过净化的圣水，也可以用仪式匕首或蜡烛进行标记。施法者处在环内，相信自己可以与物质世界分离开。他们诵念咒语（其中许多是多琳·瓦伦特引入的）、调制药剂或是舞蹈，并使用各种物品来强化仪式的效果：水晶、蜡烛、草药（特别是强效的）、香、油和塔罗牌。这些仪式与共济会（参见第194页—197页）的高等魔法有关，也与民间智者和民间魔法实践有关。如今，只要实践者的意图是善的，他可以为这些仪式赋予任何意义。

永不消散的魔法魅力

威卡教在全球各地都产生了非同寻常的吸引

▲威卡婚礼
自20世纪60年代末以来，扣手礼（即威卡婚礼）变得越发流行。上图中的这对夫妇于2008年喜结连理。祭司头戴着一对公羊角，以代表有角神。

力。它打破了人们原先所持的普遍观念——巫术黑暗、阴险且专属于女性。威卡教吸引了20世纪60年代的反文化运动潮流的追随者，此后又与21世纪千禧一代"不加评判"的价值观相一致。

它也可以被无休止地重新解读。在北美，最早的威卡教倡导者是出生于英国的雷蒙德·巴克兰。

▼螺旋舞
灵性主义者米里亚姆·西莫斯更广为人知的名字是星鹰，她在1979年促成了首次螺旋舞表演。这一欢乐的异教女权主义活动会在每年万圣节举行，尤其是在美国。

魔法实践

仪式和庆祝

现代威卡仪式可以采取几乎任何形式，具体实践根据不同女巫会的趣味和所纪念的内容而定。最常见的仪式是年轮庆典：夏至、冬至、春分、秋分和介于二分二至日之间的"跨季日"。敬奉者经常制作奢华的季节性枝叶和鲜花展示，他们也可能出于治疗目的背诵祷词和诗歌，或仅仅是为了赞颂季节的变化。参与者总会召唤男女神祇以及四大元素，有时还有第 5 个元素——虚空（即灵元素）。他们也会同时召唤东南西北四方守护来维护仪式。

一位女教徒正在设置**祭坛**，以庆祝威卡教徒团体中有婴儿诞生。

1964 年，巴克兰宣称自己是美国首个威卡教徒，同时认为盎格鲁-撒克逊文化对威卡教的影响是首要的。20 世纪 70 年代，美国记者玛戈特·阿德勒在传播威卡教义方面同样颇有影响力。大约在同一时间，也是在美国，匈牙利裔的苏珊娜·布达佩斯特把威卡教作为女权主义的中流砥柱来宣扬，并且只敬奉女性神。此后，北欧威卡、凯尔特威卡、德鲁伊威卡、孤寂威卡、折中威卡等各种流派相继出现。而最直言不讳的威卡倡导者是环保主义者。据估计，如今仅在美国就有多达 150 万威卡教徒。无论 20 世纪 40 年代杰拉德·加德纳想象中的神秘学世界是什么模样，现代巫术一路走来，始终都证明了人类对魔法的持续需求及信仰。

> **"女神长存不灭。**
> **魔法总在发生。"**

苏珊娜·布达佩斯特，威卡教作家，2010 年

威卡工具

　　一系列特殊魔法工具最初由杰拉德·加德纳列出。如今，威卡教不同分支会选择适合自己的工具。这些工具通常应用于魔法阵内的祭坛仪式，目的是强化精神（或者说"心灵"）能量，帮助实现与神的直接联系。此类联系赋予这些工具一种神圣的力量，在魔法仪式中能够传递给其使用者。

五芒星是威卡教的符号之一

弯曲的把手象征着鹿角的形状

月亮和太阳都是威卡教的敬奉对象

手柄由鹿蹄制成

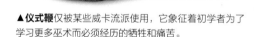

▲**仪式鞭**仅被某些威卡流派使用，它象征着初学者为了学习更多巫术而必须经历的牺牲和痛苦。

▲**仪式匕首**与火灵或气灵有关。施法者用匕首画出魔法阵并向其中引导能量。仪式匕首从来不用于采血。

▲**威卡圣杯**代表威卡女神的子宫，根据仪式的需求盛满水、葡萄酒、麦芽酒或花草茶。

▲**手摇铃**往往被威卡教徒用来集中注意力或吸引能量。根据加德纳的说法，每种仪式都需要特定数量的铃声。

鹿角对威卡教徒来说是神圣的

杖身用树枝制成

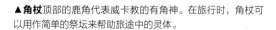

▲**角杖**顶部的鹿角代表威卡教的有角神。在旅行时，角杖可以用作简单的祭坛来帮助旅途中的灵体。

▲**扫帚**长期以来一直被与女巫联系在一起。据说女巫会骑在扫帚上飞行，如今一些威卡教徒认为使用此类工具已经陈腐滥俗。另一些人则把扫帚与性仪式联系在一起。在威卡婚礼上，情侣们会从扫帚上方跳过去。

小孔便于香气
扩散

▲**枝状大灯台和蜡烛**据说代表着男性神和女性神。它们通常被摆放在五芒星（见右图）的任意一侧，或者靠近祭坛中心的某处。

▲**坩埚**用来熬制药剂，它长期以来都是巫术文化的一部分。如今一些威卡教徒把坩埚视为一种奇幻物品，而不是实用工具。

▲**五芒星**象征着地球。对威卡教徒而言，五芒星是一种符号或魔符（通常是圆环中的五芒星），被用作祭坛祝福、汇聚魔法能量的工具。

▲**魔杖**用来引导能量、画出魔法阵，但使用方式比仪式匕首更温和。在仪式中，魔杖经常被用来召唤男性神和女性神。

▲**香炉**是一种实用工具，因为与许多其他宗教一样，焚香也是威卡教仪式的重要环节。威卡实践者使用香草、香料、油、树脂和树皮的香气来调整精神状态，准备与属灵世界交流。

▲西西里的得墨忒耳
这座来自公元前 6 世纪西西里的半身像表现的是女神得墨忒耳，珀耳塞福涅的母亲，她主导着无尽的生死轮回。她被奉为斯特雷盖亚万神殿中的一员。

"古老宗教"

斯特雷盖里亚

斯特雷盖里亚是一些意大利裔美国人的巫术运动，据称可追溯到一种想象中的意大利民间传统。该传统的根源来自意大利中部的伊特鲁里亚人，他们生活在约公元前 1000 年的前罗马、前基督教时代。根据斯特雷盖里亚的理论，伊特鲁里亚人的信仰体系幸免于罗马的镇压和同化，演化为一种根深蒂固的农民传统，直到 19 世纪末才为世人所知。正是由于这些所谓的古老根源，斯特雷盖里亚在意大利语中也被称为"古老宗教"。

精神传承

斯特雷盖里亚的理论基石是 1899 年出版的《阿拉迪亚或女巫福音书》（见本页专栏），据称其中包含了意大利异教巫术崇拜的圣典。书中描述的崇拜形式——崇拜男性神、女性神、自然世界及其季节，以及庆祝二分二至日——与威卡教（参见第

▶ **伊特鲁里亚的狄安娜**
狄安娜，狩猎女神、月亮女神，是斯特雷盖里亚运动敬奉的古代神祇之一。右图中的青铜雕像表现的就是狄安娜。这件公元前 4 世纪的雕像出土于一间供奉狄安娜的圣所，位于意大利中部的内米。

264 页—267 页）十分接近。当代的斯特雷盖里亚运动可追溯到 20 世纪 70 年代意大利裔美国人列奥·路易斯·马尔特罗的著作。根据马尔特罗的说法，他被亲戚们灌输了类似于阿拉迪亚的故事中的信仰，而西西里对丰收女神得墨忒耳及其女儿珀耳塞福涅的崇拜也影响了他所属家族的巫术，他们将圣母玛利亚视为得墨忒耳的变体。1995 年，美国作家雷文·格里马西出版了《斯特雷加之道》，他借鉴了威卡教的一些实践，并宣称自己接触到了意大利魔法的秘密传统。这两位作者都促进了斯特雷盖里亚运动的强化和传播，尤其是在澳大利亚，那里有大量的意大利裔人口。

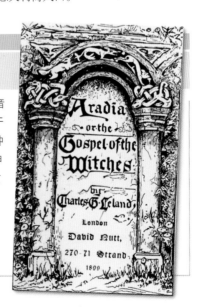

背景故事

光之承载者

19 世纪的美国民俗学家查尔斯·利兰写了《阿拉迪亚或女巫福音书》，正是这本书引发了后来的斯特雷盖里亚运动。书中的内容基于利兰与佛罗伦萨一位算命师马达莱娜的交流，后者向他介绍了一种古老的意大利巫术传统。这一传统当时依然存在，女巫们敬奉女神狄安娜、其兄长（兼爱人）"光之承载者"路西法，以及他们的女儿阿拉迪亚——阿拉迪亚来到尘世传授魔法。书中描述了该传统的仪式、咒语和信仰，并在 20 世纪 60 年代风靡一时，尽管其真实性仍有争议。

根据《阿拉迪亚》作者的说法，这本书是**斯特雷盖里亚的神圣经典**。

"这所谓的斯特雷盖里亚，或曰古老宗教，
要比单纯的巫术更复杂，却又谈不上是一种信仰。"

查尔斯·利兰，《阿拉迪亚或女巫福音书》，1899 年

汲取自过去
新异教运动

"新异教运动"一词指的是对犹太教、基督教、伊斯兰教诞生之前的宗教的现代信仰。威卡教（参见第 264 页—267 页）就属于新异教运动。新异教运动始于 20 世纪 60 年代西方反文化运动潮流，当时许多人拒绝既定的权威，希望在物质世界中寻找一种新的、自由的灵性和意义。它在 20 世纪 90 年代蓬勃发展，并延续到了 21 世纪。新异教运动鲜有信条或教条，但其各种形式有某些共通的特征。其信徒通常持多神论或泛神论观点；他们不仅尊重男性，也尊重女性；他们崇拜自然，包括人类及其祖先的灵魂，并认为自然本身就是神圣的。最重要的是，新异教的信徒将魔法视为一种重要力量。

德鲁伊、威卡、自然与逝去的时代

不同于展望未来的新纪元运动（参见第 284 页—287 页）追随者，新异教的信徒从古代世界汲取灵感。德鲁伊信仰（凯尔特导师、祭司或智者的

▼夏至
至日是季节周期的极点，对德鲁伊信仰的追随者来说是极其重要的日子。下图展示了他们在英格兰西南部的古代巨石阵遗址纪念夏至——白昼最长的一天。

▲**引导能量**

探测术是一种占卜形式，一些新异教的信徒用这种方式来引导内在能量并定位神圣力量的源头。左图中的人正在使用水晶摆进行探测，地点是爱尔兰科克郡的阿德格罗姆石阵。

灵性实践）于18世纪在英国复兴，德鲁伊古教团于1781年成立。现代考古学发现了凯尔特信仰体系的新证据，于是现代德鲁伊信仰，亦称新德鲁伊信仰，在20世纪60年代发展起来。

新异教的信徒还从先前的神秘主义社团中吸取了灵性元素和仪式，特别是1887年在伦敦成立的赫尔墨斯派黄金黎明协会（参见第242页—243页）。19世纪早期欧洲的浪漫主义运动是另一个灵感来源。浪漫主义画家和诗人重新审视大自然，对自然之美感到敬畏。基于自然的宗教在20世纪70年代发展起来，这与对环境日益增长的关注有关，许多新异教的信徒现在对生态事业持认同态度。还有更多信徒支持女权主义。与新德鲁伊信仰一样，威卡教是新异教运动的一个重要分支，但许多团体规模较小。亚团体包括重构主义者（重新创造、改造前基督教宗教），以及古埃及、希腊和罗马诸神的追随者。凯尔特主义者重新想象了普通凯尔特人的灵性实践，而不是德鲁伊的灵性实践。还有一些日耳曼异教主义者受到古代北欧和日耳曼神话的启发。其中一些人与极右翼、新纳粹和白人至上主义运动有联系，他们将想象中纯粹的凯尔特人或维京人的过去美化成一种种族主义的、往往是反女权主义的意识形态。

除了这些将多元文化视为威胁的极右翼新异教的信徒之外，新异教运动的所有其他流派都重视宽容、多样性、包容性、灵性、欢乐和魔法带来的喜悦，并赞同其他人永远不应该受到伤害的理念。新异教的信徒及名称繁多的各种小团体如今已遍布全球各大陆。

约翰·迈克尔·格里尔（1962年— ）

领导之光

出生于美国的格里尔是一位博学高产的作家，其著作涉及从灵性到生态学等一系列广泛主题。他目前是全球德鲁伊信仰的主导人物。他在传播德鲁伊知识、教义和魔法方面有很大的影响力。格里尔的大部分研究内容源于19世纪的赫尔墨斯派黄金黎明协会，2013年他更是创建了一个直接分支——德鲁伊派黄金黎明协会。2003年—2015年间，格里尔担任了美国德鲁伊古教团的大德鲁伊一职。

> **"新异教运动是……对此世界力量的敬奉。万有无论美丽与恐怖，都在转动的天空下生灭轮转。"**
>
> C. A. 伯兰德,《魔法的回音》, 1972 年

▲ 财富的象征
这座罗马尼亚祭坛运用了共性原则：由于美元标志是绿色的，祭坛周围的绿色装饰被认为可以增加魔法效力，从而获取更多财富。

令魔法生效

新异教的信徒认为魔法是一种他们可以驾驭的真实现象。对一些人来说，使用魔法的目的在于改变自己的意识状态，并最终接触诸神、灵体或任何他们认为神圣的东西。另一些人试图通过魔法将自然之力与自己意志统一起来，以带来某种改变——此类实践被称为奇术。无论目的是什么，有一条规则是神圣不可侵犯的：魔法绝不能用来伤害人类、动物、植物或地球。此外，根据三倍偿还论，无论一位实践者创造了多大的魔法力量，是正面的还是负面的，都将有三倍于此的力量返还到自己身上，因此使用魔法受到伦理约束。实践奇术的魔法师相信，越是遵循自然规律，他们就越有可能实现自己所寻求的变化，比如在春季向生育神祈求园中鲜花绽放的仪式就很有可能成功。施魔法时可以在心中怀有某种特定目标，比如希望搬迁到指定的房子或公寓中；但据说当要求更宽泛时，魔法更有可能奏效，比如希望找到符合某些标准的家宅。

典型仪式

大多数新异教的信徒庆祝 8 个庆典（威卡节日）：冬至与夏至，秋分与春分，以及二分二至日之间的跨季日（根据古凯尔特人的观念，跨季日标志着一个季节的开始）。此外还有其他吉日，如每月的满月。仪式可以是个人的，在家中或花园里进行；也可以是集体的，在公共场所举行。不论在场人数多少，人人都可以参与其中。集体仪式通常在

▼ 火之魔法
立陶宛占主导地位的异教信仰是洛姆瓦。该信仰强调火是神性的象征。下图展示的是民众在首都维尔纽斯庆祝夏至。

一个圆环之内进行——用一个神圣的圆环来容纳参与者，使他们集中起来；有时圆环中心有一个火炉。参与者的注意力也可以指向祭坛。

　　仪式的设置是对日常规范的升华，目的在于激发属灵的激情。合适的服装、灯光和装饰品都有助于烘托气氛。参与者经常召请四方守护和众元素，并召唤神灵——比如在满月之时召唤狄安娜，罗马神话中的月亮女神。仪式如果有具体目的，需要大声说出来。根据不同信仰的需求，仪式中可能会上演一出源自异教或神话的戏剧。参与者往往举起双臂，高举圣符，在圆环周围吟诵、唱歌、跳舞，以汇聚其信仰的集体力量和能量。相互牵手被认为可以传递能量，而且一些人认为手的触摸有治愈的能力。符号十分重要，根据与顺势疗法相关的原则（以同治

同），相近的物体可以替代真实的东西。比如，赫卡特是希腊神话中的魔法女神，也是新异教运动的主要神祇之一；在涉及赫卡特的仪式中，狗的图片或小饰品可以代表一只真正的狗——因为赫卡特有时会以犬形出现，而且在古代，狗被献祭给她。替代原则同样适用于颜色和数字。比如，三可以代表赫卡特，因为赫卡特是一位三面神，她可以同时朝三个方向看。

▲贝尔丹节

贝尔丹节的庆祝活动通常在每年的5月1日举行。上图中的庆祝者们装扮成了威卡教有角神的模样。贝尔丹节是新异教运动的8个庆典之一，它是处在春分与夏至之间的跨季日。节日活动通常包括篝火、5月柱舞和生育魔法，目的是庆祝自然界中新一轮的生长。

◀新德鲁伊符号

左图中的符号称为阿文符，是新德鲁伊信仰中使用最广泛的符号之一。然而，人们对于它的确切含义并没有达成共识：一些人认为它代表太阳的光线；另一些人则认为它代表了一位三面神。

▲苏西是英国摇滚乐队"**苏西与女妖**"的主唱，该乐队的音乐和巫术意象为流行文化引入了一种哥特朋克维度。

魔法与音乐

音乐和魔法是天然互补的艺术形式，它们给彼此带来灵感。历史上，传统民间音乐被用于仪式魔法，帮助参与者把情绪调整合适，并创造有利于舞蹈和吟诵的气氛。

这种关联至今仍很牢固，并以魔法典故的形式反映在许多当代流行音乐中。该联系始于 20 世纪中期，最初带有娱乐性质，以 1942 年弗兰克·辛纳特拉的《那种古老的黑魔法》为代表。在这首歌中，魔法是对爱情的隐喻。随着 20 世纪 60 年代的到来，流行歌曲中显而易见地出现了一个由迷幻药引发的神秘而狂喜的世界，比如吉米·亨德里克斯创作于 1968 年的《伏都孩子》。新纪元灵性运动在同一时期出现，并创造了自己的音乐流派与合集，用以帮助冥想、瑜伽和放松。

这种趋势在 20 世纪 70 年代—80 年代继续下去，许多音乐人在作品中显示了魔法的影响。大卫·鲍伊创作于 1971 年的歌曲《流沙》和奥兹·奥斯本创作于 1980 年的《克劳利先生》都提到了神秘主义者阿莱斯特·克劳利（参见第 250 页—251 页）。"苏西与女妖"乐队（见左图）使用巫术、伏都和神秘主义意象来启发女性加入 20 世纪 80 年代的哥特摇滚运动。神秘学的影响一直持续到 21 世纪：2016 年，美国说唱歌手阿泽莉亚·班克斯宣布自己是一名女巫；2017 年，加拿大音乐人阿妮穆尔将自己的音乐称为"女巫流行乐"。

> ## "音乐大概是唯一真正的魔法……"
>
> **汤姆·佩蒂**，《每日电讯报》，2012 年

治疗之力
灵性与萨满信仰面面观

　　"萨满信仰"一词指中亚和西伯利亚草原地区民众的灵性实践，它是世上最古老的持续实践中的灵性、占卜及魔法形式。这些地区的萨满信仰可以追溯到约4万年前。

　　萨满信仰有时也被用作一个总括性术语，涵盖了世界各地部落或非欧洲文化中的大量灵性和魔法传统。一些学者认为这些传统是相关的，并将它们统称为萨满信仰。而许多其他学者认为，尽管从局外人的角度来看，这些不同的传统似乎有相似之处，但不应该将它们归为一类：不同群体之间的灵性实践有很大差异，许多实践者并不自称萨满。

通往属灵世界的桥梁

　　被一些学者定义为萨满性质的信仰和实践可能有共同的基本特征：比如认为自然界中的一切都是神圣的，并充盈着其自有的灵性生命；或者认为自然之中，万有都作为更广泛的神圣整体的一部分而存在。这种统一性思想也可以延伸到时间维度，在某些文化中，人们认为过去、现在和未来是同时存在的。因此，守护神或先祖的灵魂备受尊敬，因为他们具有对未来的洞察力和来自过去的智慧。萨满、长老或灵性顾问提供了物质世界与属灵世界之间的联系：他们向神明祈祷，传递灵魂的声音，或者穿越到属灵世界。与灵魂的接触可能会赋予他们种种能力，比如先知之力、免受破坏性自然力量和敌人的伤害、确保丰收、将死者的灵魂引导到属灵世界等。在许多地方，人们认为恶意的灵性干预会导致疾病。萨满、治疗师或医药师可以召唤善灵来对抗恶灵，或者使用具有治疗作用的植物。

　　如今，不同社会文化中的许多人在做出任何重大决定之前都会咨询其灵性领袖或萨满。在一些群体中，有些人生来就要承担此类领袖角色，有些人则从亲属那里继承了这份责任。

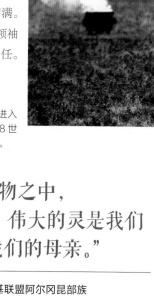

◀仪式鞀鼓
在仪式中，鞀鼓和其他鼓产生的节奏可以帮助人们进入恍惚状态。左图展示的是一件来自美国西北海岸的18世纪晚期仪式鞀鼓，它有着夸张的造型和鸟喙状的鼻子。

> "伟大的灵在万物之中，他在我们呼吸的空气中。伟大的灵是我们的父亲，而大地是我们的母亲。"

大雷（贝达奇）的祷词，瓦巴纳基联盟阿尔冈昆部族

更常见的情况是，人们认为这些灵性领袖是由神灵亲自选中的，其标志可能是某种不寻常的生理特征或一段时间的精神痛苦。然后，这些被选中之人要用一生来深入探索他们的使命。

诱导恍惚状态的仪式

　　为了与属灵世界沟通，萨满或其他专家经常在仪式的刻意诱导下进入恍惚状态。此类仪式的确切性质各不相同：比如在蒙古国，萨满可能佩戴由羽毛或鹿角制成的头冠，有时还身披毛皮，他们以此装扮为鸟、驯鹿或熊，以强化其灵性转化。在蒙古文化和其他某些文化中，此类仪式是群体活动。该群体成员可以通过吟诵、唱歌、击鼓等音乐形式参与其中。火也可以用来增强气氛，把参与者聚集在一起。在北美和南美的部分地区，人们通过摄入具有精神活性的植物来帮助进入恍惚状态或开启灵视。

▲ **现代萨满**
上图中的这位蒙古国萨满穿着仪式服装，在一个火祭仪式中演奏口弦并击鼓以纪念夏至。蒙古国约有 1 万名萨满。男性萨满被称为博；女性萨满被称为乌德甘。

都市灵性实践

在 4 世纪佛教传入朝鲜半岛之前，这里的宗教活动一直以巫俗（朝鲜半岛民间宗教）为主。在 21 世纪，巫俗以半神秘半商业化的形式重新登场，尤其是在韩国首都首尔。在这座充满活力的工业城市，乃至在全国范围内，巫俗专家的仪式既是半秘密的，也是受到广泛承认的。巫俗的实践者万神会几乎都是女性。他们收取费用并提供现代生活的种种建议，比如应该买哪辆车、哪栋房子，或者应该找什么工作。为了请求神明和祖先的干预，万神会举行一系列称为神祭的仪式，以进入属灵世界并找到答案。他们穿着华丽的服装，跳舞、唱歌、祈祷，并在已受过水火净化的祭坛上向灵体献祭。

一位**万神**用白纸举行净化仪式。

虽然萨满信仰在不同地区有不同的形式，但其基本信念是共通的：一种更高层次的灵性智慧决定了人类的命运。以南部非洲的桑族人为例——桑族人是世界上最后一批狩猎采集者，这种生活方式一直延续到 20 世纪 50 年代——他们相信存在着一个包罗万象的属灵世界。在地球另一端生活着另一些萨满角色，比如加拿大奥吉布瓦族的米德和北极因纽特人的安嘉寇克。他们都被尊为知识渊博的灵性顾问，能够与指导人们命运的力量接触。从个人层面上看，许多患病的人仍然会咨询萨满、治疗师或医药师，因为他们相信这些人具备治愈的力量。在拉丁美洲的大部分地区，传统治疗师（参见第 283页）及其治疗方法可能利用恍惚状态、祈祷、灵性净化、草药和油，或佩约特仙人掌等致幻植物。魔法物件治疗师在西非很常见，多哥共和国首都洛美的魔法物件（主要是圣符）市场闻名西非，人们来到这里寻求治疗从哮喘到勃起障碍、从伤寒到肺结核等各种疾病。而在各个美洲原住民部落中，类似萨满的角色被称为医生、草药师、治疗师、诊断师或医药师，他们既以治愈力闻名，同时也是社群的灵性领袖。

在最初的家园西伯利亚，萨满信仰又重新出现了。尽管它曾受到压制，但自 20 世纪 90 年代初以来，它便开始试探着恢复元气。同样地，蒙古国

▶**魔法物件的治疗**
右图展示了多哥首都洛美的一位传统治疗师正通过吟诵咒语来帮助病人。求诊者跪在一排魔法物件前面，其中有头骨、小雕像、羽毛等。

的萨满信仰也被禁了 70 年，并于 1992 年起重新出现，这种古老的实践终于受到了该国宪法的保护。这种名为腾格里的信仰，如今被视为蒙古国的民族宗教及其身份认同的一部分。

大地之声

随着新异教运动和新纪元运动的发展，新萨满主义自 20 世纪 90 年代起也在西方世界获得了发展。新纪元运动的实践者坚信人类面临着自己造成的生态危机，在这一信念的驱使下，他们在新萨满主义与自然界的联系中找到了一种回应，他们认为只有回归原始的本真才能防止人类继续掠夺地球。新萨满主义者也寻求自我认识，许多人采取了不拘一格的实践方法，比如与图腾或灵兽合作，进行灵视之旅并寻求幻象，尝试星光体投射、冥想，或进入恍惚状态等。此类方法令一些坚持传统教义的人感到不满，尤其是某些新萨满还在提供服务的同时收取费用。

▲ 手鼓

上图展示的是北美大平原上的阿西尼博因人使用的鹿皮手鼓，鼓面上绘有他们尊崇的伟大神灵的形象。由医药师带领的击鼓仪式是阿西尼博因仪式的一部分，而他们最重要的仪式是春季举行的太阳舞仪式。

这幅画名为《**悲伤的灵魂**》，创作者为秘鲁艺术家巴勃罗·阿马林戈（1938 年—2009 年），创作时间为 2006 年，灵感来自面临生态威胁的雨林奇观。

丛林中的幻象

　　秘鲁艺术家巴勃罗·阿马林戈曾在亚马孙盆地接受成为传统治疗师的培训。传统治疗师使用当地植物来治疗身体、精神和心理疾病，有时也利用西班牙殖民者最初带到拉丁美洲的天主教祈祷和仪式进行辅助。阿马林戈是一位死藤水治疗师，这是传统治疗师的一种，他们主要使用一种名为死藤水的精神活性植物酿造剂，而该药剂是一种传统的灵性药物。1977 年退休后，阿马林戈成了一名画家，后来他创办了一所艺术学校，致力于记录、保护原住民生活方式和雨林动植物。

　　阿马林戈复杂而精致的画作描绘了他在死藤水影响下看到的幻象。他一边作画，一边吟唱伊卡洛——在死藤水仪式上引发恍惚状态的魔法圣歌。他相信自己把伊卡洛的魔力送入了画中，并能够把其中的力量和知识传递给乐于接受的观众。左图描绘了植物王国的奇迹，它们创造了人类生存所需的食物和氧气。池中的水蟒警告观众破坏河流、湖泊和森林的后果。画面顶部，森林之母的大眼睛看向下方，而画面左侧的一排亚马孙淡水豚排列成植物的形态，暗示着所有生命形式之间的联系是多么紧密。

> "治疗师的头脑和内心之中都有
> 保护自然的态度……"
>
> 巴勃罗·阿马林戈，《圣环》杂志，2006 年

身、心、灵
新纪元实践

新纪元运动脱胎于 20 世纪 60 年代的反文化运动潮流，它拒绝既定的信仰和宗教。新纪元运动的追随者热情地接纳了一系列另类实践，其中许多并非源自西方文化，他们的目的是寻求开悟和灵性的完满。20 世纪 60 年代的新纪元实践者认为一个新的和谐纪元即将到来，该运动便以此命名。在 21 世纪，新纪元运动几乎只在西方世界得到实践，并越来越受欢迎。截至 2015 年，它估计拥有多达 6000 万的追随者。魔法在新纪元运动中发挥了重要作用。

核心信条

新纪元运动有多少追随者就有多少信条，不过其中一些核心信条是共通的。比如最激烈的观点就是拒绝西方世界的物质主义。他们转而接受非基督教宗教的一些方面，比如印度教对个人成长的关注和佛教的沉思与宁静。新纪元信徒是泛神论者，他们认为神无处不在，并承认所有宗教都有自己的真理，无论指向何方都值得追求。该运动与环保主义运动、女权主义运动也有一些重合。信徒们认为在新的纪元里当前的父权制世界将被推翻，一个新的伊甸园将会出现，工业化和资本主义也将终结。未来将会变得更简单，人类会回到一个更纯真的世界。

更高层次的自我

新纪元信徒相信每个人都可以，也应该努力通过三个信条实现更高层次、更好的自我。第一，有一种神圣的普遍联系将整个人类族群容纳在内：所有人都是一体的——这一信条主要源于神智学（参见第 238 页—239 页）；未来将只有一个社会和一种宗教，将人类凝聚在统一的实体中。第二，人类与自然是统一的，所有人都必须和谐相处。第三，每个人都应该寻求认识并实现其自身内在的神性的善，并可以决定自己的相对价值。也就是说，不应存在外部强加的道德：每个人都必须自己决定什么是重要的、正确的、真实的。

▼能量爆裂
亚利桑那州的教堂岩是美国新纪元运动的圣地。它被视为灵性能量和宇宙频率的绝对焦点。

弗里乔夫·卡普拉（1939 年— ）

当神秘主义遇到物理学

新纪元信仰认为，不仅有一个先验的灵性统一体将世界编织在一起，而且推而广之，这种统一性必定反映在科学中。奥地利裔美国物理学家弗里乔夫·卡普拉一直是该观点的最有力倡导者之一。他在 1975 年出版的《物理学之道》一书中指出，形而上学（关于存在的本质）和物理学最终会汇聚——如果两者都是真的，那它们必定是相同的。卡普拉的书在学术界遭到许多学者的贬低，他们称卡普拉的文本过时且不科学，但这本书不断受到新纪元运动读者的热情支持。卡普拉后来成为环境问题的关注者，他努力建设并培育模仿自然生态系统的可持续社区。

◀水瓶座纪元
大多数 20 世纪 60 年代的新纪元运动追随者通过解读星象发现一个更好的未来将会到来，这一未来通常被称为水瓶座纪元。在左图中，水瓶座倾倒智慧之水以浇灌一个更具灵性、更加和谐的纪元。

▶练习瑜伽

右图中展示的瑜伽体位既可以帮助健身、增强柔韧性，也是一种实现灵性开悟的手段。瑜伽起源于古印度。

"哦，平和，平和，平和。"

瑜伽颂

▶太极图
中国传统文化中的阴阳符号囊括了一切存在，受到许多新纪元信徒的青睐。阴与阳处于永恒的、完美的平衡中：黑色的一侧指阴（静），白色的一侧指阳（动）。

实现统一性

新纪元信徒是持整体论的，他们相信身、心和灵是统一的，所以要治愈身体，首先必须治愈心。有些信徒更喜欢称之为灵性运动或身心灵运动。瑜伽和冥想是一种自我认识的手段，也是实践最广的灵性释放途径。两者都有许多形式，比如艾扬格瑜伽、阿斯汤加瑜伽、悉瓦南达瑜伽、禅宗冥想、超验冥想、内观冥想等。瑜伽和冥想都旨在培养自尊和正向思维，这些品质在新纪元信徒中受到高度重视。其中许多人都受益于所谓的吸引力法则——肯定地大声说出积极的想法，以扭转并取代根深蒂固的消极自我信念。

未来的洞见

许多新纪元实践者坚持认为，通灵者——某些天赋异禀的新纪元信徒可与天使和上师沟通——能够作为灵媒与死者接触，并将其知识和智慧传给生者。一些通灵者声称能与埃及、南美或者传说中的亚特兰蒂斯或姆大陆等古文明的居民联系，并传达他们的灵性信息。

与通灵一样，星光体投射（在此期间，人的"星光体"会从另一个星界位面观察自我和世界）的实践者据说也能与更高的属灵世界接触。使这种灵魂出窍体验成为可能的精神状态据说是可以随意实现的，

▶曼荼罗
印度教和佛教都有曼荼罗图案，它们描绘了两教的宇宙模型。与当代的许多曼荼罗一样，右图中的这幅尼泊尔曼荼罗是抽象的，表达了宇宙的整一性、统一性和生生不息的特质。

其途径往往是深度的、孤寂的放松。许多新纪元信徒相信轮回。通过轮回，过去能够教育并指导当下。一些追随者甚至会断言外星生命力量将是人类的救赎。

更多信徒采用不那么有争议的方法，他们通过视觉化来想象神圣的生物，甚至仅是动物，以此作为开悟的途径。另一些人可能借助通灵式解读《易经》、星象、水晶球或塔罗牌（参见第52页—53页、第158页—161页、第214页—219页）来预测未来。

这些实践和信仰总会招来批评的声音，其中许多批评者自己也曾是新纪元运动的追随者。有些人担心，实践者对灵性愿景不感兴趣，而只是想利用一时的热潮赚钱，最坏的情况是危及病人的生命——有些患有严重疾病、需要常规治疗的人会购买他们的商品来进行治疗。另一些批评的声音则指出该运动目标模糊，缺乏任何一致的信仰。然而对大多数追随者来说，数不胜数的信仰以及对纯净未来的承诺正是新纪元运动的力量所在。

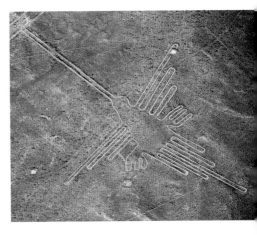

▲纳斯卡线条
新纪元运动的追随者重视与过去文化的联系，比如这些刻在秘鲁沙地上的巨大线条。一些信徒甚至试图（通过灵视）与画下了这些线条的古代纳斯卡人进行沟通。

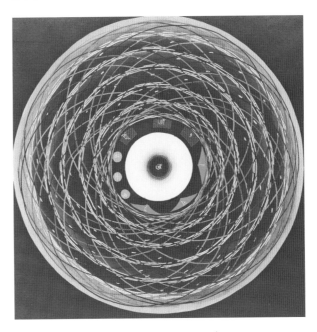

崇拜自我
撒旦教

▲撒旦教创始人
安东·拉维陶醉于自己对公众怒火的承受能力，他公开使用撒旦形象，并进行裸体仪式。1969 年，他编写了《撒旦圣经》，这是拉维撒旦教的核心文本。

"撒旦教"一词总是引发魔鬼崇拜和血祭的联想，但事实并非如此。现代撒旦教以无神论的方式提倡个人自由，通常鼓励个体沉溺于被许多人视为罪恶的东西（如贪婪和情欲），并把自己放在第一位，但尊重其他人的权利也是其核心价值观。

撒旦教会

现代撒旦教始于 1966 年 4 月 30 日的旧金山，这一年被奉为撒旦纪的元年。撒旦教会的创始人是美国术士安东·拉维，其教义认为世界上没有神或更高级的存在；人类有很大的自我完善能力，却是肉体凡胎；来世并不存在；而其实人类本身就是神，能够通过行使自我意志来决定自己的命运。为了震惊世人，拉维以撒旦命名了这场运动，并采用了羊头恶魔巴弗灭作为其象征。然而撒旦教徒均是无神论者，他们不相信魔鬼——撒旦只是一个基督教概念，如果没有上帝，那自然也就没有撒旦。

拉维的道德理念是赞成追求感官满足的，但其核心信条也强调通过自我发现和成长实现个体不断的自我完善。

仪式

撒旦魔法通常集中于心理过程的转换，而非对超自然力量的信仰。其主要形式有两种："大魔法"是一系列为了推动情绪或物理事件的发展而创造心理空间的仪式实践；"小魔法"则指通过利用人的物理特性或心理暗示来操纵某种情境，以达到实践者所欲求的结果。撒旦教仪式对于教徒来说很重要，但仪式内容并无固定界限：只要最终目的是使意志得到强化，任何形式的仪式都可以使用。一些撒旦教徒使用象征性的物品，如手摇铃、圣杯、剑或酬剂，甚至可能使用（经本人同意的）裸体女性作为祭坛。撒旦教的核心信念在于，"自我"是任何魔法或仪式的力量源泉。

变体与竞争对手

1975 年，首个从拉维的撒旦教会中分裂出来的团体成立了塞特圣殿，他们宣布信仰古埃及的火与混沌之神塞特。还存在着许多其他撒旦教派变体，比如 2013 年从撒旦教中脱离的撒旦圣殿教派。该教派自称是撒旦教的一种进化和更新形式，带有高度政治化（左翼）的倾向。

▲巴弗灭之印
撒旦教会的官方标志是一个巴弗灭头像，出现在一个倒置的五芒星内，外围是一个圆环，圆环中写有希伯来文字，从底部逆时针方向拼读为"利维坦"。

◀撒旦教祭坛
根据拉维在《撒旦圣经》中的说法，祭坛是撒旦教仪式的关键组成部分。祭坛上可能会放置各种物品，巴弗灭的形象往往会出现。

▼**巴布亚新几内亚的拉卡卡来**是雕刻成猪或海洋生物模样的椰子壳符咒，其中填入魔法物质，用以驱除恶灵。下图中这件还附有一段剑鱼上颌骨。

◀危地马拉和墨西哥等地的民众会佩戴**忘忧娃娃**。据说这些娃娃会把佩戴者的忧惧传递给太阳神的女儿、玛雅公主伊丝穆加内，而太阳神赋予了她消除人们烦恼的天赋。

纤维袋使咒符易于携带

椰子壳上雕刻有风格化的脸形图案

▲**大卫之星**是古老的犹太教魔法符号，由两个重叠的等边三角形组成。大卫之星挂坠现在仍被作为圣符使用。

▲**圣克里斯托弗纪念章**是旅行者的圣符，因为人们相信这位圣徒曾用肩膀扛着圣婴耶稣安全过河。

▲**招财猫**是来自日本的幸运小物，猫咪举起一只前爪为主人召唤好运。

▲在中国文化中，**璧**是用于祭天的玉器，通常是扁平的圆环形。中国人认为璧能带来财富、长寿和好运。

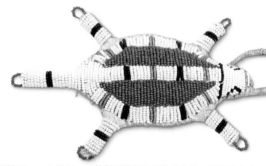

▲这是一件**美洲原住民的诞生纪念物**，用珠子串成龟的形状，里面藏有来自父母双方的一缕头发和婴儿的脐带。据说它能给孩子带来好运和健康。

现代圣符

　　圣符被认为能给拥有者带来额外的力量或好运，其形式多种多样，从亚瑟王传奇的王者之剑到体育俱乐部的幸运吉祥物等各种物品都可以充当圣符。最初圣符是专门为个人定制的，并通过魔法仪式被赋予内在力量，但如今许多圣符都是大规模生产的，人们相信其力量来自所象征的东西。

掌心的全视之
眼庇佑圣符的
所有者

▲**女巫球**是发明于 19 世纪的
圣符，但其根源可追溯到更
早。据说，女巫球闪亮的表
面可以映出女巫的倒影，这
些倒影可被用于捕捉女巫。

▶**凯尔特十字**是一个由圆
环和十字组合成的古老图
案，据说它能带来力量、
智慧、保护和灵感。

▲**佛牌和类似的木雕圣符**在泰国极为流行。为了最大限度地发挥其中
蕴含的神圣力量，僧侣们往往连续数天对佛牌诵经加持。

▲据说**法蒂玛之手**是先知穆罕默德之女法蒂玛的右
手，穆斯林妇女佩戴这一圣符以抵御邪眼。几个世
纪以来，该符号在整个中东地区都很常见，最近又
被新纪元运动的追随者采用。

五指代表伊斯兰
的"五功"

▲两次世界大战中，许多士兵都会
佩戴自己的**战斗符咒**，希望能避免
在战场上受伤或死亡。

▲**马达加斯加人佩戴的欧蒂**是
一种盛满药剂的圣符，用于防
护并带来好运。

与亡者共舞

多哥、加纳、尼日利亚和贝宁等西非国家是伏都教（参见第 204 页—207 页）的中心地带。在贝宁，伏都教是一种官方宗教，并没有西方世界赋予的负面含义。每年 1 月，贝宁、多哥和尼日利亚等国的民众都会来到贝宁城市维达参加年度祭拜节。对伏都教徒来说，该节庆的高潮是通过进入恍惚状态与死者交流。

伏都教有丰富的诸神谱系，这些神明都是最高存在、宇宙创造者那那·布鲁库的后代。他的后代——月亮女神马乌和太阳神利撒——掌管着其他一系列神灵。其中最重要的有"彩虹蛇"阿依达-韦多，他是属灵世界与现实世界之间的中介；还有莱格巴，他既衰老、睿智，又年轻、急躁。在西非，每个部族或部落都有自己的女祭司负责献祭动物以安抚这些神灵。魔法雕像以及动物的头颅——比如猴子、狗、眼镜蛇等的头颅——据说可以治愈疾病和痛苦。

在伏都教信仰体系中，灵体能够连接到祖先，而每个新生儿都是一位先人的转世。人们认为进入恍惚状态后便能与属灵世界沟通，然后万灵和先祖会来到人世，附身于生者并指引他们。右图中展示的是尼日利亚的约鲁巴人，他通过诵经、击鼓和舞蹈进入恍惚状态，以获得祖先的灵性力量。

> **"伏都教在其起源国贝宁
> 是一种生活方式。"**

安妮莎·沙阿，旅行作家，2017 年

奇观盛宴
作为现代娱乐的魔术

1921 年在伦敦，敢于创新的魔术师 P. T. 塞尔比特首次表演了将女助手锯成两半的戏法，这一盛景迅速成为舞台魔术师的最爱，并引起了轰动：舞台魔术界开始疯狂地追求奇观。40 年后，最耀眼的魔术师当数来自德国的双人组合齐格弗里德与罗伊，他们在拉斯维加斯掀起了一场风暴。巨大的布景、闪光的服装和貌似驯服实则狂野的动物是两人的最大特色。观众蜂拥而至，魔术生意火爆一时。

▲魔术圈的标志

1905 年，魔术师协会"魔术圈"在伦敦成立。标志中拉丁语格言的意思是"不要泄露秘密"，任何违背这一点的魔术师成员都可能被开除。

▲魔术遇上演艺圈

齐格弗里德和罗伊在美国娱乐之都拉斯维加斯表演了将近 40 年。温顺的白狮和白虎是他们魔术表演的一部分。

屏幕上的幻觉

美国魔术师大卫·科波菲尔延续了这种追求奇观的潮流。在一系列向数百万观众直播的特技魔术中，他似乎能在大峡谷上空悬浮，横穿中国的长城，用激光把自己锯成两半，并使自由女神像消失。科波菲尔成为有史以来最富有的魔术师，而且他精通科技，能使看似不可能的事情成为可能。

电视为科波菲尔以及后来的魔术师提供了大量的观众。英国魔术师保罗·丹尼尔斯和搞怪的汤米·库珀就出色地利用了这块小屏幕，后者擅长滑稽地表演出自己的失控状态。美国组合佩恩与泰勒也将喜剧与高超的表演技巧相结合，使电视魔术的标准继续提高。

忍耐力与心灵主义

美国魔术师大卫·布雷恩则开创了另一种魔术：不可思议的忍耐力。他的表演包括在冰块中生存，长时间浸泡在水中，以及在伦敦泰晤士河岸边的有机玻璃箱子里不进食生存 44 天。2008 年，他成功地屏住呼吸超过 17 分钟。布雷恩也是心灵主义魔术的代表——据说他展示了非凡的精神力量。他虽然不会读心术，但能够把敏锐的心理洞察力与徒手魔术结合在一起。在英国，德伦·布朗和迪纳摩等艺人则充分利用了观众对心灵主义的兴趣。德伦·布朗在他的连续电视节目《事件》中创造性地利用了这一媒体，比如播放一段据称可以阻止观众离开座位的短片。迪纳摩是互联网时代的魔术师，他利用 YouTube 推广自己的心灵主义品牌和精湛的纸牌戏法，很快赢得了全球网民的关注。

背景故事

逃脱大师

自胡迪尼（参见第 259 页）以来，逃脱术一直是魔术表演的核心内容之一。1959 年，英国魔术师艾伦·艾伦（原名艾伦·拉比诺维茨）把胡迪尼的束身衣逃脱表演玩出了新花样。他身穿束身衣被倒吊在一根燃烧的绳子上，并成功逃脱。此后美国女魔术师多萝西·迪特里希（见右图）也成功表演了这一逃脱术，她也是第一位表演"嘴接子弹"的女性。另一位美国魔术师罗伯特·盖洛普则做出了更疯狂的尝试——他身穿束身衣被锁在笼中，然后被从飞机上扔下，降落伞绑在笼子外面。此类特技魔术的风险真实存在：1990 年，美国魔术师乔·布勒斯被坍塌的湿水泥掩埋，随后死亡。

◀**水下耐力**

在 2017 年的北美巡回演出中，大卫·布雷恩悬浮于水箱中，尽可能长时间地屏住呼吸——屏息的确切时长在各次表演中有所不同。他在舞台表演中通过使用大屏幕来缩短与台下观众的距离。

▶奥斯汀·奥斯曼·斯佩尔
这位英国艺术家、术士在
1909 年的自画像中把自己
描绘为一名魔法师。斯佩尔
拒绝传统魔法，他探索自己
的潜意识，将之作为一条通
往自我认识的道路。

没有规则的魔法

混沌魔法

混沌魔法于 20 世纪 70 年代末出现于英国，它试图剥除环绕着仪式魔法的复杂难解的仪式、大量深奥的知识和神秘主义。混沌魔法没有规则、教条或等级制度，但仍有其目标——个人的发展、完善，以及与宇宙的连接等。之所以称之为"混沌"，是因为其实践者认为存在取决于纯粹的个人感知；改变这种感知，世界就会因此而改变。

无意识状态

要想让混沌魔法发挥作用，实践者必须首先学会释放自己的潜意识，潜意识之中蕴藏着巨大的力量、知识和理解力。该思想由英国画家、术士奥斯汀·奥斯曼·斯佩尔提出，其 1913 年的著作《欢愉之书》后来成为混沌魔法的核心文本。斯佩尔称，释放潜意识可以通过一种灵知状态来实现——将意识置于"潜意识边缘"以触及潜意识。他曾建议并使用各种技巧来实现这种类似于恍惚的状态，其中有温和而被动的方法，比如练习瑜伽、专注于一个点的冥想；也有各种令人愉悦的活动，比如吟诵、舞蹈和性狂喜（始终是最受欢迎的），使快感超越活跃的意识。

魔符——魔法力量的符号

斯佩尔还曾推广使用魔符——将一个有意义语句缩写成一个字母或字形。魔符被认为具有魔法力量。其他魔法师也使用魔符作为召唤外在灵体的辅助手段，而斯佩尔等混沌魔法师则在灵知状态下将魔符向内传递给潜意识。

混沌魔法的一项关键能力是，一旦目标实现，就要把信仰或实践抛在一边。因此，一旦某个魔符发挥了作用，斯佩尔就建议实践者故意将之忘却，这是一种需要非凡意志力的行为。在他看来，任何一种方法只能在当时发挥作用——如果它成了一种习惯，那就不再是混沌魔法了。

▲混沌符号
上图中的符号由英国科幻作家迈克尔·莫考克于 1961 年设计。用莫考克的话来说，这一符号"代表了所有的可能性"，因为它的 8 个箭头指向各个方向。

> "我越是混沌，便越是完整。"

奥斯汀·奥斯曼·斯佩尔，《欢愉之书》，1913 年

背景故事

混沌精神

在奥斯汀·奥斯曼·斯佩尔的影响下，英国术士彼得·卡罗尔和雷·舍温成为 20 世纪 70 年代混沌魔法的代表人物。卡罗尔是"塔纳特洛斯光照会"的联合创始人，这是一个实践魔法的国际组织，也是最有影响力的混沌魔法团体。他还有许多魔法和准科学思想，比如他认为时间是三维的，所以星际飞船确有可能穿越宇宙。

彼得·卡罗尔的《空无之书》在 1987 年以单卷本形式出版，该书是混沌魔法的理论及实践手册。

从老妪到主角
影视作品中的女巫

自 20 世纪初以来，流行文化中对女巫的描绘在不断发生变化。早期的女巫形象往往是一个脸上长疣的老太婆，但该形象已经变得现代化，带有女性赋权的意义——她们有时善良，或仅为了娱乐而恶作剧，而在另一些场景中又显得可怕、令人不安甚至极其邪恶。

女巫大变脸

电影《女巫》于 1922 年首次在银幕上描绘了令人毛骨悚然的中世纪女巫。而 1937 年迪士尼的《白雪公主和七个小矮人》则描绘了动画版的女巫形象。于是，电影作品中邪恶女巫迫害无辜者的主题形成一时风潮，并在之后电影中持续存在，比如根据童话改编的《睡美人》和《小美人鱼》。然而，在 1939 年的影片《绿野仙踪》中，经典的绿脸女巫遭到了善良女巫格琳达的反击，该片向观众传达了有坏女巫也有好女巫的观念。

20 世纪下半叶的银幕上出现了一种新型的女巫形象——看似普通却拥有非凡力量的女人。在 1964 年的美国情景喜剧《家有仙妻》中，家庭主妇暗暗用魔法改变了自己的丈夫；而在 1971 年的影片《飞天万能床》中，一位见习女巫用咒语阻止了纳粹的入侵。虽然故事氛围轻松，但这些女巫代表了强大女性对父权制的破坏力——这也是现代巫术的信条之一。

女性赋权这一主题延续到了 80 年代和 90 年代：在电影《东镇女巫》中，三位女巫联合驱逐了一个男性压迫者；电影《魔法闯情关》和电视剧《圣女魔咒》也歌颂了女巫之间的姐妹情谊。90 年代末，少年女巫的故事开始崛起。《小女巫萨布丽娜》和《吸血鬼猎人巴菲》将女权主义内容传递给年轻观众，甚至（开创性地）在银幕上描绘了一段女同性恋关系。

阴暗面

从 90 年代后期起，某些影视作品中的女巫角色又开始变得更加阴暗。在超自然恐怖电影《魔女游戏》中，4 个被同龄群体摈弃的十几岁女学生都是一心要复仇的女巫；在《女巫布莱尔》中，一个没人能看到的邪恶女巫在林中出没，手持摄影摇晃镜头带来的真实感着实吓坏了观众。2015 年的电影《女巫》以 17 世纪的新英格兰为背景，展现了一片同样令人恐惧的森林，其中隐藏着强大而神秘的女巫。

面向年轻观众的系列电视剧《萨布丽娜的惊心冒险》则以令人毛骨悚然的方式重述了 90 年代《小女巫萨布丽娜》的故事。《美国恐怖故事》中的女巫法力强大、阴暗冷酷，但并不总是邪恶的。女巫们继续在屏幕上实现形形色色的角色——演出警世故事、作为反抗的象征、满足女权主义想象、代表邪恶力量，而最重要的一类是，作为现代女性英雄形象出现。

▲ 现代恐怖
阴暗的成长故事《萨布丽娜的惊心冒险》融合了恐怖、巫术和神秘学，并充分利用了当前影视作品中女巫作为强大女权主义形象的潮流。

◀ 邪恶女巫
1939 年的电影《绿野仙踪》在银幕上对女巫进行了标志性的诠释。西国魔女为流行文化中的女巫建立了视觉模板，并延续了数十年。

> **"谁能想到像你这样一个小女孩能摧毁我美丽的邪恶呢？"**

西国魔女，《绿野仙踪》，1939 年

他人的能量
互联网时代的巫术

互联网的兴起对 21 世纪巫术的扩张起了重要作用。专门网站、博客和社交媒体数量的急剧增加促使该运动蓬勃发展，使实践者能够在虚拟团体中寻找到志同道合的人。在西方世界，促进个人赋权是现代巫术的核心目标之一，而作为其实现手段的网络世界已经被证明是一大助力。

变革之力

人们对互联网的使用，越发强化了"技术异教徒"和更年长的威卡教徒（参见第 264 页—267 页）之间的区别。新一代巫术实践者的使命感并不总是基于信仰，他们也会根据个人

◀过去与未来
2019 年 4 月，一名身穿传统服饰的罗马尼亚女巫在视频网站上直播魔法仪式之前，举起手机自拍。社交媒体与民间传说就这样碰撞在一起。

偏好在五花八门的神明中挑挑选选。现代巫术的重点往往在于激发解放之力与治愈之力，并且设法将这些变革性的能量与自然世界联系起来。

西方互联网社会的另一个结果是，巫术接纳了政治行动主义，并将之视为目标之一。他们认为线上社区网络将魔法和行动主义联系在一起，并强调巫术是创造一个更加理想的世界的重要手段。

21 世纪巫术的涉及范围随着互联网的扩张而扩张，其商业前景也随之扩大。许多物品都在线销售，比如水晶、药剂（及其配方）、塔罗牌、通灵板，这使巫术成为一种时尚、一种生活方式的宣言。在罗马尼亚，女巫们提供收费的在线咨询，其服务包括算命和改善恋爱运。

魔法实践
表情包魔咒

并非所有的 21 世纪巫术都一本正经，表情包魔咒的流行就说明了这一点。实践者把手机当成魔杖来使用，他们向自己或他人发送非语言性的咒语。表情包魔咒的编写者同样会借鉴民间传统，比如，先创造一个魔法阵用于防护（然后抛到一边），接着通过深呼吸使自己进入宁静平和的状态。然后你几乎可以许下任何愿望，从一杯更好喝的咖啡到迅速通过机场安检。

一条**财富咒语**中出现了工具扳手和美元的符号，两边最外侧则是水晶球。

> **"我认为异教徒，尤其是女巫，正在演变成我所说的'网络公民'。"**

M. 玛查·梦魇，《女祭司与女巫》，2009 年

社会战士

    在政治上，许多现代女巫是女权主义的倡导者，她们桀骜不驯地面对这个男性主导的社会。虽然女权主义并不是巫术实践的先决条件，但两者有重叠的价值观。达科塔·亨德里克斯自认是一位非二元跨性别女巫，她宣称"我们在挑战父权制和逆来顺受的行为规范"。现代巫术倡导团结，并积极为社会中更受排斥的群体创造强大的支持网络，比如LGBTQ+ 群体和有色人种群体。它现已远远超越了欧美世界，影响到了非洲国家和拉丁美洲国家。在这些地区，现代巫术与强大的巫术传统（brujería，当地的民间魔法和神秘主义宗教实践）很好地结合在一起。此外，现代巫术还发起了一场"魔法抵抗"，以打击那些被认为是反动的、压迫性的政治力量。例如，2017 年，美国歌手拉娜·德雷曾尝试"用咒语束缚唐纳德·特朗普和他的所有同谋"。

▲**行动派女巫**
上图拍摄自 2017 年 8 月波士顿的言论自由集会。一群现代女巫加入了数千名抗议者的行列，反对集会组织者所谓的右翼目标。

附　　录

增补注解

古老的起源
（史前—公元 400 年）

1.1 绑缚的概念（上）

这一概念在本书中多次出现，非常重要。罗马尼亚宗教学家米尔恰·伊利亚德在其著作《形象与象征》（1952 年）中辟专章论述这一概念。伊利亚德指出，这一概念与魔法有直接联系："大主神则掌控着另一件武器，那就是魔法……是创造有形与无形事物的力量，是能让他统治和平衡世界的魔力。而且这一武器常常以绑带、结、绳索等形式出现，无论是实物的或是虚构的。"伊利亚德以印度神话为起点，广泛分析了印欧地区各类传统，发现"束缚""绑缚"和"绳结"这些概念是普遍存在的，《圣经》中也反复提到这一主题。但更重要的是，这些"具有多重功能的死亡之绳、疾病之绳、巫术之绳，以及上帝之绳"指向了更为隐秘和深刻的含义——"一切生灵的头顶上都罩着一张罗网"。《以西结书》第 12 章第 13 节便有这样的描述："我向他张开罗网；他将落入我的网中，我将把他带到巴比伦……"《约伯记》第 19 章第 6 节写道："要知道，是上帝制服了我，是上帝在我身边布下了罗网！"这些段落都以深刻的宗教经历展现了上帝的无所不能，而上帝本身正是"绳索的主人"。伊利亚德认为这一表述很巧妙，"既没有表达出纯粹的'巫术'的生命观，也没有表达出纯粹的'宗教'的生命观——而是表达了一种极为复杂的，人活在世上的处境；如果用比较时髦的话说，就是表达了存在本身的境遇"。（→正文第 13 页）

1.2 属灵世界与宇宙山

伊利亚德在其作品《神圣与世俗》（1957 年）中提到，许多民族的神话和宗教传统中都有关于宇宙山的传说和原型，这一原型是一条中央的轴线（中央的位置是相对的，甚至有时是心灵空间意义上的），这一轴线同时连通了天的界域（神国）、人的界域和地下的界域（冥界）。这些传说和神话都指向了某一远古的时代，人类可以自由地在这条轴线上进行穿梭，同时神与人也是"杂处而不分"的，但后来由于某个特殊的巫术事件——这一事件也可以在中国的文本中找到痕迹，如先秦文献《尚书》《国语》和《山海经》中均有对"绝地天通"事件的记载——这条轴线被彻底切断，从此"天人分离"，只有少数具有特殊神通者，例如萨满，才拥有罕见的通天入地的能力。尽管中国和海外学界通常将"绝地天通"作为古代宗教改革事件和政治事件进行解释，但我们并不能忽略其与神秘学的紧密联系，尤其是在萨满实践已经拥有许多系统研究的背景下。伊利亚德列举了不同民族中"位于世界中央"的宇宙山：印度的须弥山、伊朗的荷拉布雷载山、美索不达米亚的神秘的"土地之山"、巴勒斯坦的盖里济姆山等，中国古代神话中的昆仑山、北欧神话中的世界树亦属于这一范畴。伊利亚德特别强调了古代宗教建筑与宇宙山观念的相应性，这种相应性显示了古代人在一个怎样的宇宙世界中理解人自身的存在、他们如何理解人与宇宙的关系以及宗教活动的意义。因此，对于宇宙山原型的心理、认知层面上的理解，显然比讨论宇宙山究竟对应了世界上哪一座山，更具有意义。（→正文第 17 页）

1.3 恩基神

恩基是苏美尔的水神，同时也是智慧、手工艺、魔法之神和创造之神。他后来在阿卡德（亚述-巴比伦）宗教中被称为 Ea。美索不达米亚人同样拥有宇宙山-世界树的观念，他们的世界树被称为"埃里都神树"。埃里都神树往上深入神域，中间承载了人类及其他生命，往下深入冥域，而其根部受到深渊之水的滋养。此深渊名为阿普苏，乃是冥域下方的宇宙原始海洋、创世之前的混沌巨渊，而恩基正是深渊阿普苏的主人。恩基神的意象通常与有角的冠冕以及鱼联系在一起，后世占星学中的摩羯座符号（羊头鱼身的意象）也可以追溯到苏美尔的恩基神。而马尔杜克神则是恩基神与女神达姆伽尔努那（即苏美尔神宁胡尔萨格）所生的子嗣，被认为是天空神恩利尔与恩基神的力量的直接继承者。恩基神将力量与神位转让给马尔杜克神的过程是相对和平的，并没有发生类似于希腊神话中克洛诺斯被弑的事件。但后来在历史发展过程中，马尔杜克神逐渐取代原本苏美尔主神恩利尔成了巴比伦的至高神，这一过程通常被视为巴比伦政治崛起的象征。而在文中的魔法实践中，似乎仍然能观察到旧神与新神之间的角力——后者虽然占据统治地位，但前者残存的力量仍然不容

小觑。（→正文第 18 页）

1.4 古埃及的灵魂观

巴和卡是埃及灵魂观中非常独特的两个概念。卡类似于灵魂中与生命力相关的部分，类似于生命之息或者灵的概念。它通常和无形无质的精神能量有关，例如在祭祀的时候，埃及人认为祭祀所消耗的是祭品的卡而非祭品的物质形态。卡同时与通灵现象联系在一起，埃及的艺术品有时候会描绘人物的"双重肖像"，即其中一个是人的物质形态，另一个则是该人物的卡，后者类似于灵体的显化。而巴这个概念则更为特殊，它指向了一种"外在和内在都极其相似的存在，是人格化的另一个自我"。因此，巴既是内在于灵魂的，又是外在于灵魂的。巴在人死后会保存下来，通常以一个人头鸟的形象飞出坟墓或者亡者的躯体。这种存续不灭的状态使得巴还会参与进一些日常活动中（也就是说巴本身具有行动功能）——例如饮食或者性活动。而正如文中所提到的那样，巴还要经历惩罚和毁灭的可能命运，这一观念在新王国时期的殡葬文本中占据重要位置，并与类似于"地狱"的概念有密切关系。这一时期的咒语文本描绘并强调了死亡体验的恐怖场景，以此来证明保护性咒语的必要性。有些文本甚至提到了巴经历火焰焚烧，或是被奥西里斯的卫士扣留的可能场景。关于古埃及的灵魂观的研究可以进一步参考 Louis Zabkar 的著作《古埃及文本中"巴"概念的研究》。（→正文第 25 页—26 页）

1.5 普遍宗教的假说

在西方神秘学的背景下，存在着这样一种假说，即存在着一种高级灵性智慧的传统，这种传统与一些特定的术语联系在一起。自历史的开端起，人类便获得了这种智慧，而它也在人类历史上的各个时代都保持了相当的活力，并被一系列特定的贤者、圣人和秘密团体保留延续下来。其中一个持有这种假说的观念流派被称为"长青哲学"，而另一个观念流派被称为"古代神学"。在一系列有争议的"古代智慧传承者"名单上，先知琐罗亚斯德无疑成为这一传统的最早传承者。文艺复兴时期的神秘学家斐奇诺不仅认为琐罗亚斯德在这一名单上早于赫尔墨斯与摩西，还暗示"亚伯拉罕从迦勒底的乌尔城出发去寻找应许之地的时候，就已经带着琐罗亚斯德教的智慧了"。尽管斐奇诺多次提到琐罗亚斯德与波斯术士，但他并没有提到是琐罗亚斯德"发明"了这一传统。另外，斐奇诺的名单还提到了以下人物：赫尔墨斯·特里

斯墨吉斯忒斯、俄耳甫斯、阿格罗菲姆（毕达哥拉斯的一位俄耳甫斯教导师）、毕达哥拉斯、菲洛劳斯、柏拉图。而另一些学者，例如拜占庭的柏拉图主义者卜列东（1355/1360 年—1454 年）则提到了更多人物：欧摩尔波斯（据说是厄琉息斯秘仪的创立者）、米诺斯（克里特岛之王）、吕库尔戈斯（斯巴达的立法者）、伊菲图斯（奥林匹克运动会的复兴者）、努马（罗马的宗教仪式改革者）。也就是说，通过毕达哥拉斯学派，琐罗亚斯德的智慧终归传给了柏拉图。但有趣的是，卜列东认为琐罗亚斯德及其宗教在特洛伊战争之前 5000 年就已经兴盛，并且认为琐罗亚斯德乃是《迦勒底神谕》的真正作者。不同于斐奇诺，卜列东认为"古代智慧"是由琐罗亚斯德最先提出的，并且他并未将赫尔墨斯列入他的"伟大贤者名单"，因为据说他并不怎么看得上埃及人。（→正文第 31 页）

1.6 绑缚的概念（下）

我们应该将"绑缚"这个概念理解为一种横纵、经纬相交所扭结而成的无形结构，它与"罗网""编织""帷幕"这三个概念有着至关重要的联系。"罗网"与"编织"通常会在古典的文学文本中出现，与"命运"和"生命线"联系在一起，如荷马史诗《伊利亚特》中阿喀琉斯和所有的必死之人一样，"在出生的时候，从母亲诞下他的那一刻起，便承受着上天用麻线为他编织的命运"。而"帷幕"一词的使用则更为隐秘，神或隐秘本身正是隐藏在帷幕后面的。韦特塔罗中大阿卡纳牌的第二张"女祭司牌"，也呈现出女祭司端坐在"神的帷幕"前，把守着神的智慧，而那智慧在帷幕之后，若隐若现。如上面所述，这些象征最终指向了（古代世界观中）"人类存在的基本境遇"。也就是说，人乃是存在于一个迷宫般的、有待解开的"绳结"（或是"罗网""帷幕""幔帐"）之中（"生命本身就是一种'织物'"），而这一绳结或者罗网乃是"连接一切事物的宇宙准则"。同时，正是这层罗网，将人类与绝对性的存在隔开，因此人类存在的终极意义便是"尽力'撕毁'虚幻的面纱，'解开'存在之'结'"——"人的终极目标都是从'绳索'中获得解放：一方面是从迷宫的象征角度传授宗教奥义，在这一过程中，人们学着解开迷宫般的结，以期望自己的魂魄遇上这样的结的时候也能够解开；与之相对应的是从哲学和神秘学的角度传授宗教奥义，哲学和神秘学的意图在于'撕毁'无知的面纱，将困在锁链中的灵魂释放出来。因此，基于这样一种古代世界观，我们才得以理解本书中所提到的魔法、占卜等神秘学实践如何成为可能——任何占

卜、命理学都涉及"绑缚"概念中万事万物普遍联系的层面，而任何魔法、通神术都涉及这一概念中关于解脱的层面。（→正文第34页）

1.7 八卦与天象图

想象一个人身处北半球，面南背北，若他要画下一个四方位的指示图，那么南方就会是他面朝的方向，即前方，在二维的平面图中则是上方；相应地，北方就是他背对着的方向，即后方，在二维的平面图中则是下方。这个时候，东方则是他的左手方向，而西方则是他的右手方向。这样的方位图与现代流行的从太空视角观测地球所呈现的"上北下南左西右东"的方位图是完全相反的，其中可能暗示了一种对宇宙功能的认识和宇宙观念的转变。后天八卦则揭示了万物生消盈亏的规律，《易经》中记载："帝出乎震，齐乎巽，相见乎离，致役乎坤，说言乎兑，战乎乾，劳乎坎，成言乎艮。"因此，后天八卦以离上坎下，震东兑西，巽坤乾艮分别对应了东南、西南、西北、东北的方位。在此基础上，中国古人选中赤道带与黄道带的二十八个星宿，用来作为观测日月及行星运转的背景或坐标，包括角亢氐房心尾箕东方七宿，其形象组合成了青龙意象；斗牛女虚危室壁北方七宿，其形象组合成了玄武意象；奎娄胃昴毕觜参西方七宿，组成了白虎意象；井鬼柳星张翼轸南方七宿，组成了朱雀意象。而"日月五星，起于牵牛"中，牵牛指的是牛宿，牛宿是中国古代最早的冬至点，即冬至日太阳会位于牛宿附近；相应地，春分日太阳运行到娄宿附近；夏至日则是井宿附近；秋分日是轸宿与角宿附近。每一个星宿都有各自的星象意义，整个二十八星宿构成了一幅生生不息的意象图画。（→正文第53页）

诅咒与良方
（400年—1500年）

2.1 爱尔兰神话与现代文学

威廉·巴特勒·叶芝是19世纪末、20世纪上半叶最重要的爱尔兰文学家之一，他于1923年获得诺贝尔文学奖。本书后文提到，叶芝与世纪末的神秘学团体——黄金黎明协会——有着直接联系，他一生都对神秘主义有着浓厚的兴趣，晚年许多有着高深造诣的诗篇都是在神秘学和通灵运动背景下写成的。叶芝的诗歌与爱尔兰传统神话有着非常深刻的联系，早在1888年，他便编辑出版了《爱尔兰农民的神话与民间故事》一书。虽然叶芝的

最初目的是在民间传说和神话中找到神秘主义现象的痕迹，但这些元素大部分都因科学式的转录而遗失了。尽管叶芝对这些材料中神秘和超自然现象的缺乏略感失望，但这些材料还是深刻地影响了他。以神话和民间故事为基础，与神秘主义主题相结合，这成了叶芝后期作品的主要特征。例如，《库丘林之死》对神话故事进行重述，深入探讨了库丘林神话中的各个主题；《弗格斯与德鲁伊》展现了爱尔兰神话中国王弗格斯与德鲁伊祭司的对话，诗句生动地描述了德鲁伊形态的变化。（→正文第73页）

2.2 生命之树

现代魔法的实践者将生命之树视作一个神圣本源不断下降并物质化的过程：上三角的三个原质是神圣的三位一体，中间的倒三角是神圣的三位一体的镜像，下面的倒三角则是中间三位一体的镜像，而上三角和中三角之间则横亘着恐怖的深渊，对于现代魔法的实践者来说，深渊常常是难以逾越的。神圣的能量正是通过原质和原质之间的道路不断消耗和流失，最后形成我们所见到的物质世界——10原质"王国"。在阿莱斯特·克劳利所创建的魔法体系之中，卡巴拉生命之树在仪式活动中占据了重要位置。克劳利在埃及神学影响下，创造了托特塔罗牌体系，力图将塔罗牌与卡巴拉生命之树进行和谐对应。在托特塔罗的系统之中，生命之树的10个原质和22条道路分别可以与托特塔罗之中的小阿卡纳4元素牌和大阿卡纳牌相对应，详细解释可以参阅杜奎特所编著的《托特塔罗解密》和《小鸡卡巴拉》两本书的相关章节。卡巴拉生命之树的图像还被运用到一些流行文化之中，日本动漫《新世纪福音战士》不仅在片头呈现了卡巴拉生命之树的图像，其内容和主题也与卡巴拉生命之树的形而上学有部分关联，值得读者去深入挖掘其中的联系。（→正文第89页）

2.3 神圣的语言

西方神秘学传统认为，"天使和人类沟通会使用一种密码"，这种密码必须承担一种媒介的功用，使这种沟通得以顺利展开，因为物质世界和属灵世界在其本质上是全然不同的。密码语言的观念是根植于魔法的世界观，即"宇宙乃是由相类似的镜面构成，一切事物则在广泛的相互关系之中不断地相互反映"。在这一背景下，魔法师书写的符号和象征则被认为与天使有着直接的联系，或者是后者的直接呈现、直接表达。符号、象征或象形文字与普通的字母文字有着巨大的区别，一种被称为"全息理论"的观念认为：上述讨

论的相互感应的宇宙网络是一个多维度的存在，因此，象征、符号就成了灵性实体的一种成像，是灵性实体在物质维度的凝结或者投射。帕拉塞尔苏斯在其1571年的作品《伟大的天文学》中谈到，符号或雕刻的文字与言语有着同样的力量，而经过加密后的名称或词语，则成了"它们所指涉的神圣实体本质中不可分割的向量，并同时拥有后者的魔法本质及属性"。因此，密码等神圣语言的使用，可以被视作基于"天人感应（或宇宙感应）"观念的实践。（→正文第90页）

2.4　行邪术的西门

Simon Magus这个名字在不同中文著作中有不同的翻译，例如西蒙·玛古斯、西门·马吉斯、术士西门、行邪术的西门，本书采用最后一种，即将Magus与《圣经》的背景结合，理解为"魔法师、术士、行法术之人"。历史上的西门是一个生活于公元1世纪上半叶的撒玛利亚术士。《新约·使徒行传》首次提及了这个名字，第8章第9节写道："有一个人，名为西门，向来在那城里行邪术，妄自尊大，使撒玛利亚的百姓惊奇。"早期基督教的反异端的作者们，将西门视作诺斯替派的奠基者，是最大的异端，"所有异端都从他那里发源出来"。但是关于西门的生平和言行有许多记录相互矛盾的地方，让他更加成为一个难以捉摸的传奇人物。2—3世纪有一个诺斯替派别称自己是"西蒙尼派"，但他们和历史上术士西门的关系很难查证。西门认为自己乃是"大能"——至高之神——的显现，而与他同行的伴侣，一个名为海伦娜的前妓女，乃是神的第一思。此世界的创造者，乃是由她生产出来的，而前者却把她囚禁在一个女性的身体里，让她历经诸多轮回转世，直到西门在一家妓院里面找到了她。在西门的对手看来，这种救赎让西门成了诺斯替的救世主，而海伦娜则是诺斯替信徒的原型。因此，一切邪术、诈术都可以被安排在西门这一人物身上，《使徒行传》第8章中彼得与西门相遇的记载详细诠释了这一特点。但卡尔·荣格却对西门与海伦娜的故事有着非常不同的理解，他倾向于一种更为隐喻式的解读，即将西门与海伦娜理解为神秘合体的原型，并将这一原型与诸多同类原型相比较，例如先知以利亚和莎乐美、炼金术士佐西莫斯和西奥塞比娅。具体的论述可以参考荣格1941年的文章《科尔女神形象的心理学面向》，中文译本收录于2011年版的《荣格文集》第5卷《原型与集体无意识》。（→正文第108页）

学者与巫魔会
（1500年—1700年）

3.1　匈牙利的塔尔托斯

táltos在匈牙利语中主要指一种类似于萨满的职业，一般意义上理解这些人是行使黑魔法之人。2020年奥地利与德国联合制作了一部8集的电视连续剧《弗洛伊德》，该剧以1886年在维也纳发生的一系列虚构刑事案件为背景，以精神分析学家西格蒙德·弗洛伊德为虚构主角，涉及本书许多重要主题（梅斯默学说、降神会、桌灵转等），生动地展现了19世纪中欧上流社会萦绕的神秘学和通灵运动氛围。在该电视剧中，táltos成为精神分析意义上的心灵原始黑暗无意识力量的隐喻，而灵媒显然可以轻而易举地操纵这种力量。尽管该电视剧对弗洛伊德与奥匈帝国历史的塑造并不符合历史事实，但也为精神分析学说的兴起提供了另一个可以考察的维度。这个维度可以一直延伸到弗洛伊德的学生卡尔·荣格，后者的大部分理论正是建基于对西方神秘学材料的历史性研究。而与电视剧所呈现的弗洛伊德不同，历史上的弗洛伊德医生晚年恰好站在了得意门生荣格的对立面——他们对于神秘学认识的分歧直接导致了他们对于"无意识"这一概念产生了本质性的不同理解，并进一步导致了两人职业和师徒生涯的分道扬镳。不过，值得注意的是，不管是弗洛伊德还是荣格，他们的理论都来源于对一系列亲身经历的现象的观察和理解，荣格在其方法论中特别反复强调了其"现象学研究的方法论"。因此，对于缺乏现象经验的批评者来说，无论对弗洛伊德还是对荣格的批评都是缺乏论据的。（→正文第124页）

3.2　浮士德博士

克里斯托弗·马洛是一位与威廉·莎士比亚同时代的剧作家，其戏剧成就并不逊于莎士比亚，却在中文世界得到的关注较少。许多人认为马洛的《浮士德博士的悲剧》中的浮士德博士，与莎士比亚1611年的作品《暴风雨》中的魔法师普洛斯彼罗一样，都是以伊丽莎白时代的神秘学家、宫廷枢机顾问约翰·迪伊为原型。但实际上，浮士德博士的形象涉及一个更为广泛深远的神秘学观念——历史上的隐秘贤者。在帕拉塞尔苏斯时代，这一形象可以联系到"艺术大师伊利亚斯"，后者在炼金术传统中以创造奇迹的救世主形象出现。这种主题又与宗教中伟大灵魂不断轮回转世的主题联系在一起，这些伟大灵魂（如基督一样）"从未出生，也永不会逝去"。这一主题与浮士德博士的联系更为密切，而到了 19 世纪早期德国文学家歌德创作的诗剧《浮士德》中，这一角色变成了类似英雄的形象——他想要获得禁忌知识和经验的行为不再受到诅咒（像马洛的戏剧那样成为一个悲剧），反而得到了救赎。尽管歌德的《浮士德》可以被视作"新诺斯替"的戏剧，但浮士德形象的变化也暗示了"隐秘贤者"的主题在接下来的发展中会被进一步地世俗化，成为"禁忌领域的闯入者"的普遍意象，而非某些特定的伟大灵魂。到了 19 世纪晚期，弗里德里希·尼采语境中的浮士德意识则暗示了人类对于超越善与恶的渴望（他 1886 年的作品《善恶的彼岸》原题目 Jenseits von Gut und Böse 即超越善与恶）。在尼采的时代，普罗米修斯的意象象征着人类本身，而不是任何保留着神圣秘密的特定个人，前者完全有能力"解开科学、全部记忆……甚至每一种神秘艺术的奥义"。（→正文第 125 页）

3.3 拜占庭的意义

拜占庭对于西方神秘学的学术研究来说至关重要。原因之一在于，大多数的西方神秘学的基础古代文本，例如新柏拉图哲学家的作品、通神学家的作品（其中最重要的是扬布利科斯的《论埃及人的奥秘》）、大迦勒底神谕、希腊化占星术士和炼金术士的作品、《赫尔墨斯文集》、伪狄奥尼索斯的作品以及各种诺斯替文本等，都是经由拜占庭进行传播的。其次，拜占庭从未，也不需要经历文艺复兴、宗教改革、反宗教改革、启蒙运动等系列事件，正是这四场连续的文化运动赋予了"西方神秘学"这一术语所有的现有定义和内涵，但这些内涵并不能用来定义拜占庭式的神秘学。最后，许多世纪以来，拜占庭的基督教和西欧的基督教在教义和实践上发展出了微妙却又深刻的差异——神秘教义和实践在拜占庭正教之中扮演了与在西欧天主教会中显著不同的角色。学术界认为存在两种不同形式的拜占庭神秘学——正统基督教神秘学和希腊神秘学，1500 年来，前者一直在拜占庭世界（特别是在正统的大修道院中）发展。而后者则源于异教文献、新柏拉图主义和通神学传统，但似乎只在少数受过高等教育的拜占庭人中传播。因此，将拜占庭神秘学作为独特的对象进行研究，而非盲目套用西方神秘学的理论范式，是非常重要的，而对前者的研究本身还会使得对后者的理解更加深刻。（→正文第 134 页）

3.4 皮科·德拉·米兰多拉

1486 年，在皮科撰写他那后来广为人知的作品《900 论题》

的时候，他首次大量采用了犹太卡巴拉思想的材料。皮科想于 1487 年初在罗马举行的一次会议上提交并讨论他作品中所有的内容，但由教宗英诺森八世任命的一个委员会阻止了皮科的计划，并谴责了他的几篇论文，这些论文的内容大部分与卡巴拉有关。皮科当即写了一封辩护书，但这一行为的结果是——教宗最终谴责了他的所有论文。在一个被教会驳斥的论题中，皮科宣称"没有任何知识比魔法和卡巴拉更能确证基督的神性"，而为了捍卫这一主张，皮科在他的辩护书中尝试区分了善和恶的魔法，以及积极和消极形式的卡巴拉。皮科认为，犹太人使用卡巴拉来指称两种不同的隐藏学科：其中一种涉及希伯来字母的不同组合方式的研究；第二种则涉及"位于月球天上方"，"月球天"的观念源于文艺复兴时期"天堂九重天"的观念，第一重即月球天，参见对但丁《神曲·天堂篇》）的神性存在的研究。第二种学科被人文主义者认为是更高形式的自然魔法。因此，如果对超自然实体的研究可以通过自然魔法来进行，那么这种卡巴拉式的魔法便会允许实践者洞悉基督的神性奥秘。皮科希望建立一个基于古代权威（从这个角度来看，卡巴拉可以被视作一种"古代神学"）的善的魔法，这种魔法实践可能包括召唤天使在内的诸多特殊仪式。以这种方式，人类的灵魂可以与更高级的实体相统一，从而创造一条通向基督甚至通向上帝的道路。尽管皮科只在世了 31 年，但他对文艺复兴时期甚至后世的西方思想的影响都是巨大的，甚至被学者誉为"彼世凤凰"。（→正文第 137 页）

3.5 以诺魔法

约翰·迪伊毕生的目标是竭尽全力追求完美的知识，这种雄心最终将他带向对完美语言——《圣经》中人类堕落以前的语言——的追寻，他从那时候起便开始构建象形的"单子"。1584 年，当哈布斯堡的皇帝鲁道夫二世在布拉格接见他的时候，他向后者坦言说，在长达 40 年的学习和求索历程中，他发现任何人或任何书本都不能教授他所渴求的真理，因此他希望能够直接祈请智慧的施予者（即神本身），给予他那真正的智慧或"非凡的馈赠"。约翰·迪伊和助手爱德华·凯利在之后通过水晶球灵视的方式，创造了以诺字母，即天使语，直到现在，以诺魔法仍然是仪式魔法师们经常使用的法术手段。极少数人能真正理解迪伊费尽心力想要创造一套"语言"的想法，直到 20 世纪下半叶，学者尼古拉斯·克鲁利和符号学家翁贝托·埃科才在迪伊 1564 年出版的《象形单子》中辨认出他后期对普遍性天使语言探索的萌芽，埃科 1995 年的著作《寻找完美的语言》中便涉及这个问题。迪伊在其著作中创造了一个基本象征，称为"单子"（其图像如同所有占星学行星符号的重叠，由一个点延伸出来的圆和直线构成），并以各种方式（例如旋转、拆分、组合、排列等）对这个象征进行操作，这些方式与卡巴拉实践者将数秘学与希伯来字母组合的手法有很多相似之处。埃科在其作品中提到，法国语言学家纪尧姆·波斯特尔（迪伊和他本人有接触）认为"三种神圣的语言"希伯来语、希腊语和拉丁语来源于一个共同的几何学基础，迪伊同样持有此观点。所以迪伊创造这一象形文字单子，不仅要将其当作神秘的沉思象征物，而且作为一个"几何自动机"，它可以生成所有语言的字母，并象征了语言的普遍法则。正如埃科指出的，单子最后可能会——如同每一种数秘学所期望的那样——揭示整个宇宙的奥秘。（→正文第 141 页）

3.6 阿格里帕

阿格里帕最著名的作品是《秘教哲学三书》，因为这部作品，他一度被人认为是黑魔法师。《三书》出版于 1533 年，是一本神秘哲学或者说魔法（阿格里帕最初称其为 De magia）的系统性综合论著。第一本书讨论了与次月球区（指在希腊天文学中，月下以地心为中心的宇宙区域，由火气土水四大元素构成）或元素世界相关的自然魔法；第二本书讨论了数字象征主义、数学、音乐与占星学；基督教卡巴拉占据了第三本书大部分内容，此书也重点关注了天使学和有关最高层世界的预言。魔法在此书的语境中，作为最完美的科学出现，经由魔法，人可以同时了解自然和上帝。这部作品被称为"一个新柏拉图式的信条"，读者可以从书中见到斐奇诺和皮科的影响，还有一些不太著名的作者，例如早期文艺复兴时期的魔法师拉扎雷利也对这部作品产生了重要影响。《三书》的最终版本揭示了阿格里帕对于宗教改革所必需的"精神重生"的主题的把握：改革必须循序渐进，一个人必须逐步消除他与盲目的神学（尤其是经院哲学）之间的联系，因为后者掩盖了《圣经》真正的意义，而通过对神圣事物持续不断地沉思，灵魂便可以从感官的诱惑之中解脱出来。阿格里帕认为古代哲学家所称的"作为最高级科学"的魔法一直处于不断堕落的过程中，且"伴随着时代和人的某种堕落"，许多危险的错误和迷信悄然出现，伪哲学家在他们的异端恶行前贴上了"魔法"的标签，而现在则有必要将魔法恢复到往昔那样最纯粹的宗教状态。这些观念都显示出基督教卡巴拉思想对阿格里帕的深刻影响。（→正文第 145 页）

3.7 斐奇诺

斐奇诺是佛罗伦萨著名的柏拉图主义者，也是他那个时代最博学、最具影响力的学者之一。斐奇诺接受了良好的人文主义训练，能够随手引用罗马诗人的话语，除了形而上学、伦理学和心理学，他还对神话（对他来说是诗歌神学）、占星学、魔法、数秘学、恶魔学、音乐和音乐疗法产生了巨大的兴趣——这些都是他在柏拉图身上找到的，因此他认为它们可以代表柏拉图思想最真实的层面。斐奇诺的思想直接延伸到了古代诺斯替主义（包括摩尼教）的领域——这些被定义为异端的思想曾遭受不同的护教者（包括奥古斯丁、普罗提诺）的攻击。他对柏拉图主义和基督教的大胆融合尝试，远远超越了柏拉图主义思想本身：他将一系列非正统的灵性、魔法和神秘学观念引入正统信仰。在这些观念中，最为核心的便是"灵魂从幻象的洞穴之中不断扬升"的主题，这也成了斐奇诺毕生探索的目标。在扬升的道路上，人将再次成为赫尔墨斯与俄耳甫斯意义上的"火花"、成为众星辰之一。人本为群星，却曾于被称为"凡夫之门"的巨蟹座（月亮守护着的星座）中凝结、沉淀，又经由诸行星天的巢窟，向下坠落。当人再次扬升至被称为"诸神之门"（即土星守护着的摩羯座）的地方，他将拥有恶魔般的，又如同恒星般熠熠生辉的躯体，这身体将永远属于他。斐奇诺曾写道："人，乃是一颗被云雾笼罩、落入凡尘的星，而群星，则是诸天之上的人。"（→正文第 145 页）

3.8 底比斯字母

这位底比斯的霍诺里乌斯很有可能是中世纪作家虚构出来的一个人物。他的真实身份存在相当大的神秘性，可能与教宗霍诺里乌斯一世或者教宗霍诺里乌斯三世有关。阿格里帕的《秘教哲学三书》和特里特米乌斯的《隐写术》中，都提到霍诺里乌斯乃是底比斯字母的创造者。根据《霍诺里乌斯誓言书》所言，他乃是"欧几里得的儿子，底比斯人的主人"，但这本书并没有说明他具体是谁，也没有给出相应的证据证实这一说法，读者最多推断出底比斯是希腊的忒拜，但没有办法进一步推测其背景。值得注意的是，魔法字母或圣符传统仍然根植于中世纪 - 文艺复兴的天人感应（宇宙感应）观念，字母、象征和圣符（通常刻有象征符号）在此间充当了媒介。在这一过程中，圣符充当了星体或者宇宙能量的容器或接收器，它通过同一性的方式来运作——假设它与天体的属性相互感应。实践者必须了解宇宙各部分之间的关系（即相互吸引或相互排斥），这就是所谓的阅读"自然之书"的能力。魔法字母的作用仅限于为具体的魔法实践提供必要的符号，所以它并不像一般意义上的字母那样，用来构成完整的词语和句子。用于此种天人沟通目的的字母，乃是所罗门文献的共有组成部分，这一系列的文献大部分被归到所罗门名下，有部分则被归到霍诺里乌斯和大阿尔伯特名下。（→正文第 145 页）

3.9 牛顿

与一般叙事中"纯粹的"科学家牛顿的形象不同，历史上的牛顿本人似乎并不在乎其"科学工作"，而更重视对古代智慧的重新阐释和发掘。牛顿探索的重点在于年代学、圣经阐释学（尤其是与《启示录》相关的）和炼金术。他认为，与我们现有秩序有关的一切知识的基本原理，都在大洪水之后被神圣地授予了挪亚。源于挪亚授的"真正宗教"的知识，在圣经－基督教语境中，被摩西的戒律所扩展，被诸先知重申，由耶稣提炼成精粹，用于指导早期教会。牛顿本人也谨慎地接受了这个观念，并将自己视为真正宗教在末世的倡导者和捍卫者。不过这些知识还被传授给了外邦人，例如赛伯伊人、孔子、婆罗门和毕达哥拉斯，他们都接收了挪亚所传的"文明的基础"。在牛顿那里，挪亚宗教和自然哲学相互交织，他在光谱方面的工作与大洪水后的彩虹相关，数学也是源于方舟的比例和测量方舟的立方单位。作为一名苏西尼主义者和阿利乌主义者，牛顿的想法是同时恢复真正的"非三位一体"宗教和科学的神圣基础。因为他认为挪亚宗教在流传过程中同样遭到了腐蚀，这种腐蚀的重要表现就是具有偶像崇拜性质的三位一体观念，它对随后的基督教历史产生了巨大的破坏作用。牛顿思想的深奥特质贯穿了他的大部分作品，经济学家凯恩斯在购买并研究了牛顿的炼金术手稿后，在 1942 年牛顿诞辰 300 年之际，发表了"牛顿不是理性时代的第一人，而是最后一位魔法师"的观点。在现代早期，牛顿及其同时代人拥有与我们现代人迥然不同的世界观，因此，任何站在现代性立场上对牛顿的简化，都影响了我们对这一人物思想复杂性和深刻性的进一步认识。（→正文第 147 页）

3.10 帕拉塞尔苏斯与玫瑰十字会

在帕拉塞尔苏斯的观念中，他将魔法视作一种"利用自然之秘密与基本法则"的手段，而神学则为他提供了一种形而上学基础，以便其沿着永恒理念的道路探索灵魂的福祉和复活。而基督和诸使徒在医治病人时所施行的神迹，也促使帕拉塞尔苏斯提出了一种新的所谓的"使徒医学"。17 世纪的玫瑰十字会很大程度

上受到了帕拉塞尔苏斯的影响，所谓玫瑰十字会的秘密就是"灵知"，即《赫尔墨斯秘籍》中所提到的"上帝的礼物"。玫瑰十字会文献中提到的"真正的哲学"也指的是赫尔墨斯主义，这些观念直接源自帕拉塞尔苏斯。帕拉塞尔苏斯曾在其著作中提到他医学的四个基础——"哲学、炼金术、天文学以及德性"。他曾说："哲学家应在天地中找到他不能在人身上找到的东西，而医者应该只在人身上找寻天地所蕴藏的东西。"帕拉塞尔苏斯学说的乐观主义甚至具有某种预言效果，他认为没有什么隐藏的东西是不可以被揭示出来的，而一个拥有智慧的人即将到来，将揭示一切的秘密。玫瑰十字会重要的出版物《兄弟会的自白》弥漫着这种预言的腔调：作者认为其所处创世的三个时代（荨麻时代、玫瑰时代、百合时代）中第二个时代的末期，并特别赋予玫瑰十字会以特别的意义，使其成为新的幸福、健康、繁荣时代的揭幕者。在帕拉塞尔苏斯的观念中，这一时代的圣灵同时在微观宇宙和宏观宇宙中运作。他还认为，自然中存在一种光，其亮度超过了太阳光，在这种光中，一切不可见的事物都会变得可见，而且未来的面纱将被揭示。《兄弟会的自白》间接提及了一个伪帕拉塞尔苏斯式的预言（称为"北方之狮"），并声称玫瑰十字会的行动为这头"狮子"的到来做好了充分准备，后者将开创一个幸福的黄金时代。但预言还说，实现这个黄金时代需要一个前提性的转化，而这个转化已经在《克里斯蒂安·罗森克鲁兹的化学婚礼》中被象征性地描述了。尽管玫瑰十字会大量提及了帕拉塞尔苏斯的预言，但在历史上，帕拉塞尔苏斯并没有揭示过"玫瑰十字会的秘密"。西方神秘学的历史上充满了这样"托古"伪造的例子，例如，在另一个名为《兄弟会传说》的文本中，有人声称在罗森克鲁兹的坟墓中发现了帕拉塞尔苏斯的著作《词源学》，但实际上，这个所谓的帕拉塞尔苏斯的文本并不存在。（→正文第 154 页）

3.11 千禧年主义

千禧年主义即关于千禧年即将到来的学说或信仰。千禧年在基督教语境中指相信未来会有千年的幸福时代，其开始的征兆为基督的二次降临。这个术语的内涵后来也延伸为：对未来和平、正义、繁荣的黄金时代的信念，这种时代的到来通常以现有世界秩序的结束为前提。这种信仰的根据源于《圣经》中《启示录》的第 20 章，千禧年主义者同样分为前或后两派，区分标准在于他们认为基督的二次降临事件发生在千禧年之前还是之后。宗教改革以来的千禧年团体包括重浸派、波希米亚和摩拉维亚弟兄

会、早期的独立派，还包括17、18世纪的虔敬派、大公使徒教会、普利茅斯弟兄会，以及基督复临派。在千禧年主义的内涵延伸之后，它可以指更为普遍广泛的运动，这些运动都在憧憬着即将到来的（通常迫在眉睫）时代，在这个时代中，虔诚和忠实的特定群体会得到特别的回报。这些运动有些来源于基督教（例如太平天国运动和基督复临派），有些则并不来源于基督教。千禧年主义通常与末世论联系在一起，关于未来的黄金时代和神的拯救的信息，通常与即将发生的大灾难相联系。自《圣经》以降，许多基督徒对末世进行了详细的构想（包括敌基督的到来、大迫害运动、饥荒、瘟疫和末日决战等），并通过指出各种"征兆"来暗示"预言即将实现"。（→正文第154页）

3.12 光照会

光照会是启蒙时代最为重要的秘密社团之一，该社团由亚当·韦斯豪普特于1776年在德国巴伐利亚州的城市因戈施塔特创立。韦斯豪普特是因戈施塔特当地的一个法学教授，于1777年在慕尼黑加入了一个共济会组织，他仿照共济会的模式去塑造光照会，并从共济会的成员中为自己的组织招募新鲜血液。1783年，德国作家歌德也加入了光照会。该组织的规模在短时间内迅速扩大，甚至传播到其他的国家，例如丹麦、意大利和俄国。1784年，巴伐利亚大公卡尔·特奥多尔宣布全境禁止任何秘密结社活动。1785年的法令则将光照会定义为非法组织，与此同时，教宗庇护六世则宣布任何天主教徒都不得参与该组织。此后，仍然有不少人认为光照会秘密转入地下，继续运作，并成为1789年的法国大革命的幕后黑手，当代学者如克劳斯·奥伯豪瑟在其文章《共济会、光照会和犹太人——阴谋论与法国大革命》中详细阐述了这一阴谋论的复杂生成过程。该阴谋论使得光照会作为秘密的"世界秩序的幕后操纵者"的形象深入人心，并融入流行文化中。美国流行作家丹·布朗的小说《天使与魔鬼》就融入了光照会的元素，漫威的《新复仇者联盟》系列漫画和电影《奇异博士2：疯狂多元宇宙》中也出现了光照会的设定。（→正文第157页）

3.13 莎士比亚的《暴风雨》

莎士比亚戏剧中常常出现与巫术、神秘学相关的主题，这些主题在有的作品中占据了突出位置，例如《麦克白》。而在历史剧中，神秘学元素尽管不占据戏剧的核心位置，却非常引人注目。例如，在《安东尼和克里奥佩特拉》中，算命人这一角色登

场数次，并在剧中准确地断言出罗马的恺撒和安东尼两人的命运。这位算命人预知命运的能力极为独特，他告诉安东尼："你头上的守护神，又高贵，又英勇，天下无敌；恺撒的守护神就不怎么样了；可是一旦挨近他，你那守护神，就被压了下去，黯然失色了；所以，离他远一些吧。"与此同时，这位算命人还声称"造化的无穷尽的秘密都写在一本书里，我翻读过那么一两页"，这种充满神秘气息的场景毫无保留地在莎士比亚的戏剧中呈现。而《暴风雨》作为莎士比亚的最后一部戏剧，被认为几乎围绕着魔法这个中心，戏剧的主角普洛斯彼罗就是一位法力强大的魔法师，而他试图通过自己的魔法和精灵助手的帮助，让一切人和事都重归秩序与和谐。戏剧中也突出了施魔法行为与艺术活动，例如弹琴之间的类比关系，一些现代学者，例如罗斯·津巴多就认为普洛斯彼罗是"一位伟大的艺术家"，"只有在一个艺术的世界中，在一个充满魔法力量的岛屿上，或者在这出戏剧中，秩序才能阻止流变、控制混乱"。莎士比亚戏剧本身充分展现了文艺复兴时代迥然不同于现代世界的观念：魔法、艺术，甚至科学，在当时的普遍观念中并没有泾渭分明的界限。（→正文第170页）

秘密与仪式
（1700年—1900年）

4.1 共济会

共济会以丰富的象征体系著称。威廉·普雷斯顿（1742年—1818年）是一位苏格兰作家，也是共济会的成员。他于1772年出版了《共济会图解》，在书中他区分了具有"遮蔽／隐藏"性质的寓言和具有"启示／阐发"性质的象征，而后者正是揭示前者的必要途径。而自18世纪以来，共济会的文献经常使用一些术语，例如徽记或象形文字。因此，在共济会的理论中蕴含了诸多意象和数字，而这些符号、象征又或多或少与某种隐蔽的智慧或灵性意义相联系。此外，共济会还有一个典型的特点就是广泛地使用了仪式：这些仪式以宣讲的形式为基础，旨在向各个会员呈现神话或传说中的人物——不同会阶的戏剧，都在以暗示性的、间接和微妙的方式进行"教学"或传授智慧。从这个意义上讲，共济会的仪式可以被视作一种"神秘戏剧"。早期的共济会仪式相对简单，共济会的会馆中会摆放一些与石匠有关的物件，而仪式参与者（通常是升入下一个会阶的候选者）则会被蒙上眼睛。会馆房屋的朝向经过精心挑选，因此参与者可以在特定位置

接收到外部的光线。在经历一系列充满庄严气息的宣誓，以及可怕惩罚的威胁之后，下一个会阶的秘密便被揭示给参与者。共济会并不打算通过语言或者话语来教导会众，而是让其参与到一种体验之中：在这种神圣戏剧的参与过程中，人的灵性共鸣被激发了出来。对于共济会成员来说，真正的秘密并不存在于各个会阶所传授的"文字、标志和符号"中，而是存在于接受者的内在体验之中。于是，这些观念使得在外人看来非常荒谬怪异的仪式变得能够被理解——真正重要的不是仪式的表面形式，而是参与者内心最深处所经历的深刻的、关乎存在本质的体验。（→正文第195页）

4.2　斯威登堡（上）

18世纪的科学家、神秘学大师伊曼纽尔·斯威登堡（1688年—1772年）在其一生之中并未尝试建立任何宗教组织或秘密社团，而仅仅留下了诸多著作。但即使他在世的时候，其作品也有许多热情的读者，而在他死后，其思想更是得到了广泛的拥护。在青年和中年时期，斯威登堡都对当时流行的科学思想非常着迷，但他在后半生逐渐转向对精神领域的研究。1744年，56岁的斯威登堡开始遭遇一系列梦境和异象的深刻经验，他由此开始逐步发展他关于天堂与地狱的观念。斯威登堡反复强调"人死后创造并选择了自己的天堂或地狱"，进一步而言，这种选择是人在他活着的时候做出的，即人在生命中做出的诸多选择，构成了其属灵生命的肌理、质料和形式。对斯威登堡来说，天堂类似于一种合作形式，这种合作形式被他称为"大同之人"，即每个人都为这个大同之人的生命做出贡献，反过来，这个大同之人则充满了上帝的爱与智慧，滋养每一个人。而地狱的形式则是相反的，因为其基础是自私和占有的欲望，地狱中每一个人都将自己视作一切的中心。地狱给那里的人制造了无穷无尽的机会去满足欲望，而那里的每个人都非常想要独占一切。1759年7月19日，斯威登堡在瑞典哥德堡的好友家中吃饭时，遭遇了一次灵视体验——他看到480千米外的斯德哥尔摩有一场大火。7月21日，一位信使从斯德哥尔摩赶来，他所带信中所描述的火灾与斯威登堡报告的分毫不差，随后，这一事件便在国内外广为流传。伊曼纽尔·康德（1724年—1804年）是那个时代诸多对斯威登堡产生兴趣的人之一。1766年，康德出版了名为《通灵者之梦》的论文，在其中讽刺批判了斯威登堡的灵视经历和作品，将其作为"形而上学迷梦"的一个案例。这些批判对康德来说是必要的，因为基于学术传统，他

担忧自己的哲学思想被这些"形而上学迷梦"所玷污。随着康德的名声日渐增长，他对斯威登堡的批评就对斯威登堡的声誉产生了诸多不利影响。（→正文第224页）

4.3　斯威登堡（下）

学者哈内赫拉夫的研究结果显示，斯威登堡的思想对于19世纪后的神秘学思潮影响甚大。但相对于19世纪之前的神秘学思想，许多基本的神秘学观念在斯威登堡这里发生了改变，而这些改变也同样被后世吸收了。在斯威登堡的思想中，最重要的转变是"活化自然"的观念让位于"死亡"的物质世界。换句话说，在斯威登堡眼中，尽管物质世界仍然是高层属灵世界的镜像，但前者本身是僵死的；他进一步提到，若将任何创造物归因于物质世界，就如同认为工艺品是工匠手里的工具而不是工匠本人造出来的。在传统的神秘学观念中，宇宙的所有部分都是活化的，而"天人感应/宇宙感应"的基本观念则保证了现实的本质性整一——"上与下"的同一或"小宇宙和大宇宙"的同一，于是这些部分便通过非因果的感应关系相互联系在一起。但在斯威登堡那里，基于他前半生的科学研究经验，一种笛卡尔式的机械科学观念便取代了上述的泛神论观念。因此，哈内赫拉夫认为斯威登堡的思想是一种"简化版本"的原创神秘学理念。斯威登堡的这一转变，触及了对神秘学核心观念的重新理解，而这种新的理解，将随着"科学"观念在19世纪的普及，得到进一步的深化和发展。这种转变预示了19世纪以后的神秘学思想将迥然不同于之前的各种思潮：斯威登堡的科学观念底色，配合梅斯默医生的生理学、医学背景，构成了19世纪如火如荼的通灵运动的基础，在往后的各类神秘学运动中，科学与神秘学将变得更加难以分辨。（→正文第224页）

4.4　神智学的历史观（上）

现代神智学吸收了关于亚特兰蒂斯、利穆里亚和姆大陆的传说与理论，并将其作为其历史观的重要组成部分。埃德加·凯西（1877年—1945年）是那个时代这些传说材料的重要来源之一，在他的灵媒生涯中，他曾多次详细描述前来找他咨询的患者的"目击报告"，这些前世报告无一例外都与失落的亘古文明有关。埃德加认为，亚特兰蒂斯文明在约公元前5万年存在于现今大西洋的位置，其乃人类文明之中心。该文明拥有相当发达的科技，并掌握了某种水晶能量，这种能量既可以用来治疗，也可以用来制造致命的武器。而滥用这些高科技和能力，最终导致了

该文明的毁灭。与亚特兰蒂斯一起被提及的还有其他一些亘古文明：例如终北之地、利穆里亚、姆大陆、科德米亚（据说是地球上第一个伟大的人类文明）和卢马尼亚（据说其早在亚特兰蒂斯之前就已经存在），其中利穆里亚是最重要的。新纪元运动的著名灵媒杰西奈曾在其通灵体验中遇到一位名叫拉姆塔的亚特兰蒂斯士兵，其生活时代大概距今约 3.5 万年。拉姆塔声称自己属于利穆里亚的流亡者团体，出生在亚特兰蒂斯最大的港口城市欧奈的贫民窟中，而在那个时代，亚特兰蒂斯文明已经开始衰亡，其与利穆里亚文明的矛盾日益尖锐。拉姆塔说，利穆里亚文明与亚特兰蒂斯的光学科技文明全然不同，他们最大的成就是心灵感应，因此他们的进步并不表现在科学技术中，而是表现在灵性智慧中。利穆里亚人崇拜一种被称为"未知之神"的力量，并由此遭到了亚特兰蒂斯人的歧视，因为后者鄙视一切非"进步"的东西。而拉姆塔声称，正是这种盲目和傲慢，导致了辉煌的亘古文明的毁灭。（→正文第 239 页）

4.5　神智学的历史观（下）

相对于人类历史维度而言，现代神智学还勾勒了一套恢宏壮阔的宇宙历史演化观念。布拉瓦茨基夫人在其著作《秘密教义》中提道："神秘哲学教导了一种法则，即物质与灵性力量的双重源流，自存在之本源开始，在其循环性进化和延续性转变过程中不断发展。"在该著作中她还声称，我们的宇宙只是多元宇宙中的一个，而所有单一的宇宙都是"宇宙巨链"的必要环节，每一重宇宙都是前一重的果和后一重的因。同时，整体宇宙的出现和消失被描述为一种神的"大呼吸"，不可知神的呼与吸对应了宇宙的起源、膨胀、收缩和寂灭。对于宇宙的起源，现代神智学认为：宇宙乃是神性的显化，神性本身是"不二的一"，又通过三位一体来持续不断地为宇宙提供能量。因此，前者具有生成性的作用，后者则提供了功能性的作用。而三位一体中又产生了许多灵性智能体，来引导宇宙秩序的发展，太阳系则是灵性智能体所创造的存在。在太阳系的演化中，布拉瓦茨基认为，月球乃是地球的母体，且月球上已经发生过一次巨大的灾难——这次灾难导致了月球上物理生命进化的结束和地球上物理生命进化的开始，而她同时也坚持认为月球上曾经存在过生命。这些观念呈现出现代神智学——尤其是布拉瓦茨基夫人本人——如何广泛地吸收了古代东方思想（诸如佛教、印度教和《道德经》中的概念）来构建自己的理论体系。而这种对于东方（尤其是古代）"神秘"思想的好奇与探索，也成为 19 世纪后神秘学思想的重要主题。（→正文第 239 页）

4.6　鲁道夫·斯坦纳的哲学阶段

鲁道夫·斯坦纳博士（1861 年—1925 年）早年经人介绍加入了奥匈帝国首都维也纳以神智学家玛丽·朗为核心的神智学圈子，但那时斯坦纳对于神智学抱有相当大的批评。后来他搬到了魏玛，并在随后的 7 年（1890 年—1897 年）中完成了他最初的 3 部作品：博士论文《真理与科学：自由哲学的前奏》、1894 年的《自由哲学》以及 1895 年的《尼采：反抗其时代的斗士》。在这些著作中，斯坦纳批判了那个时代主导哲学舞台的新康德主义思想。而在其晚年（1918 年），斯坦纳又重新发表了他的早期著作的第二个版本，尽管彼时他早已转向神秘智慧，但在他关于属灵世界和属灵经验的论述中，仍然能发现其早期"'直觉'乃是对客观理念的非经验性的、灵性的捕获"的观点的影子。斯坦纳留居魏玛的那几年，还受到尼采的妹妹伊丽莎白的邀请，共同编辑和出版尼采那些未发表的作品——后者那时已然深陷精神疾患的困扰。但在很大程度上，斯坦纳对尼采的理解是通过尼采哲学去言说斯坦纳自己的观念和思想。据后来斯坦纳在自传中的描述，他编辑完尼采的作品后，受邀拜访了尼采本人，他说他在会面时能洞察到眼前这个灵魂正自由地活在属灵世界中，早已脱离了沙发上生病的躯体。1897 年，斯坦纳搬去了柏林，在世纪之交的时候，他的个人命运发生了巨大的变化。（→正文第 240 页）

4.7　鲁道夫·斯坦纳的神智学阶段

1900 年，斯坦纳开始活跃于各种神智学团体间，同时也靠近了基督教思想。这一年，柏林一个神智学圈子的领袖布洛克多夫伯爵夫人邀请他去做一个关于尼采的讲座（尼采于同年去世），随后，更多的讲座邀请接踵而至，他逐渐开始讲授早年在文学作品——例如歌德的作品——中探索到的神秘学主题。这一活动直接标志了斯坦纳的转变：由一个哲学家转变成了神秘学的导师。在后续的讲座中，斯坦纳开始讨论中世纪晚期和现代早期的神秘主义者，例如埃克哈特大师、库萨的尼古拉和雅各布·波墨。在这些讲座中，斯坦纳强调，人类对于自然的外在知识和对于内心的神秘经验并不相互排斥，而恰恰相反，这两种维度能够互相丰富。因此，他进一步主张，现代自然科学必须和内在的"隐秘"路径相互结合——这一方面可以防止灵性道路成为某种模糊不清、故弄玄虚之物，另一方面可以防止自然科学落入唯物主义和反人类的窠臼。同时，斯坦纳对基督教也秉持一种长青哲学的观念：传承古代秘密智慧的人必须经历一系列死亡与复活的内在体验，由此方能洞悉微观与宏观世界的全部奥秘；在埃及和希腊时代，这些体验通常是在神庙中秘密进行的，但基督教却把这些秘密智慧公开给了所有人（因为基督本人在众人面前经历了这一切）。1902年，斯坦纳成为神智学学会德国分会的领袖，直到那一年，他还公开宣称自己是一个神智学家，并对布拉瓦茨基夫人的《秘密教义》及其他作品大为赞赏。1904年，斯坦纳出版了作品《神智学》，在其中他讨论了身心灵三分和物质体、以太体、星光体、自性四分的灵性心理学——其中自性（真我）乃是在不断轮回转世中仍会保留的、不朽之核心。他在其他作品中还提出了"想象、灵感和直觉作为通往更高维度属灵世界的道路"的观念。（→正文第240页）

4.8 鲁道夫·斯坦纳的人智学阶段

1910年的作品《神秘科学》乃是斯坦纳著作中最宏大的一部，不仅描述了宇宙的演化和人类的演化，也讨论了基督的死亡与复活对地球和全体人类的中心意义。1910年后，斯坦纳撰写了《神秘戏剧》用以阐释其对于基督教的观念，同时也进行了一些建筑艺术的尝试，用以展现其歌德式的观念——将宗教、艺术和科学有机结合在一起。1911年，由于神智学会将克里希那穆提奉为"弥勒佛－基督再世"，斯坦纳与神智学会决裂，因为他认为基督的二次降临乃是在以太世界的显现，而非拥有一个新的物理化身。因此，斯坦纳坚持了一种纯粹的西方神秘学的道路，与神智学会重视印度/东方的传统并不一致，他认为盲目练习瑜伽对于现代欧洲人并无益处。这种裂痕无法修复，于是在1912年斯坦纳及其团队便成立了"人智学协会"，但他本人并没有成为该协会的董事会成员。后来，斯坦纳还成立了一种新型的教育机构即华德福学校，其理念基于人智学的神秘生理学观念：人体三分（头部或神经系统作为思维活动的中心、心肺系统作为生命律动的中心、代谢系统作为意志的中心）与三位一体和星体层级之间的关系。斯坦纳认为，这三个部分应该在儿童教育中协调地动员起来，而不是像传统教育那样过分强调智力层面。斯坦纳在他生命的最后几年，想要在社会、文化、技术领域推动全面的变革——包括华德福学校在内，像是"生物动力农业""基督教社区""人智医学"之类的新词语，日后都成了世界性的潮流。（→正文第240页）

现代魔法
（1900年以后）

5.1 雅利安秘学或灵智学

在李斯特之后，还有一位对纳粹的意识形态产生重要影响的神秘学家——约尔格·兰兹·冯·列本费尔斯，其思想受到了李斯特的"沃坦主义"或"阿尔曼主义"的影响。列本费尔斯于1900年在奥地利维也纳成立了"新圣殿骑士团"（简称ONT），这一组织主要宣扬纯正的雅利安崇拜，是一个具有诺斯替色彩的教团。在组织成立的早期阶段，列本费尔斯将其思想命名为"神圣动物学"或是"雅利安－基督教"，他借鉴了当时流行的动物学、考古学和人类学研究，并融合了对《圣经》的诠释，用以论证其具有神秘主义色彩的种族理论。在1915年，这一思想被其更名为"雅利安秘学或灵智学"，该术语的内涵即"雅利安种族的神秘智慧"。到了20世纪20—30年代，随着以列本费尔斯为领导的ONT组织规模日渐扩大，这种雅利安种族主义理论也日渐与更为广泛的神秘学思想相融合（例如犹太卡巴拉思想、数秘学、占星术、手相术等），形成更大规模的神秘主义－种族主义思想，进而影响了纳粹的意识形态。有证据表明，年轻的阿道夫·希特勒于1908年—1913年居住维也纳期间阅读了列本费尔斯所创办的杂志《奥斯塔拉》，并很有可能受到了列本费尔斯关于"非日耳曼种族对多民族的哈布斯堡帝国的有害影响的实证研究"的启发。列本费尔斯的思想与希特勒的关系还可以在当时的时代思想中得到印证。例如列本费尔斯对"圣杯神话"主题的吸收，与当时瓦格纳作品的流行有很大关系，而毫无疑问，希特勒同样热衷于瓦格纳的作品，尤其是与"圣杯神话"紧密相关的《帕西法尔》。（→正文第253页）

5.2 东方传统（上）

在19世纪，有三件重要的事情使得神秘学者对于东方宗教（以及文学、艺术）的简单好奇心，转变为巨大的探索热情。其一是印度人拉姆·莫汉·罗伊（1772年—1833年）的社会和宗教改革：一方面，他尝试将一神论基督教的美德告诉印度教徒；而另一方面，他又将吠檀多思想的精髓传递给了欧洲人。拉姆翻译了许多印度作品，深刻影响了包括爱默生在内的美国超验主义者。其二是爱德华·阿诺德爵士的作品《亚洲之光》（1879年）取得了巨大成功，其作品中蕴含了诸多对佛教的阐述，吸引了西方人的目光。其三是神智学会的创始人布拉瓦茨基夫人前往印度，正式成为佛教徒。阿诺德的作品让人对密宗佛教产生了极大的兴趣，而神智学者则声称这些密宗圣人居住在遥远的群山环绕的西藏。前往东方并学习神秘智慧的热潮在 20 世纪得到了持续的发展，例如艾伦·贝内特曾是克劳利在黄金黎明协会的魔法师伙伴，但后来他前往斯里兰卡，成了一名僧人。1908 年，贝内特回到伦敦，为小乘佛教传教。而俄国人尼古拉·洛里奇作为一名喜马拉雅风景画家，同时也是香巴拉神话的忠实信徒，他的配偶是俄罗斯神智学家海伦娜·洛里奇，也是布拉瓦茨基《秘密教义》的俄语翻译者。所以，从一般意义上讲，是神智学会真正地将所谓的"密宗佛教"带到了西方世界。（→正文第 260 页）

5.3　东方传统（下）

第二次世界大战之后，西方人对日本的兴趣使得铃木大拙（1870 年—1966 年）的作品广为传播，而他本人是日本禅宗和大乘佛教的学者。铃木大拙于 1897 年—1909 年居住在美国，他对西方的神秘学和神智传统——尤其是埃克哈特大师和斯威登堡——非常感兴趣。而他的作品则深刻影响了 60 年代的反文化运动、披头士和各种西方的伪禅宗艺术创作。印度上师也对西方产生了持续影响：印度哲学家辩喜（1863 年—1902 年）精通瑜伽和吠檀多哲学，于 1893 年—1895 年和 1899 年—1900 年两次访问了美国，在美国获得了大量的追随者。而最为著名的当数吉杜·克里希那穆提（1895 年—1986 年），他曾被以安妮·贝赞特为首的新神智学者（即布拉瓦茨基夫人去世之后重新阐释神智学思想的学者，贝赞特于 1907 年当选神智学会主席，后与鲁道夫·斯坦纳关系破裂，后者转向创立人智学）推选为"世界教师"（即弥勒佛 – 基督再世）。克里希那穆提不愿意成为受人崇拜的"圣人"，于 1929 年脱离了神智学会，余生以写作和开设讲座为志业，他的作品如今在全世界都得到了广泛传播。随着 20 世纪 60—70 年代美国反文化运动的兴起，一大批（水平参差不齐的）印度古鲁（即大师）前往运动的中心加利福尼亚州，并收获了巨大成功。值得一提的是，卡尔·荣格博士在传播东方思想的过程中扮演了重要角色，他为德国汉学家卫礼贤翻译的《易经》撰写了序言，并且与卫礼贤合著了《金花的秘密》，从分析心理学的角度阐释了中国道教炼丹术典籍《太乙金华宗旨》。（→正文第 260 页）

5.4　传统主义

根据当代法国西方神秘学学者安托万·费弗尔的归纳，传统主义（或称长青主义）有三个特征。其一，传统主义认为，存在着一种非人类起源的原始传统——人类并非发明了这种传统，而是接受了这种传统——但这种传统在历史发展的过程中逐渐遗失、消亡。人类各具历史背景的诸传统和形而上学体系便是这一伟大传统"散落的碎片"。而且，这种传统的来源不能通过历史学的学术性手段来进行确证。其二，现代西方的文化、科学和文明在本质上和伟大传统不相容，人类从未像今天这样离传统如此遥远。其三，通过关注各种宗教和形而上学的共通之处，这种传统至少部分地得以复原。传统主义要求其探索者本身就具有传统主义的价值观，甚至最好是受到了"启蒙"（即类似入会仪式的），如果想要保持所谓客观、中立的研究态度，结果会一无所获。传统主义者还认为，现代主义和历史主义的史学——只讲出土或文献实物证据，且作为唯一标准——与传统本身完全相悖。（→正文第 264 页）

5.5　勒内·盖农

勒内·盖农通常被认为是 20 世纪"传统主义"或"长青主义"流派的奠基人。但盖农本人并不太喜欢使用"长青哲学"一词，而更多地把这些思想称为"原始传统"或者仅仅简单地称为"形而上学"。尽管盖农从未对这一概念做出详细的界定，但后世人们总结他的观点，认为其口中所谓"传统"，乃是其所见之普遍、永恒的真理。这一真理是基于某种形而上学意义上的"第一原则"，因此，从定义上来讲，这种原则具有普遍意义。对于像盖农这样的传统主义者来说，伟大传统首先是一个必须被接受的前提和基础，正是基于这一前提，任何对于现实的正确理解才得以成为可能。盖农拒绝遵守现代史学的学术范式，是因为他认为连"历史意识"本身都是现代性的产物，与传统根本对立。与神智学不同，盖农既不遵奉古代智慧（例如印度教、琐罗亚斯德教）为绝对权威，亦不鼓励人们追随现代精神导师或圣人，他认为真理从始至终都是对那些"睁开了眼睛"的人敞开着的。但这种认识已经愈发困难——盖农秉持一种历史倒退的观念：尽管伟大传统仍是像中国、印度这样古老文明的重要组成部分，但退化仍然在持续进行。对于文艺复兴时期的魔法、自然哲学和 19 世纪的神智学，盖农漠不关心，在他看来，这些所谓的"复兴"不过是退化的阶段而已。而在现代"受数量统治"的西方世界，传统已经退化至最低点，也就是印度教所谓的"争斗时"——在争斗时，诸法丧失殆尽，人性彻底堕落，人寿缩短至最低，其结束为劫末，世界将在大毁灭之后迎来重生。盖农认为，伟大传统是建立在绝对正确的形而上学原则之上的，而现代西方社会却向人们灌输全然相反的价值观和原则。通过改革的方式引导世界回归传统是不可能的，此宇宙周期将迎来其必然宿命，之后将开启新的周期。因此，盖农认为，那些接受伟大传统观念的人，除了"内心移民"之外别无选择——他们既存在于世界上，又不存在于世界上，就仿佛现代主义错误的汪洋大海中的真理孤岛一样。（→正文第 272 页）

5.6 长青哲学三巨头

包括勒内·盖农在内，阿南达·库马拉斯瓦米（1877 年—1947 年）和弗里乔夫·舒恩（1907 年—1998 年）被认为是"长青哲学"的三位创始人和主要理论贡献者。库马拉斯瓦米是锡兰（今斯里兰卡）人，早年随父母移居英国，于 1906 年因对锡兰矿物的研究获得博士学位。但库马拉斯瓦米在随后的一生中并未将太多的精力用于地质勘探，而是致力于将印度艺术与美学全面引入西方世界。后来他移居美国，一直担任波士顿美术馆印度艺术馆馆长与印度、波斯和伊斯兰艺术的研究员，他的整个职业生涯被认为是对"将东方艺术介绍到西方"发挥了至关重要的作用。库马拉斯瓦米在 1930 年与勒内·盖农相遇，随后便持续和他保持通信。而舒恩与库马拉斯瓦米非常相似，他出生于瑞士德语区，同时兼具诗人和画家的身份。他还对北美印第安人传统有兴趣，并与诸多部落领导人保持了长期的友谊关系。1938 年，舒恩在埃及与盖农相遇，并在随后与其保持长时间通信往来。库马拉斯瓦米与舒恩的共同特点在于：他们都是从对艺术的诠释切入，从而对长青哲学进行探索。库马拉斯瓦米的贡献在于让人们重新认识了艺术中的象征主义，在其著作《基督教与东方艺术哲学》中，他既强调了象征在人类族群中的普遍性，又强调了象征的功能和作用，还对许多普遍象征（例如太阳、世界之轮、蛇等）进行了精细的诠释。舒恩则撰写了数十部著作，发展了长青哲学作为理解"宗教的超越性统一"的永恒智慧的关键的观念。舒恩一生中不仅与诸多不同教派持灵性观点的实践者、印第安人部族保持密切关系，还吸引了许多学术界的追随者，例如前美国宗教史研究学者休斯顿·史密斯（1919 年—2016 年）。（→正文第 272 页）

5.7 葛吉夫

葛吉夫（1866 年—1949 年）是亚美尼亚哲学家，他的思想对 20 世纪诸多神秘学思潮产生了巨大的影响。葛吉夫首先秉持一种自然哲学的观念，直接挑战以还原论为基础的科学技术观念。在葛吉夫的宇宙观中，宇宙首先是神圣的、质性的，以及戏剧性的；相对而言，科学主义的宇宙则是世俗的、量化的，以及机械的。葛吉夫认为，宇宙存在一个绝对的中心（即他所称的神圣太阳至点），而科学的宇宙是同向性的。在葛吉夫眼中，宇宙乃是在"存在"中生长，它是活化的，而且这个宇宙对创造者本身有一种本体论的依赖。相对地，科学主义的宇宙具有"时空"性质，它本质上是无生命的，且绝对客观的。葛吉夫特别强调月球的作用，后者对地球及其动植物产生了宏观的影响，而这种影响是目前的科学手段无法证实的。对葛吉夫来说，月亮显现为一具新生的躯体，它与地球上的生物圈共生结合，激活了所有的有机生命；反过来，地球上的陆生生命在死亡的时候，会释放某种形式的"波粒"去"喂养"月亮。葛吉夫的宇宙学模仿了一种边沁式的功利主义观念，因此特别强调最大实体的最大利益：在最大实体的序列（宇宙、银河系、太阳、行星）中，地球的排名显然不高，而地球上纷繁复杂的生物圈仅仅是可悲的昙花一现，也就是说，像地球这样的实体的利益在整体宇宙中可以忽略不计。相应地，人类的总体境遇是相当悲惨的——其永远屈从于以外在的太阳为中心的经济结构和德穆革式的政治结构。在诺斯替主义中，德穆革是除神圣本源以外的"第二个上帝"，它是巨匠造物主，是物质世界的监管者。诺斯替主义者认为人的"灵"需要超越德穆革掌管的宇宙，回归神圣本源的"故乡"。德穆革式的政治指的是代理人政治，即世俗掌权者就像德穆革一样，其权力来源于神，但又不是真正的神，因此在掌权者统治下，世界是充满缺陷的。（→正文第 284 页）

5.8 第四道

在葛吉夫看来，地球上许多现有宗教和灵性传统已经与它们的原始意义失去了联系，因此丧失了活力，不能像最初那样服务于人类。人类无法理解古老教义中的真理，就变得越来越像一个自动化运转的机器，极易受外界的控制，而且越来越容易出现大规模的失控和集体精神病行为，例如第一次世界大战。同时，葛吉夫认为，一般的学派和教派只会强调和发展人类三个面向（身体、心智、情感）中的某一个，而且对单一方面的发展往往以牺牲其他方面或整体的平衡性为代价。而任何想要踏入传统灵修道路（葛吉夫认为有三条——"法基尔即伊斯兰教苏菲派修士"之路、僧侣之路、瑜伽行者之路）的人，都必须放弃世俗世界的生活。葛吉夫由此开发了一种名为"第四道"的修行方式，以适应现代欧美人的需求，第四道是指同时在情感、身体和心智三方面下功夫，使其全面而平衡地发展。人需要花费巨大的努力，才能实现真正的觉醒，葛吉夫将这种实践称为"事工"或"对自身的事工"。因此，他特别强调对人类潜能的开发，后者是我们生来就具有的禀赋，但既未得到充分认识，又未得到充分发挥。为了开发人类的潜能，葛吉夫教导要用各种方式去集中注意力，尽量减少进入白日梦和心不在焉的状态。为了训练他的学生进一步集中注意力，葛吉夫教了他们"神圣的舞蹈"或"运动"，后者被称为"葛吉夫运动"（综合了他游历中亚、南亚地区所搜集的当地传统舞蹈），他和他的学生还组成团队表演这些神圣的舞蹈。葛吉夫的学生中不乏音乐家、作曲家、舞蹈家和艺术家，他的诸多教导也显示了他关于"音乐、舞蹈等艺术形式具有开发人类潜能、促进心灵成长、实现自我完善的重要作用"的观点。（→正文第 284 页）

5.9　UFO 宗教（上）

　　UFO 宗教是起源相对较晚的一种现代神秘学传统。这一传统并不仅仅兴起于现代科幻小说繁荣的年代，也可以至少追溯到 18 世纪。伊曼纽尔·斯威登堡曾在其著作中谈到在灵视旅行中，自己与其他星球上的存在——灵体或天使——交谈的经历。他的写作风格近似于当代的旅行游记，其中描绘了丰饶的异邦文明，例如，居住在金星上的巨人种族。但斯威登堡并没有提及外星人派使者来地球访问的事情。在 19 世纪，唯灵论的兴盛使得一大批灵媒声称自己曾与外星存在交流过，并承认宇宙文明的多样性，而这种交流是不需要通过宇宙飞船就可以直接进行的。而部分唯灵论者，例如以阿兰·卡戴克领导的流派甚至声称，其他星球上的文明乃是广义上人类文明的转世，也就是说人类文明曾在不同星球上以不同形态存在过，而每个星球对应了人类文明进化的一个阶段。神智学者基本也持有这种观点，利德贝特在他的著作《内在生命》（1910 年—1911 年）中对火星的社会状况和人种风貌进行了详细描述，读起来像是对于乌托邦的想象。但利德贝特也描绘了火星上的一个强大秘密组织，这一组织的成员可以轻松穿越时空的位面，在地球灵媒的灵视中呈现自身，或者（用某种特别的方式）直接影响地球诗人或小说家的灵感与想象。根据利德贝特的这一说法，现代流行的科幻小说中，可能隐藏着外星文明想要传递的信息。因此，20 世纪的 UFO 宗教——例如"天堂之门"——的信徒就坚信对于流行科幻小说、电影和电视剧的阐释可以打开文明思维进步的大门。神智学还提供了一个重要的观念：古代宇航员理论。根据这一理论，人类文明的起源很可能来自外星文明（例如一些来自金星的智者）的干预。法国人类学家斯托茨科夫斯基的著作详细阐述了这一观念与布拉瓦茨基理论的关系。（→正文第 297 页）

5.10　UFO 宗教（下）

　　到了 1947 年，美国发生了著名的罗斯威尔飞碟坠毁事件，自 40 年代末起，UFO 的目击事件就日益频发。除了当代神秘学氛围的影响，日益增多的 UFO 目击事件和 UFO 现代神话的流行，也被认为与第二次世界大战之后群众心理对于冷战和核威胁的恐惧有关（参见荣格的《飞碟：空中所见之物的现代神话》，1979 年）。由此，以目击事件作为实证宗教信条的标志，一些 UFO 宗教开始初具雏形。首先，（通灵或其他形式的）接触者的观念和先前的神智学思想融合，催生了新兴的神秘学职业——地外生命接触者，其中最著名的是多萝西·马丁领导的团体特德拉姐妹会。马丁在 30 年代时就对神秘学的观念十分熟悉，并声称自己曾收到来自克拉里昂星居民的信息，这种被称为萨南达的居民乃是耶稣的早期转世。1954 年，她就发布了世界末日的预警，称大灾难将席卷全世界，而失落的姆大陆将在灾难之后从海中再次升起，这一预言显而易见没能实现。另一位接触者，乔治·金创建了埃瑟里乌斯协会（埃瑟里乌斯是一位金星智者的名字），乔治的教义极其明显地引用了神智学的观念，该协会是同类型的团体中神智学色彩最强烈的一个。UFO 宗教团体普遍表现为一种救赎宗教，许多教团强调世界末日的来临，有些团体声称自己接收到阿什塔的信息。阿什塔是银河联邦用来拯救地球的宇宙飞船舰队的总指挥官，阿什塔的信息显示大灾难很可能在近期发生，而只有特定的人才能得到拯救。我们可以在这些观念中辨认出之前注解中提到的千禧年主义的痕迹。有一些 UFO 宗教并不采用神秘学的世界观，例如现在全球最大的 UFO 宗教雷尔运动就秉持着唯物主义的立场。而上文提到的"天堂之门"，尽管其创始人非常熟悉唯灵论和神智学的理论，但他们的灵感更多来源于基督教神话，而非神秘学。（→正文第 297 页）

术语表

变形者（Shape-shifter）
可以从一种形态转变为另一种形态的人或生物，比如狼人。

地占（Geomancy）
一种占卜方法，包括解读地面上的标记，或者抛掷一把土壤、岩石、沙子等，然后解读其形成的图案。

多神论（Polytheism）
信仰许多不同神明。

恶魔（Demon）
具有神秘力量的邪恶灵体。恶魔学即对恶魔的研究。在犹太教、基督教和伊斯兰教观点中，魔鬼（Devil）是最强大的恶魔。

恶魔魔法（Demonic magic）
这一概念始于中世纪，指通过恶魔之力实现的魔法，因而被认为在本质上是罪孽的。

泛神论（Pantheism）
信仰许多神或所有的神，或指相信神存在于且等同于宇宙中的所有事物、动物和人。

菲尔特拉（Philter）
一种魔法药剂，能使服药者爱上给予其该药剂的人。

分日（Equinox）
指春分日或秋分日，这一天太阳直射点在赤道上，昼夜等长。分日是新异教的信徒庆祝的庆典之一。

伏都（Voodoo）
一种宗教，以祖先崇拜和灵魂附体为特征。伏都教起源于西非，目前仍在当地蓬勃发展；同时，伏都教在加勒比地区和美国南部也有实践，这些地区的伏都教把罗马天主教仪式元素与传统的非洲魔法及宗教仪式结合在了一起。

肝卜（Hepatomancy）
一种古希腊占卜术，包括检查祭祀用的动物的肝脏。

观象占卜（Augury）
认为预兆存在于自然现象之中并加以解读，比如解读气象模式、鸟类的飞行模式或祭祀用的动物的内脏。

赫尔墨斯主义（Hermeticism）
一种宗教、哲学和秘传传统，主要基于所谓赫尔墨斯·特里斯墨吉斯忒斯（"三重伟大的赫尔墨斯"）的著作。

黑魔法（Nigromancy）
该词主要用于中世纪的欧洲，即指招魂术。

宏观世界（Macrocosm）
大而复杂的结构整体，尤其指世界或宇宙，与之相对的是微观世界——宏观世界的一小部分或代表性的部分，比如人类或某个人类个体。

胡都（Hoodoo）
一种民间交感魔法，部分起源于中非，部分起源于美国深南部地区，如今主要实践者是美国南部的非洲裔美国人。

护身符（Amulet）
被认为具有魔法力量的物品，可佩戴在身上。护身符也可以是捡拾到的天然物品，比如海狸的牙齿。另见 **圣符（Talisman）**

江湖郎中（Quack）
谎称具有医药知识、技能或行医资格的骗子。

降神会（Seance）
灵媒与鬼魂进行沟通的展示活动。

交感巫术（Sympathetic magic）
基于模仿与对应关系的魔法。比如，可以对一个看起来像某人的人偶施法，以帮助或伤害此人。交感巫术也可应用于传统治疗，治疗师在自然界中发现与疾病相似的东西，并试图用它来驱除疾病，比如使用天然的黄色药剂来治疗黄疸。

卡巴拉（Kabbalah）
一种基于对《塔纳赫》（《希伯来圣经》）的神秘学解读的古代犹太魔法实践。最初通过口耳相传，之后通过秘密编码进行传播。其中的一些实践在文艺复兴时期被基督教和赫尔墨斯卡巴拉的追随者采纳。

来世（Afterlife）

一些看法认为，人在死亡之后就会开始另一种生活，比如生活在天堂，或者变为另一人或动物。

历书（Almanac）

一种注有重要日期及天文信息的年历。16—17 世纪的历书往往会列出教会节日、节庆日和集市日，接着是更具体的天文信息，包括日出和日落的时间，然后是关于天气、农作物和政治局势的占星学预测。

炼金术（Alchemy）

化学的中世纪前身，炼金术研究专注于物质的转化，特别是试图将贱金属转化为黄金，或寻找能够使人长生不老的药剂。

灵媒（Medium）

据称能在生者和死者灵魂之间充当中介的人。

卢恩符文（Rune）

古代北欧人在石头或木头上刻下的字母，或指任何具有秘密性质或魔法意义的类似标记。

曼德拉草（Mandrake）

一种原产于地中海地区的茄科植物，长有分叉的肉质根，因类似人形而曾被用于草药和魔法。据说当曼德拉草被从土中拔出时会发出尖叫。

玫瑰十字会（Rosicrucianism）

一个 17 世纪的秘密兄弟会，他们声称发现了古老的秘传智慧和宗教原则。

梦占（Oneiromancy）

解梦的占卜方法。

秘教（Mystery cults）

古罗马时期出现的非官方宗教，其特点是隐秘性和仪式性，其成员是经过严格筛选的。

民间魔法（Folk magic）

普通民众的魔法实践，与学术精英的仪式魔法相对。民间魔法通常是实用的，旨在解决社区民众普遍关心的问题，比如治疗病患、得到爱情或好运、赶走邪恶力量、寻找丢失的物品、使农作物丰收、赋予生育能力、解读征兆以预言未来等。

民间治疗（Folk healing）

（通常）在乡村社会施行的传统医药术。治疗师往往使用被认为具有治疗效果的草药、水果和蔬菜，他们并不像医生或神职人员那样具有专业资格。另见 **民间智者（Cunning folk）**

民间智者（Cunning folk）

也称治疗师。在基督教欧洲的当地传统背景下，从事医药、魔法和占卜活动的群体。

冥界（Netherworld）

死者的世界，类似于中国民间信仰中的阴间。

模拟像（Effigy）

对某特定人物的模拟，一般以雕塑或其他三维媒介的形式呈现。

"魔法"（Magick）

magic 一词的拼写变体，被一些实践者使用，特别是 20 世纪初的阿莱斯特·克劳利，用来彰显他们的魔法实践不同于一般。

魔典（Grimoire）

从 18 世纪开始使用的术语，指魔法手册，通常可以追溯到中世纪时期；威卡教徒也用该词来指代个体实践者用于记录其咒语和仪式的书册。另见 **影之书（Book of Shadows）**

魔法物件（Fetish）

在某些社会中，一些物件会受到崇拜，因为人们相信这些物件有灵魂或特殊的魔力。

魔符（Sigil）

一种在魔法中使用的符号，通常是天使或灵性实体的图像化签章。在现代语境中，特别是在混沌魔法中，魔符是魔法师所期望结果的符号性表达。

魔术表演（Performance magic）

幻觉把戏或看似不可能完成的壮举，比如作为娱乐表演的耐力展示。

魔杖（Wand）

用来施魔法或表演魔术的杖。

魔咒（Spell）

被认为具有魔法力量的口头言语或书面语句。

鸟占（Ornithomancy）

一种古希腊占卜实践，通过观察鸟类的飞行来进行占卜。

凝视占卜（Scry）

凝视某种合适的媒介物来窥探未来会发生什么，特别是通过凝视镜子或玻璃球等反光的物体。

诺斯替主义（Gnosticism）

2世纪的宗教运动，其追随者认为知识和纯洁的生活可以使人们从物质世界中解脱出来，而物质世界是由被称为德穆革的次等神祇创造的。

盘卜（Lecanomancy）

解读水盘中的模式，或将石块抛入水中并观察涟漪以预测未来。

辟邪魔法（Apotropaic magic）

帮助人躲避邪恶影响力或坏运气的魔法。

亲随（Familiar）

女巫的亲密伙伴，赋予其魔法力量的精灵，通常以猫、鸟或其他小型家养动物的形态出现。

庆典（Sabbats）

又称年轮庆典（Wheel of the Year），新异教的信徒庆祝的8个季节性节日，包括二分二至日以及二分二至日之间的跨季日，每个庆典有其独特名称。Sabbath

与之相似而含义不同，指中世纪的巫魔会——传说中的女巫集会活动。

驱魔（Exorcism）

通过祈祷或使用魔法迫使恶灵离开某人或某地的过程。

人偶（Poppet）

在民间魔法和巫术中，为了代表某人而制作的娃娃，用于对此人施法或通过魔法帮助此人。

入教者/入会者（Initiate）

已通过某团体或组织（如女巫会、共济会）入会仪式的人。

萨满信仰（Shamanism）

中亚和西伯利亚草原地区民众的灵性实践，可以追溯到大约4万年前。有时泛指部落的灵性及魔法传统（也有人认为这种泛化是错误的）。这些民众相信萨满具有与灵魂沟通并影响他们的特殊能力，萨满也可以洞察过去未来。

神（Deity）

一位男性或女性神明（在印度教等多神教中）；造物主、至高无上的存在（在基督教等一神教中）；也用于表示神圣的地位、属性或品质。

西方神秘学（Esotericism）

一种西方传统，神秘学专门知识仅为少数相关者所拥有。比如赫尔墨斯主义、诺斯替主义、玫瑰十字会和卡巴拉都属于神秘主义传统。

神秘主义（Mysticism）

普遍存在的观念体系，核心观点是生命具有隐藏的意义，或每个人都可以通过沉思超出人类智力的灵性知识而与神性或绝对真理相结合。在更广泛的意义上，该词也指对宗教、灵性或神秘学的信仰。

神谕（Oracle）

预言师通过传递神的意见来回答问题。神谕的内容往往十分隐晦。

神智学（Theosophy）

一种形而上学，认为可以通过精神上的狂喜、直觉以及对神秘学的深入研究来认识上帝。主要与1875年由海伦娜·布拉瓦茨基和亨利·斯蒂尔·奥尔科特创建的神智学会有关。

生命之树（Tree of life）

在基督教卡巴拉和赫尔墨斯卡巴拉中，由10个节点或10个圆组成的图表，意在代表上帝、神性、存在或人类心灵的各个方面。这些节点之间由直线连接。在犹太卡巴拉中，生命之树被称为ilan，节点被称为原质（sephiroth）。

圣符（Talisman）

通过魔法仪式将积极力量转移到其中的手工制品。另见 **护身符（Amulet）**

手相术（Palmistry）

一种古老的占卜方式，通过研究某人手掌上的纹路和隆起来解读其性格或人生。

属灵世界（Spirit world）

一些人认为死者的灵魂（有善有恶）及其

他灵体所居住的世界。

数秘学（Numerology）

关于数字的魔法，认为数字与宇宙有着密切的联系，能够用于理解过去和预知未来。

水晶占卜（Crystallomancy）

凝视水晶球以求观察到幻象的占卜方式。

所罗门的封印（Seal of Solomon）

传说中上帝以封印形式赐给所罗门王的一个符号，使他掌握了控制和驱逐恶魔的能力。

所罗门魔法（Solomonic magic）

使用与所罗门王有关的物品，尤其是所罗门封印的仪式魔法，旨在通过召唤天使或圣徒来控制恶魔。

琐罗亚斯德教（Zoroastrianism）

前伊斯兰时代的古代波斯的一神教，一些学者认为它可能是由琐罗亚斯德于公元前6世纪创立的。琐罗亚斯德教是一种二元论宗教，以善恶力量之间的斗争为特征。

塔罗牌（Tarot）

一种可用于占卜的卡牌系统。一副塔罗牌由78张牌构成：大阿卡纳牌22张，每张都有特殊意义；小阿卡纳牌56张，分为权杖、星币、宝剑和圣杯共4种花色。

体液说（Humors）

由希波克拉底提出的古希腊医学理论，在2000多年间都是西方主流医学理论。该学说认为人体由4种体液组成——血液、黏液、黄胆汁和黑胆汁。疾病是由体液失衡引起的，可以通过恢复体液平衡来治愈。

天宫图（Horoscope）

标有某特定时间、地点天体位置的图表，显示了行星的位置以及行星间的关系，用来预测性格、命运、事件、自然现象或做某事的最佳时机。

天体（Celestial bodies）

在天空中运行的物体，比如行星、太阳和月亮。历史上，天体有时与特定的天使或神灵有关联。

通灵运动（Spiritualism）

起源于19世纪的一种潮流，认为通过灵媒的中介作用，死者可以与生者交流。另见 **降神会（Seance）**

通神术（Theurgy）

一种寻求神明或善灵特别是天使帮助的仪式体系，目的在于创造魔法或奇迹。

图腾（Totem）

被某特定群体敬奉崇拜的物品，特别是出于宗教和象征性原因。

万物有灵论（Animism）

一种认为任何自然事物——植物、动物、矿物、水、雷电等——都有灵魂并能影响人类社会的信仰。

威卡教（Wicca）

一种基于自然的巫术传统，受到前基督教时代宗教的影响。威卡教于20世纪中期在英国被创立，是新异教运动的一大分支。其追随者相信魔法的力量和众多男女神祇，威卡教的仪式和节日庆祝季节流转、生命循环。

微观世界（Microcosm）

一个较小的地方或事物，具有一个更大的对应物（宏观世界）的特征。在赫尔墨斯主义中，微观世界指的是人类，人类被视为宇宙的缩影。

唯灵论（Spiritism）

与通灵运动相似，认为人死后灵魂依然存在，可以通过灵媒与之联系。唯灵论者还相信转世说。

巫师（Witch）

拥有魔法力量的人，往往被认为是女性。她们利用魔法力量伤害或帮助别人，或将事物从一种形态变为另一种形态。

巫术（Sorcery）

魔法的一种，借助灵体尤其是恶灵的力量来达成目的。

五芒星（Pentagram）

即五角星，可以在魔法召唤中作为圣符使用。pentagram 与 pentacle 两个词可以互换使用，后者也可以指圆环之内有一个五芒星的符号。

邪眼（Evil eye）

一种被认为由邪恶凝视投下的诅咒，通常在某人不知情的情况下投在他身上。

新柏拉图主义（Neoplatonism）

希腊 - 罗马的一个哲学思想流派，以古希腊柏拉图主义的某些原则为基础。其追随者相信所有存在都源于某个单一的源头，他们认为这个源头是神圣的，人类的灵魂寻求与之结合。

新纪元运动（New Age）

一系列灵性信仰和实践，提出了资本主义的替代方案，并期待更和谐的未来和更接近自然的生活方式。该运动始于 20 世纪 70 年代的西方国家，如今在全球各地拥有大量追随者。

新萨满主义（Neoshamanism）

萨满信仰（寻求幻觉或治疗的途径）的新形态。新萨满主义涵盖了一系列信仰和实践，包括通过诱导恍惚状态的仪式来与属灵世界沟通。另见 **萨满信仰（Shamanism）**

新异教运动（Neopaganism）

一些试图复兴所谓古代异教实践的现代实践活动。

星光体投射（Astral projection）

一种神秘学尝试，人试图将自己的灵魂或意识（即"星光体"）从生理形态中分离出来，使其能够穿越处在神性位面与人类位面之间的星光体领域。

星象魔法（Astral magic）

一种涉及恒星、行星及其灵性力量的魔法。

仪式（Ritual）

按照既定顺序开展的一系列固定活动，涉及动作、语言、器物等形式。往往是典礼的一部分。

仪式魔法（Ceremonial magic）

以使用仪式、典礼和专门工具或服装为特征的学术性高级魔法。

以诺魔法（Enochian magic）

一种由约翰·迪伊和爱德华·凯利发明的仪式魔法，旨在召唤和控制各种灵体。

异端（Heresy）

与天主教教义相抵触的信仰。

异质体（Ectoplasm）

一些通灵运动实践者相信鬼魂等灵体的周围会出现某些物质，这些物质被称为异质体。

影之书（Book of Shadows）

威卡教徒用来记录咒语和仪式的书册。每本影之书都是其所有者的私人物品。另见 **魔典（Grimoire）**

预言师（Soothsayer）

能够预见未来的人。

预兆（Omen）

能够预示未来凶吉的现象、迹象。

脏卜（Extispicy）

在古代美索不达米亚和古希腊，通过观察绵羊的内脏进行的占卜活动。

脏卜（Haruspicy）

在古罗马，人们通过观察动物的内脏，特别是绵羊和家禽的肝脏来解读预兆。执行该任务的宗教官员被称为脏卜师（haruspex）。

占卦（Cleromancy）

一种中国古代的占卜实践。将蓍草束握在手中，按照规则经过多次分合，可得出一个称为"爻"的符号（有连续和断裂两种形式，即阳爻和阴爻），重复该过程直到得出六爻。根据所占的具体问题来解读六爻。占卦是占卜用文本《易经》的基础。

占星学（Astrology）

研究并解读恒星、行星运动。占星学理论认为天体的运动会影响人类的生活和地球上的事件。

招魂术（Necromancy）

关于死者的魔法。该词来源于希腊语中的"nekro"（尸体）和"manteia"（占卜），原指一种从死者那儿获取知识的方式。到了中世纪晚期，该词也用于指召唤恶魔的仪式，目的在于洞察未来或完成需要恶魔帮助的任务。

召魔术（Goetia）

一种涉及召唤恶魔的仪式魔法的名称。

真实意志（True will）

在泰勒玛（阿莱斯特·克劳利在 20 世纪初创立的灵性哲学）教义中，该词指一个人的命运或完美道路。真实意志与人的真实欲望以及本质相统一，它来自人的最深层自我与神圣宇宙之间的联系。

至日（Solstice）

指冬至日或夏至日，这一天太阳直射点在

南回归线或北回归线上。至日是一年中白昼或夜晚时间最长的日子。

致幻剂（Hallucinogen）

一类精神活性物质，可引起幻觉，并导致视觉、思维、感觉、意识等的明显变化。

咒语（Incantation）

在念出或吟唱时能产生魔法效果的语句。

转移（Transference）

与交感巫术相关的民间医学理念，认为一个人可以通过将疾病转移给另一个人、动物或植物而使自己痊愈。也指从属灵世界传递给灵媒的生命力、能量或关于未来的知识等，通常由塔罗牌等占卜工具实现。

自然魔法（Natural magic）

中世纪对某类魔法的定义，被认为通过自然界的神秘（隐藏）力量来实现。

诅咒（Curse）

一种以言语形式表达的愿望，旨在借助超自然力量对某人或某物造成伤害或惩罚。

诅咒板（Curse tablet）

写有诅咒话语的小板，通常来自古希腊-罗马文明。诅咒板的内容往往是要求神明、精灵、死者等对某人或某物施加影响，或者直接逼迫被诅咒的对象。

译名对照表

A

阿布·马谢尔 Abu Ma'schar

阿布拉卡达布拉 Abracadabra

阿德格罗姆石阵 Ardgroom Stone Circle

阿德勒，玛戈特 Adler, Margot

阿尔法与欧米茄玫瑰十字教团 Alpha et Omega

阿尔格尔 argr

阿尔康德尔 Alcandre

阿尔诺德，维拉诺瓦的 Arnold of Villanova

阿尔瓦拉多，胡安·瓦莱 Alvarado, Juan Valle

阿伽托代蒙 Agathodaimon

阿格里帕 Agrippa

阿胡 akhu

阿胡拉·马兹达 Ahura Mazda

阿金 ah kin

阿克苏赫，阿莱克修斯 Axouch, Alexios

阿夸巴 Akua'ba

《阿拉迪亚或女巫福音书》Aradia or the Gospel of Witches

阿拉姆语 Aramaic

《阿莱克修斯传》Alexiad

阿利埃特，让-巴蒂斯特 Alliette, Jean-Baptiste

阿马林戈，巴勃罗 Amaringo, Pablo

阿米特 Ammit

阿娜奎塞格 Arnarquagssag

阿努比斯 Anubis

阿努匹斯 Arnouphis

阿佩普 Apep

阿皮安，彼得 Apian, Peter

阿匹斯 Apis

阿普列尤斯，马道拉的 Apuleius, of Madura

阿耆尼 Agni

阿萨神族 Aesir

阿什普 ashipu

阿斯加德 Asgard

《阿闼婆吠陀》Atharvaveda

阿特米多鲁斯 Artemidorus

阿提斯 Attis

阿维斯塔 Avestas

阿文符 Awen

阿西尼博因 Assiniboine

阿依达-韦多（彩虹蛇）Ayida-Weddo (Rainbow Serpent)

埃皮达鲁斯 Epidauros

埃塞尔斯坦 Athelstan

埃斯纳 Esna

埃特伊拉牌 Etteilla cards

埃文斯-普里查德 Evans-Pritchard

艾华斯 Aiwass

艾伦，艾伦 Alan, Alan

艾斯施 aos sí

安德里亚，约翰·瓦伦丁 Andreae, Johann Valentin

安德森，约翰·亨利 Anderson, John Henry

安格科克 angakkuq

安格拉·曼纽 Angra Mainyu

安嘉寇克 angakok

暗嫩 Amnon

昂高斯，杰拉尔（帕普斯）Encausse, Gérard (Papus)

奥多亚塞 Odoacer

奥伽 ojha

奥格拉拉部落 Oglala

奥吉布瓦族 Ojibwe

奥列格 Oleg

奥斯本，奥兹 Osbourne, Ozzy

《奥特朗托城堡》Castle of Otranto

B

巴 ba

《巴比伦塔木德》Babylonian Talmud

巴尔，玛戈·德拉 Barre, Margot de la

巴弗灭 Baphomet

巴基西 bakisi

巴克兰，雷蒙德 Buckland, Raymond

巴黎宗教会议 Council of Paris

巴力 Baal

巴鲁 baru

巴斯卡尼亚 baskania

巴西尔一世 Basil I

芭芭雅嘎 Baba Yaga

把森 barsom

白银之星 Astrum Argentum

班克斯，阿泽莉亚 Banks, Azealia

宝石志 lapidaries

保藏石 even tekumah

报丧女妖 banshees

鲍姆，弗兰克 Baum, Frank

鲍伊，大卫 Bowie, David

北欧狂战士 Norse Berserker

贝尔丹节 Beltane

伦道夫，帕斯卡尔·贝弗利 Randolph, Pascal Beverly

贝罗，让 Belot, Jean

贝纳姆，威廉 Benham, William

贝斯 Bes

贝赞特，安妮 Besant, Annie

本爹 Bondye

本南丹蒂 benandanti

比安奇尼，乔瓦尼 Bianchini, Giovanni

比布，亨利 Bibb, Henry

彼列 Belial

毕晓普，布丽吉特 Bishop, Bridget

庇护门环 hagoday (sanctuary knocker)

璧 bi

别西卜 Beelzebub

波阿斯 Boaz

波基普西的先知 Poughkeepsie Seer

波克尔 Bokor

波洛克，钱宁 Pollock, Channing

波瓦坦人 Powhatan people

波希奥 bocio

《伯德医书》Leechbook of Bald

伯恩哈特，莎拉 Bernhardt, Sarah

伯恩海姆，伊波利特 Bernheim, Hippolyte

勃克林，阿诺德 Böcklin, Arnold

博 böö

博丹，让 Bodin, Jean

博斯，耶罗尼米斯 Bosch, Hieronymus

博义八世 Boniface VIII

卜度赫 buduh

不遵奉圣公会的新教教徒 Nonconformism

布达佩斯特，苏珊娜 Budapest, Zsuzsanna

布拉默姆沼泽指环 Bramham Moor Ring

布拉瓦茨基，海伦娜 Blavatsky, Helena

布兰，约瑟夫 Boullan, Joseph

布朗，德伦 Brown, Derren

布勒 bulla

布勒斯，乔 Burrus, Joe

布雷德，詹姆斯 Braid, James

布雷恩，大卫 Blaine, David

布里格，热艾娜·德 Brigue, Jeanne de

布鲁库，那那 Buluku, Nana

布伦施威格，赫罗尼姆斯 Brunschwig, Hieronymus

布尼，艾哈迈德·伊本·阿里 Al-Buni, Ahmad ibn Ali

C

《灿烂之光》Luma'at al-nuraniyya

超感知者 clairvoyants

尘卜 abacomancy

称颂童心 cult of childhood

秤卜 zygomancy

磁桶 baquet

翠雀花 larkspur

《翠玉录》Emerald Tablet

嵯峨人形 saga dolls

D

达巴诺，皮埃特罗 D'Abano, Peter

达狄，莱昂纳多 Dati, Leonardo

达尔彭提尼，卡西米尔 D'Arpentigny, Casimir

达荷美王国 Dahomey

达南神族 Tuatha Dé Danann

大阿卡纳 Major Arcana

大埃阿斯 Ajax

大巴黎魔法莎草纸 Great Paris Magical Papyrus

大德鲁伊 Grand Archdruid

《大劝谕书》General Admonition

戴维斯，安德鲁·杰克逊 Davis, Andrew Jackson

丹尼尔斯，保罗 Daniels, Paul

德·布里，约翰内斯·西奥多罗斯 De Bry, Johannes Theodorus

德·瓜伊塔，斯坦尼斯拉斯 De Guaita, Stanislas

德拉·波尔塔，吉安巴蒂斯塔 Della Porta, Giambattista

德雷，拉娜 Del Rey, Lana

德鲁苏斯，利波 Drusus, Libo

德鲁伊古教团 Ancient Order of Druids

德鲁伊派黄金黎明协会 Druidical Order of the Golden Dawn

德米斯，彼得罗妮拉 De Meath, Petronilla

德伊阿妮拉 Deianeira

邓肯，海伦 Duncan, Helen

迪纳摩 Dynamo

迪特里希，多萝西 Dietrich, Dorothy

迪伊，约翰 Dee, John

敌弗 daevas

敌弗亚斯纳 daevayasna

底比斯字母 Theban Alphabet

第一圣殿 first Temple

蒂图芭 Tituba

东方圣殿教团 Ordo Templi Orientis

《东镇女巫》The Witches of Eastwick

洞穴怪 trolls

都灵裹尸布 Turin Shroud

独角鲸 narwhal

杜德华图里埃尔，玛丽昂 Du Droiturière, Marion

多莫沃依 domovyk

E

俄耳甫斯 Orpheus

《律法之书》Book of the Law

M

《马德里手抄本》Madrid Codex

马丁，"波兰人" Martin, the Pole

马丁主义者 Martinists

马尔博，雷恩的 Marbod, of Rennes

马尔杜克 Marduk

马尔特罗，列奥·路易斯 Martello, Leo Louis

《马格里亚贝齐亚诺手抄本》Magliabechiano Codex

马哈拉尔 Maharal

《马加比书》The Book of Maccabees

马科曼尼战争 Marcomannic Wars

马库巴 Macumba

马洛，克里斯托弗 Marlowe, Christopher

马略卡 Majorca

马瑟，科顿 Mather, Cotton

马瑟斯，莫伊娜 Mathers, Moina

马瑟斯，塞缪尔 Mathers, Samuel

马斯顿荒原 Marston Moor

马斯科莱，约翰·内维尔 Maskelyne, John Nevil

马乌 Mawu

马耶讷 Mayenne

玛芙卡 mavka

玛姬 Maggie

玛克鲁泥板 Maqlu tablets

玛拉基姆 Malachim

玛丽，安条克的 Maria, of Antioch

玛利娜尔霍齐特尔 Malinalxochitl

玛米图 mamitu

脉轮 chakra

蛮波 Mambo

曼德拉草 mandrake

曼努埃尔一世 Manuel I

曼提克 mantike

曼荼罗 mandalas

《玫瑰十字的智慧之镜》Mirror of the Wisdom of the Rosy Cross

玫瑰十字古老神秘教团 Ancient and Mystical Order Rosæ Crucis (AMORC)

玫瑰十字会 Rosicrucian(Rosicrucianism)

玫瑰十字卡巴拉教团 l'Ordre Kabbalistique de la Rose-Croix

玫瑰十字密友社 Fellowship of the Rosy Cross

玫瑰十字圣殿教团 Ordre du Temple de la Rose Croix

《玫瑰十字兄弟会传说》Fama Fraternitatis der Rosenkreuzer

梅里安，马特乌斯 Merian, Matthäus

《梅林英语星历》Merlini Anglici Ephemeris

梅斯默，弗朗茨 Mesmer, Franz

梅斯默学说 Mesmerism

梅塔特隆 Metatron

美拉尼西亚 Melanesia

美索不达米亚 Mesopotamia

《美洲奴隶亨利·比布的生活与冒险》Narrative of the Life and Adventures of Henry Bibb, an American Slave

弥尔顿，约翰 Milton, John

米德 mide

米兰多拉，乔万尼·皮科·德拉 Mirandola, Giovanni Pico della

秘法师 mystagogue

《秘教哲学第四书》Fourth Book of Occult Philosophy

《秘教哲学三书》De Occulta Philosophia Libri Tres

《秘密书信》Epistle of Secrets

密特拉 Mithras

妙尔尼尔 Mjöllnir

民间智者 cunning folk

命运之轮 wheels of fortune

模拟像 Effigy

摩尔，克莱门特·C. Moore, Clement C.

摩根，威廉 Morgan, William

摩根勒菲 Morgan le Fay

《摩诃婆罗多》Mahabharata

摩哩遮 Maricha

摩耶 Maya

《魔弹射手》Der Freischütz

魔像 golems

莫尔，托马斯 More, Thomas

莫格林，丹尼尔 Mögling, Daniel

莫考克，迈克尔 Moorcock, Michael

莫拉伊斯，瑟里欧·费南蒂诺·德 Moraes, Zélio Fernandino de

莫蕾拉 Morella

莫卧儿细密画 Mughal miniature

默丁 Myrddin

默卡巴 Merkaba

缪勒，约翰内斯 Müller, Johannes

姆大陆 Mu

《慕尼黑恶魔魔法手册》Munich Manual of Demonic Magic

穆肯加面具 Mukenga masks

穆勒，威廉 Mumler, William

N

纳拉干西特 Narragansett

纳姆塔鲁 Namtaru

纳斯卡线条 Nazca lines

纳瓦尔 nagual

纳瓦霍 Navajo

纳瓦利 nahualli

纳扎尔 nazar

内在之光协会 Society of the Inner Light

尼德，约翰内斯 Nider, Johannes

尼科巴群岛 Nicobar Islands

尼孔蒂人偶 Nkondi

鸟占 ornithomancy

涅罗 Nyero

宁芙 nymph

努恩 Nu

诺阿伊迪 noaidi

诺查丹玛斯（米歇尔·德·诺特雷达姆）Nostradamus (Michel de Notredame)

诺伦三女神 Norns

诺伦粥 nornagretur

诺诺奇顿 nonochton

诺斯替弥撒 Gnostic Mass

诺斯替天主教堂 Ecclesia Gnostica Catholica

诺斯替主义 Gnosticism

《诺托里阿之术》*Ars Notoria*

《女巫布莱尔》*Blair Witch Project*

《女巫的飞行》*Witches' Flight*

女巫的亲随》witches' familiars

女巫笼头 witch's bridle

《女巫之锤》*Malleus Maleficarum*

O

欧蒂 ody

欧甘占卜棒 ogham staves

葛培特，欧里亚克的 Gerbert, of Aurillac

欧力斯 o'ohlis

欧马吉乌斯，菲利普 Homagius, Philipp

P

帕拉迪诺，尤萨皮娅 Palladino, Eusapia

帕拉塞尔苏斯 Paracelsus

帕里斯，马修 Paris, Matthew

帕隆，威廉 Parron, William

帕瓦 pow-wows

帕西奥利，卢卡 Pacioli, Luca

帕英，雨果·德 Payens, Hugues de

派珀，莉奥诺拉 Piper, Leonora

盘卜 lecanomancy

佩恩与泰勒 Penn and Teller

佩拉丹，约瑟芬 Péladan, Joséphin

佩珀，约翰·亨利 Pepper, John Henry

《配饰之书》*Liber Additamentorum*

彭德尔审判 Pendle witch trials

蓬波纳齐，彼得罗 Pomponazzi, Pietro

皮里，威廉 Pirrie, William

皮提亚 Pythia

皮托瓦，让-巴蒂斯特 Pitois, Jean-Baptiste

皮行者 skin-walkers

婆利古 Bhrigu

珀金斯，威廉 Perkins, William

《珀伊曼德热斯》*Poimandres*

破坏圣像运动 iconoclasm

普救派 Universalism

普拉克西狄刻 Praxidikai

普路提斯之柜 Proteus Cabinet

普洛斯彼罗 Prospero

普塞洛斯，米海尔 Psellos, Michael

普伊塞居尔侯爵 Marquis du Puységur

Q

七连灯台 Menorah

《七日之书》*Heptameron*

《七行星的神秘法则》*De Heptarchia Mystica*

齐格弗里德与罗伊 Siegfried and Roy

奇科尼亚拉，安东尼奥 Cicognara, Antonio

恰克 Chaac

千禧年主义 millenarianism

切尔姆斯福德 Chelmsford

切罗 Cheiro

钦班达 Quimbanda

清洁派 Cathars

酋长平铁 Chief Flat-Iron

全视之眼 All-Seeing Eye

R

《人生三书》*Liber de Vita*

《日之光》*Splendor Solis*

日之轮 sun wheel

容博斯 rhombos

融合宗教 syncretic religion

儒勒-布瓦，亨利-安托万 Jules-Bois, Henri-Antoine

睿智老妇 klok gumma

S

萨阿贡，贝尔纳迪诺·德 Sahagún, Bernardino de

萨蒂，埃里克 Satie, Erik

萨米人 Saami people

萨托方块 Sator Square

塞伯特委员会 Seybert Commission

塞尔比特，P. T. Selbit, P. T.

塞赫麦特 Sekhmet

塞拉里乌斯，安德烈亚斯 Cellarius, Andreas

塞莱斯蒂娜 Celestina

塞勒姆审判 Salem witch trials

塞缪尔老妈 Old Mother Samuel

塞瑟尔，莫尔 Saether, Mor

塞瑟尔 seidhr

塞斯，西蒙 Seth, Symeon

塞特圣殿 Temple of Set

致谢与声明

DK would like to thank the following: Anna Cheifetz, Aya Khalil, and Joanna Micklem for editorial assistance; Phil Gamble, Stephen Bere, and Sampda Mago for design assistance; Steve Crozier for high-res colour work; Helen Peters for indexing; DTP Designer Rakesh Kumar; Jackets Editorial Coordinator Priyanka Sharma; Managing Jackets Editor Saloni Singh; Senior Picture Researcher Surya Sankash Sarangi; Assistant Picture Researcher Nimesh Agrawal; Mexiclore, www.aztecs.org for the Aztec chant that appears on p. 133

Sourcebook of Angel Magic. Lake Worth, FL: Ibis Press, 2009, based on British Library manuscript Sloane 3851, fol. 10r-29v. Used with permission: (br). 125 Getty Images: Culture Club / Hulton Archive. 126 Alamy Stock Photo: Ian Dagnall (b). The Metropolitan Museum of Art: Rogers Fund, 1908 (tc). 127 Cambridge Archaeological Unit: Dave Webb (crb). The Metropolitan Museum of Art: Gift of John D. Rockefeller Jr.,
1937 (tc). 128-129 Alamy Stock Photo: Art Collection 3. 130 Alamy Stock Photo: World History Archive (tl). 130-131 Alamy Stock Photo: World History Archive (b). 132 Alamy Stock Photo: Science History Images (bc). Dreamstime.com: Jakub Zajic (t). 133 Alamy Stock Photo: Science History Images (b). 134 Alamy Stock Photo: culliganphoto (br); History and Art Collection (cla). 135 Getty Images: De Agostini Picture Library. 136 Alamy Stock Photo: Pictorial Press Ltd (cl). 136-137 Alamy Stock Photo: Science History Images (c). 137 Alamy Stock Photo: Niday Picture Library (br). 138 Alamy Stock Photo: INTERFOTO. 139 Alamy Stock Photo: Lebrecht Music & Arts (tc). Wellcome Collection: (br). 140 Bridgeman Images: Francis I (1494-1547) Touching for the King's Evil at Bologna (fresco), Cignani,
Carlo (1628-1719) / Palazzo Comunale, Bologna, Italy (t). 141 History of Science Museum, University of Oxford: Holy Table: Inv. 15449 (br). Science & Society Picture Library: Science Museum (tc). 142 Alamy Stock Photo: Topham Partners LLP (tc). 143 Alamy Stock Photo: Topham Partners LLP (bc). Bridgeman Images: Giancarlo Costa (t). 144 Bridgeman Images: Photo © AF Fotografie (clb). 144-145 Getty Images: Historical Picture Archive / CORBIS (c). 145 Polygraphie, et vniuerselle escriture cabalistique: Johannes Trithemius (crb). 146 Alamy Stock Photo: The Print Collector (t). 147 Alamy Stock Photo: IanDagnall Computing (bl). Bridgeman Images: © British Library Board. All Rights Reserved (tr). 148 Alamy Stock Photo: Science History Images. 149 Bridgeman Images: © British Library Board. All Rights Reserved (br). Getty Images: Apic (cra). 150 Alamy Stock Photo: Historic Images (bc). Wellcome Collection: (tr). 151 Alamy Stock Photo: Topham Partners LLP (t). 152-153 Alamy Stock Photo: INTERFOTO (c). 152 Alamy Stock Photo: INTERFOTO (tl, tc, cl); Realy Easy Star (bl). 153 akg-images: (tl). Alamy Stock Photo: INTERFOTO (bl). 154 Alamy Stock Photo: Granger Historical Picture Archive (c). Bridgeman Images: (bl). 155 Alamy Stock Photo: AF Fotografie. 156 University of Wisconsin Libraries: Geheime Figuren der Rosenkreuzer, aus dem 16ten und 17ten Jahrhundert: aus einem alten Mscpt. Zum erstenmal ans Licht gestellt: zweites Heft. 157 akg-images: (tc). Alamy Stock Photo: The Picture Art Collection (br). 158 Bridgeman Images: Index Fototeca (cla). The Metropolitan Museum of Art: Gift of Herbert N. Straus, 1925 (bc). 159 Getty Images: DEA / A. Dagli Orti. 160 Alamy Stock Photo: Danny Smythe (bl); Nikki Zalewski (tc). Dreamstime.com: Anna Denisova (tr); Notwishinganymore (cra). Steve 'Stormwatch' Jeal: (tl). 161 123RF.com: Andrea Crisante (cl). Adobe Systems Incorporated: kkgas / Stocksy (cr). Dreamstime.com: Katrintimoff (tc); Sorsillo (tl); Russiangal (tr). Xeonix Divination: (crb). 162 Bridgeman Images: (cl). 162-163 Bridgeman Images: © British Library Board. All Rights Reserved (c). 163 Patrice Guinard: Corpus Nostradamus, i.e. Patrice Guinard, Corpus Nostradamus, http://cura.free.fr/mndamus.html
or Patrice Guinard, Corpus Nostradamus #42, http://cura.free.fr/dico-a/701A-57bib.html
(br). University of Pennsylvania: Lawrence J. Schoenberg Manuscripts (cra). 164-165 Sächsische Landesbibliothek - Staats und Universitätsbibliothek Dresden (SLUB). 166 Wellcome Collection: (clb). 167 Bridgeman Images: (tl); Photo © Heini Schneebeli (r).
168 Bridgeman Images. 169 Getty Images: The Print Collector (tc). Newberry Digital Collections: Book of magical charms. The Newberry Library, Chicago (br). 170 Bridgeman Images: Chomon / De Agostini Picture Library (br); The Stapleton Collection (cla). 171 Bridgeman Images. 172-173 Bridgeman Images: Photo © Christie's Images. 174 Bridgeman Images: Granger. 175 Alamy Stock Photo: The History Collection (bl). Bridgeman Images: (cra). 176 Alamy Stock Photo: The Granger Collection (br). The Metropolitan Museum of Art: Bequest of Ida Kammerer, in memory of her husband, Frederic Kammerer, M.D., 1933 (cla). 177 Bridgeman Images: The Stapleton Collection. 178 Alamy Stock Photo: The Granger Collection (tc). Bridgeman Images: (bc). 179 Bridgeman Images: The Stapleton Collection. 180 Alamy Stock Photo: Lanmas. 181 Alamy Stock Photo: Pacific Press Agency (bc); Prisma Archivo (cra). 182 akg-images: Mark De Fraeye (bc). Alamy Stock Photo: Sabena Jane Blackbird (r); Peter Horree (tl); Heritage Image Partnership Ltd (fbl); Topham Partners LLP (bl). Bridgeman Images: Pollock Toy Museum, London, UK (ftl). Getty Images: DEA / G. DAGLI ORTI / De Agostini (tc). 183 Alamy Stock Photo: Heritage Image Partnership Ltd / Werner Forman (l). Bridgeman Images: Detroit Institute of Arts, USA / Founders Society Purchase with funds from the Richard and Jane Manoogian Foundation (r). Getty Images: Universal Images Group / Desmond Morris Collection (ca). Glasgow Museums; Art Gallery & Museums: (bc). 184 Alamy Stock Photo: Hi-Story (bl). 184-185 Bridgeman Images: © British Library Board. All Rights Reserved (tc). 185 Alamy Stock Photo: The Granger Collection (br). 186 Alamy Stock Photo: Granger Historical Picture Archive. 187 Alamy Stock Photo: Topham Partners LLP (bl). Bridgeman Images: De Agostini Picture Library (cra). 188-189 Alamy Stock Photo: Granger Historical Picture Archive. 190-191 Dover Publications, Inc. New York: Devils, Demons, and Witchcraft by Ernst and Johanna Lehner, ISBN 978-0-486-22751-1. 192 Alamy Stock Photo: Anka Agency International (br). Bridgeman Images: Giancarlo Costa (bc). Getty Images: Nicolas Jallot / Gamma-Rapho (bl). 193 Alamy Stock Photo: Chronicle (bc); PBL Collection (bl). Bridgeman Images: (br). 194 Bridgeman Images: Archives Charmet. 195 Alamy Stock Photo: Photo 12 (bl). Getty Images: DeAgostini (ca). 196 Bridgeman Images. 197 Alamy Stock Photo: Chronicle (bl). Bridgeman Images: (tr). 198 Nordiska museet/Nordic Museum: Ulf Berger (t). 199 Alamy Stock Photo: Florilegius (cr). Bridgeman Images: The Stapleton Collection (tc). Norwegian Museum of Cultural History: (bl). 200-201 Getty Images: Historica Graphica Collection / Heritage Images. 202 Alamy Stock Photo: The Picture Art Collection (cla). The Sixth and Seventh Books of Moses: (br). 203 Getty Images: Allentown Morning Call / Tribune News Service / Kellie Manier (tr). 204-205 Getty Images: Nicolas Jallot / Gamma-Rapho. 204 TopFoto.co.uk: John Richard Stephens (bl). 206 Bridgeman Images: Heini Schneebeli; Werner Forman Archive (bl). 207 Bridgeman Images: Werner Forman Archive (bl). Koninklijke Bibliotheek, The Hague: Het Geheugen / Stichting Academisch Erfgoed (tr). 208 Mary Evans Picture Library: (bc, br); Antiquarian Images (l); Florilegius (ca, cra). 209 Mary Evans Picture Library: (bl, br); Thaliastock (tl); Florilegius (tc, tr, bc). 210-211 Getty Images: Stefano Bianchetti / Corbis (tc). 210 A key to physic, and the occult sciences: (bl). 211 Bridgeman Images: Archives Charmet (br). 212 Bridgeman Images: Look and Learn. 213 Anonymous, Lausanne - grande salle du casino. Magnétisme E. Allix, lithography, coll. Historical Museum of Lausanne, Switzerland: (cr). Bridgeman Images: Giancarlo Costa (cla). 214 Alamy Stock Photo: Topham Partners LLP. 215 Bridgeman Images: Archives Charmet (cra); A. Dagli Orti / De Agostini Picture Library (bc). 216 Alamy Stock Photo: Topham Partners LLP (bc/High Priestess, br). Bridgeman Images: (bc); © British Library Board. All Rights Reserved (bl). Egyptian Tarot image used with permission of U.S. Games Systems, Inc., Stamford, CT 06902. c. 1980 by U.S. Games Systems, Inc. All rights reserved: (cla). 217 Bridgeman Images. 218 Alamy Stock Photo: Anka Agency International (tl, tc, tc/Hanged Man, tr, cl, c, c/Strength, cr, bc, bc/Justice, br). 219 Alamy Stock Photo: Anka Agency International (tl, tc, tc/The Star, tr, ca, ca/The Magician, cb, crb, cb/The Emperor, bl, bc). 220 akg-images. 221 Alamy Stock Photo: Lebrecht Music & Arts (cra). Bridgeman Images: Granger (bl). 222-223 Alamy Stock
Photo: PBL Collection. 224-225 akg-images: Fototeca Gilardi (c). 225 Alamy Stock Photo: Granger Historical Picture Archive (tr). 226 Alamy Stock Photo: Archive PL (tc); Artokoloro Quint Lox Limited (cl); Topham Partners LLP (br). 227 Library of Congress, Washington, D.C.: Rare Book and Special Collections Division, Printed Ephemera Collection (r). 228 Alamy Stock Photo: Chronicle. 229 Alamy Stock Photo: Chronicle (cra, bc). 230-231 Alamy Stock Photo: Everett Collection Inc. 232 Bridgeman Images: The Stapleton Collection (bl). 233 akg-images: (t). Alamy Stock Photo: Granger Historical Picture Archive (bc). 234 Bridgeman Images: Photo © Gusman (ca). Wellcome Collection: (bl). 235 Alamy Stock Photo: imageBROKER. 236 akg-images: (tl, tr). Getty Images: APIC (bc). 237 akg-images: (tl, tr). Bridgeman Images: Look and Learn (br). 238 Alamy Stock Photo: Topham Partners LLP.
239 Alamy Stock Photo: Granger Historical Picture Archive (ca); The Print Collector (cra). Bridgeman Images: Luca Tettoni (bl). 240-241 Bridgeman Images. 242 Bridgeman Images: (cla, br). 243 Bridgeman Images: (t). 244 AF Fotografie: (br). Getty Images: Bettmann (cla). 245 Alamy Stock Photo: The History Collection (r); Topham Partners LLP (tl). 246-247 akg-images: bilwissedition. 248 AF Fotografie: (bl). Getty Images: Werner Forman / Universal Images Group (br). Bradley W. Schenck: (bc). 249 Howard Charing: Llullon Llaki Supai by Pablo Amaringo. Featured in the book 'The Ayahuasca Visions of Pablo Amaringo' Published by Inner Traditions. (bl). Getty Images: AFP / Joseph Prezioso (bc); Dan Kitwood (br). 250 Getty Images: Keystone. 251 John Aster Archive: (br). Silberfascination (tr). 252 Getty Images: Oesterreichsches Volkshochschularchiv / Imagno (t). 253 Bridgeman Images: Christie's Images (br). Unsplash: Anelale Nájera (tc). 254 Alamy Stock Photo: Björn
Wylezich (tl). 254-255 Alamy Stock Photo: jvphoto (c). 255 Alamy Stock Photo: Stephen Orsillo (r). Dreamstime.com: Freemanhan2011 (tl). 256 Getty Images: Hulton Archive
(bc); Photographer's Choice (cla). 257 Alamy Stock Photo: Chronicle. 258 Getty Images: Buyenlarge / Archive Photos. 259 Alamy Stock Photo: The History Collection (bl). Getty Images: FPG (tr). 260 akg-images: (br). London School of Economics & Political Science: Malinowski / 3 / 18 / 2, LSE Library (t). 261 Bridgeman Images: Granger (r). Roberto Frankenberg: (cla). 262-263 AF Fotografie ©The CS Lewis Company Ltd / HarperCollins.
264 Svitlana Pawlik: (tl/wiccan). Rex by Shutterstock: Phillip Jackson / ANL (br). 265 Bradley W. Schenck. 266 Getty Images: John Mahler / Toronto Star (tr). 266-267 Michael Rauner: The image was made at Reclaiming's 37th annual Spiral Dance in 2016, San Francisco (b). 267 Alamy Stock Photo: Andrew Holt (cra). 268 Alamy Stock Photo: George Fairbairn (cr). Dandelionspirit: (cra). iStockphoto.com: Il_Mex (tl). Roland Smithies / luped.com: (cl). 268-269 Dorling Kindersley: Alex Wilson / Cecil Williamson Collection (cb); Alex Wilson / Booth Museum of Natural History, Brighton (b). 269 Alamy Stock Photo: Panther Media GmbH (c). Dorling Kindersley: Alan Keohane (r); Alex Wilson / Booth Museum of Natural History, Brighton (tc). 270 Getty Images: DEA / A. Dagli Orti / De Agostini. 271 Alamy
Stock Photo: Universal Art Archive (crb). Getty Images: DeAgostini (r). 272-273 Alamy
Stock Photo: Marc Zakian (b). 273 Alamy Stock Photo: John Gollop (tc). John Beckett: (br). 274 Lucia Bláhová: (tl). Getty Images: AFP / Petras Malukas (b). 275 Getty Images: Jeff J Mitchell (t). Wikipedia: MithrandirMage (b). 276-277 Getty Images: Kevin Cummins. 278 Getty Images: Werner Forman / Universal Images Group (bl). 278-279 Getty Images: Kevin Frayer (t). 280 Alamy Stock Photo: Sirioh Co., Ltd (tl). Getty Images: AFP / Emile Kouton (b). 281 Getty Images: Werner Forman / Universal Images Group (t). 282-283 Howard Charing: Llullon Llaki Supai by Pablo Amaringo. Featured in the book 'The Ayahuasca Visions of Pablo Amaringo' Published by Inner Traditions. 284 Getty Images: DeepDesertPhoto (cl); Roger Ressmeyer / Corbis / VCG (bc). 285 Bridgeman Images: © The British Library Board / Leemage. 286 Bridgeman Images: Private Collection / Luca Tettoni. 287 Bridgeman Images: Private Collection / Stefano Baldini (bc). Getty Images: AFP / Martin Bernetti (tr). 288 Getty Images: AFP / Joseph Prezioso. 289 Adobe Stock: ttd1387 (cra). Alamy Stock Photo: agefotostock (bc). Getty Images: Jack Garofalo / Paris Match (cla). 290 123RF.com: Jane Rix (cla). Alamy Stock Photo: Trevor Chriss (ca); Björn Wylezich (tc). Dreamstime.com: Justin Williford (crb). Getty Images: DeAgostini (cra). The Metropolitan Museum of Art: Bequest of Mary Stillman Harkness, 1950 (clb). Wellcome Collection: (l). 291 123RF.com: curcuma (l). akg-images: Pictures From History (crb). Alamy Stock Photo: Art Directors & TRIP (tc); Lubos Chlubny (tr). Horniman Museum and Gardens: (bc). Photo Scala, Florence: New York, Metropolitan Museum of Art. © 2020. Image (br). 292-293 Getty Images: Dan Kitwood.
294 Getty Images: Alberto E. Rodriguez / WireImage (bc); Peter Bischoff (cra). ™ The Magic Circle: (cl). 295 Alamy Stock Photo: Brent Perniac / AdMedia / ZUMA Wire / Alamy Live News. 296 Bridgeman Images: Charles Chomondely. 297 Dreamstime.com: Roberto Atzeni (cra). Red Wheel Wesier, LLC, Newburyport, MA www.redwheelweiser.com: Liber Null & Psychonaut © 1987 Peter J. Caroll (br). 298 Alamy Stock Photo: Everett Collection Inc / Warner Bros. 299 Rex by Shutterstock: Kobal / Netflix / Diyah Pera (bc). 300-301 Getty Images: Scott Eisen. 300 iStockphoto.com: Turgay Malikl (bl/Trophy, bl/Wrench, bl/Money, bl/Crystal Ball, bl/Light Bulb). Reuters: Emily Wither (ca). 302-303 Dover Publications, Inc. New York: Devils, Demons, and Witchcraft by Ernst and Johanna Lehner, ISBN 978-0-486-22751-1. 320 Alamy Stock Photo: The Granger Collection (c).

"不惮辛劳不惮烦，
　　釜中沸沫已成澜。"

三女巫，莎士比亚《麦克白》,1606 年—1607 年